本研究获得国家社会科学基金重点项目（15ASH013）的资助

社交媒体环境下
助残社会组织赋能机制研究

Research on the Empowerment Mechanism of Non-profit Organisations for Persons with Disabilities in the Era of Social Media

周林刚 等 著

序　一

残疾人是我国人口大家庭中重要的组成部分。在当今中国特色社会主义社会建设中，残疾人事业得到了党和政府及全体民众高度重视。党的二十大报告提出了“完善残疾人社会保障制度和关爱服务体系，促进残疾人事业全面发展”的要求，为下一步我国残疾人事业高质量发展指明了方向。我国现有八千多万残疾人，发展残疾人事业是一项规模宏大的行动体系，需要各级党委政府高度重视，制定和实施相关政策，投入必要的资源，也需要全社会高度重视。各类组织和个人都应该尽自己的努力投入到这一行动体系中。在残疾人事业发展较好的国家中，社会力量的广泛参与是其重要的行动力量。在我国，各类企事业单位、社区组织和社会组织都应该在其中发挥重要作用。而以助残为其专门目标和任务的助残社会组织更是应该在其中发挥直接且重要的作用。

改革开放以来，我国社会组织有了长足的发展，在各个方面的社会服务行动体系中发挥着越来越重要的作用。其中，助残社会组织也有较快发展，并正在成为残疾人关爱服务体系中的一支重要的生力军。助残社会组织在残疾人关爱服务活动中具有多方面的特殊优势。一是助残社会组织可以广泛动员各类社会资源，包括慈善资源、志愿服务等方面的物资与人力服务，为扩大残疾人关爱服务行动的资源做出积极的贡献。二是助残社会组织可以直接提供各类助残服务，从各个方面向各类残疾人提供帮助，尤其是可以与残疾人社会工作者相结合，向残疾人提供高质量的专业化服务，发挥社会工作的专业优势，提高助残服务的质量。三是可以与政府相关部门密切合作，通过政府购买服务等方式承接政府的残疾人社会保障和各类助残服务，为落实各级政府的残疾人社会政策做出贡献，四是可以利用社区等平台，动员组织广大民众，积极投入助残服务活动，营造良好的残疾人关爱服务的社会氛围。为此，我国应该大力加强助残社会组织发展，为落实党的二十大报告关于促进残疾人事业全面发展的要求打下重要的基础。

结合当前我国的实际情况，助残社会组织建设应从多个方面展开：一是要加强助残社会组织的能力建设。二是进一步加强规范化建设。三是促进助残社会组织的行动与政府社会政策的进一步配合和衔接。其中，加强能力建设是重中之重。总体能力不足是当前我国社会组织发展中普遍存在的短板。从宏观层面看，尽管过去多年来已有较大发展，但迄今为止我国社会组织仍然数量少、规模小、能力弱。截至 2021 年底，全国共有社会组织 90.2 万个，吸纳社会各类就业人员 1100 万人，仅占全社会就业人员总数的 1.5%左右，平均每个社会组织仅有 12.2 人。这一量级上的规模还很难在社会上全面发挥重要作用。从微观层面上看，由于单个社会组织规模小、人员少，使其发挥作用的能力不足。并且，与事业单位相比，社会组织（尤其是民办非企业单位）普遍存在资源调动能力不足，专业能力不够强和服务质量不够高的问题。作为社会组织的一个类别，助残社会组织在能力建设上也普遍面临能力不足的问题，因此需要加快助其能力提升。

助残社会组织能力建设是一个复杂的行动体系。其中，既需要助残社会组织充分重视其能力建设，积极探寻能力提升的机制，全面开展能力建设，并在其中激发自身的活力与创造力，同时也需要政府和全社会高度重视，为助残社会组织的能力建设营造良好的社会环境，提供各方面必要的帮助。尤其是应该完善相关的法律法规，制定和实施相关社会政策，将助残社会组织的能力建设、规范建设纳入法制化的制度和行动体系中，使其能够均衡、稳定和长期持续地发展。

在这一背景下，《社交媒体环境下助残社会组织赋能机制研究》一书的出版将有助于推动我国助残社会组织能力建设的步伐。周林刚教授及其科研团队长期从事残疾人事业发展研究，尤其是在助残社会组织领域积累了丰富的研究经验，获取和分析了大量的研究资料，取得了大量的研究成果，并在此基础上写作了本书。本书重点从社交媒体环境的角度下研究助残社会组织赋能机制，研究角度和视域具有突出的特色，并且通过大量的实证调查，从多个方面分析并揭示了社交媒体环境下助残社会组织探索和创新能力提升机制的行动策略。此书的出版将向读者展示在此领域许多新的理论观点、分析思路和行动策略，弥补在此领域的一些知识短板，能够将我国助残社会组织的研究向前推进一步，并对我国残疾人事业发展研究做出积极的学术贡献。

我希望，此书的出版可以引起政府和残联系统的高度关注，有效吸纳本论著的主要研究结论，从而赋能助残社会组织。也希望，此论著能够引起学术界应有的重视，进一步推动该领域的研究向纵深拓展。同时更希望此书能够对助残社会组织的自身建设和能力提升起到重要的参考作用，并对我国社会组织总体上的能力建设产生积极的推动。大家一起努力，共同推动我国助残社会组织的能力提升，为推动和优化残疾人关爱服务行动，造福广大残疾人而做出更大贡献。

中国残疾人事业发展研究会会长，

南开大学残疾人事业发展研究中心主任、教授

2023 年 6 月 14 日

序　二

共享美好生活是人们的普遍权利，8500 万残疾人士同样有权利享受美好生活。残疾人士享受美好生活的权利，既需要社会保障体系的支持，也需要残疾人士社会服务体系的支撑。助残社会组织作为残疾人士社会服务体系的主力军，如何更好地成长壮大并发挥作用，增加服务供给，提升服务质量，满足残疾人群的需求，是一个极为重要的研究课题。但目前国内学术界对这个问题的研究十分薄弱，专著更是付之阙如。摆在我们面前的这部周林刚主持撰写的著作《社交媒体环境下助残社会组织赋能机制研究》，作为一项应用基础研究，在这个领域具有开拓性价值。

助残社会组织的发展壮大需要放在政府、社会组织、社区、志愿者合作治理大框架下来加以分析，才能厘清其发展轨迹，辨识其发展方向。建设美好社会共享美好生活是社会建设与社会治理所要追求的基本目标。丰盈而充沛的社会服务供给是美好生活的重要保障。残疾人士的社会服务体系建设是其中一个极为重要的组成部分。为此需要大力扶持和发展助残社会组织，发挥好其助残社会服务供给主体的作用。残疾人士社会服务体系建设需要坚持党委领导、政府主导、残联引导、社会参与、多元主体协同推进的总体布局。助残社会组织在这个总体布局中有进一步发展的广阔空间，助残社会服务也在多方支持下有进一步提升的广阔空间。

助残社会组织的发展壮大既需要良好的制度环境的支持，也需要有良好的赋能机制以激发其权能。该论著从助残社会组织的治理结构、社交媒体运用状况、助残社会组织与政府关系、社交媒体环境下残障权利倡导、助残社会组织志愿服务管理、助残社会组织的社交媒体形象塑造等方面对助残社会组织赋能机制的现状进行了诊断性的调查与分析，指出了其中存在的问题与不足，分析了产生问题的原因，最后在结论部分提出了有针对性的对策和建议。相信这些基于扎实的调查研究基础上的诊断性分析和建议对相关部门推动助残服务体系建设有着极大的参考价值。

这部著作还有一个重要的亮点是对“大米和小米”这个新媒体时代助残服务机构成长案例的有趣分析。“大米和小米”的创始人原来是某报的首席记者，因多年前女儿被误诊为自闭症患者而与自闭症干预事业结缘，创办了“大米和小米”这个面向心智障碍儿童及其家长提供相关服务的公众平台。该平台依托社交媒体进行市场推广和品牌营销，整合社交媒体资源推广线下活动，线上线下双管齐下筹集资源，建立扁平化组织结构和便捷的信息沟通渠道。“大米和小米”目前已发展为业内具有广泛影响的和强大发展后劲的助残服务机构。这个成功的案例启示我们，助残服务机构的发展除了需要友善的制度环境和政社互信良性互动关系之外，还需要大力培育社会公益企业家精神，激发公益企业家的使命感和责任感，依靠公益企业家抓住机遇，善用新媒体，整合与活用各方资源，遵循市场规律运用商业方式提供优质产品和服务，赢得服务对象的信任和支持从而获得稳定的收入来源，实现可持续的发展。

建设美好社会，共享美好生活，既需要政策制定者和执行者、公益企业家、社会工作者等实务部门人员的努力，同时也离不开热爱社会建设事业的理论工作者辛勤努力。周林刚团队多年来默默耕耘于残疾人群社会参与和社会服务的理论沃土，他们向上进行理论探索为社会建设寻求价值依据和学理支撑，向下开展田野调查，其成果既接地气，又有学术深度。这样的研究值得大力支持和鼓励。

是为序。

何增科

北京大学中国政治学研究中心教授

2023年6月9日

内容摘要

习近平总书记指出："残疾人是一个特殊困难的群体，需要格外关心、格外关注"。[①] 我国现有残疾人 8500 多万人，残疾人社会保障体系和残疾人服务体系是满足广大残疾人及其家庭多元化、个性化、差异化需求的两大支柱。近年来，在中央和地方政府的共同努力下，残疾人社会保障体系逐步得以完善。但是，残疾人服务体系因其建设过程十分复杂、推进缓慢，须在党委领导、政府主导、残联引导、社会参与、多元主体协同共治的条件下才能逐步得以创建和完善。助残社会组织是残疾人及其家庭多元化、个性化、差异化服务的直接供给主体。因此，以残疾人及其家庭的需求为导向，探究助残社会组织的赋能机制尤为迫切和重要。

我们正在步入一个全新的信息化时代。微博、微信、QQ 等社交媒体平台成为"有史以来最强大的媒体形式"，社交媒体使得整个社会正在发生革命性变化。那么，在这场信息化革命中，社交媒体究竟会给社会组织带来怎样的影响？

本研究基于社交媒体的时代背景，以增权赋能为概念工具，以激发权能为理论基础，以当前助残社会组织的基本能力状况为基础，深入分析社交媒体环境下助残社会组织赋能机制。在研究方法上，坚持定量分析与定性分析相结合的范式，综合运用个案法、行动研究法、访谈法、问卷法、文献法等资料收集方法以及语料库分析、内容分析、定量分析、比较分析等资料分析方法。为避免传统单次横截面数据的不足，课题组先后于 2016 年、2017 年、2019 年、2020 年开展了 4 次较大范围的调研，同时，课题组负责人及核心成员以"残疾人工作者"的身份长期跟踪观察多家助残社

① 《习近平谈治国理政》第三卷，外文出版社，2020，第 66 页。

会组织。扎实的调研工作为课题研究提供了翔实的素材。

相较于我国社会组织总体发展状况而言，助残社会组织的发展还处在一个快速成长的阶段，区域发展和城乡发展很不均衡，组织治理能力参差不齐，少儿康复类机构占比高，成年服务类机构结构性短缺。整体上看，助残社会组织的赋能机制还很不健全，具体表现为：第一，助残社会组织治理的规范性亟待增强；第二，助残社会组织与政府、残联的关系整体较好，但政社关系有待进一步理顺；第三，助残社会组织管理志愿者的能力普遍较弱。从社交媒体赋能的视角看，助残社会组织社交媒体使用率整体较低，运营能力非常有限，较少运用社交媒体构建组织形象。从个案研究的视角看，“大米和小米”善用社交媒体平台进行宣传、运营和推广，不愧为一个社交媒体赋能的典型案例。此外，在残障权利倡导的行动中，社交媒体正在日益成为一种重要手段和策略。最后，从赋能生态系统的视角出发，基于社交媒体环境，本书提出了政府、残联以及相关社会力量多元主体赋能助残社会组织的路径和策略。

目录

Content

第一章　导论

社交媒体的发展对基于网络的组织建设和能力提升至关重要。从社交媒体的诞生到广泛应用，利用各种社交媒体平台来吸引潜在受众、提升资源禀赋和拓展社会网络变得越来越重要。而作为社会与技术交互发展的产物，社交媒体的发展与社会整体的变迁相生相随，影响着社会系统及其构成要素的方方面面，也给处于经济转轨与社会转型大背景下的助残社会组织带来了一系列发展机遇与挑战。

社会及作为其系统构件的互联网、社交媒体以及社会组织在发展变迁中探索形成了较为成熟的理论体系，也围绕其相互关系形成了丰硕的研究成果。这些理论体系和研究成果将为助残社会组织在社交媒体环境中充分把握机遇并有效应对挑战提供科学指导，也是本研究的重要基础。在研究中，课题组进一步完善了对已有文献和理论的梳理，并结合残障事业发展现实需求，明确了需要解决的主要问题以及需要突破的重点内容，制定了相应的调研方案。

第一节　研究背景、研究问题及内容框架

一　研究背景

20世纪90年代后，第三部门研究逐步由彼此孤立转向契合。[①] 在民主与发展的当代世界潮流下，社会组织的成长壮大成为民主化的重要动力。而通过公民参与各种志愿性社团组织形成的互惠、信任、合作等规范，正

① 第三部门研究者开始关注诸如非政府组织或非营利部门的作用及其与国家和市场的关系等更加一般的理论问题。

是维系民主和促进发展不可或缺的社会资本。[①]

社会组织既是市场经济体制下吸纳社会资源、激发社会能量、弥补市场和政府不足的必要组织，也是市场经济体制下人们实现自身利益或公共利益诉求的渠道，是不同利益群体之间实现有序、理性对话和协商共治的桥梁。[②] 截至 2018 年底，全国共有社会组织 817360 个，其中社会服务类组织有 124774 个，仅占 15.3%（见表 1-1）。[③] 2023 年 1 季度民政统计数据显示，全国共有社会组织 891360 个，其中社会团体 37.1 万个，民办非企业 51.1 万个，基金会 9360 个。[④]

表 1-1　2018 年社会组织按主要活动领域分类

单位：个

指标	社会团体	基金会	民办非企业单位
科学研究	14838	504	14665
教育	10102	1511	240012
卫生	8707	177	30882
社会服务	49409	2341	73024
文化	41835	295	26614
体育	33722	42	19986
工商业服务	42510	224	5437
农村及农村发展	64745	86	3060
其他	100366	1854	30412
合计	366234	7034	444092

资料来源：《2018 年民政事业发展统计公报》，民政部网站，2019 年 8 月 15 日，https：//www.mca.gov.cn/article/sj/tjgb/。

党的十八大以来，以习近平同志为核心的党中央高度重视社会组织工作，党的十八届三中全会提出“激发社会组织活力”。党的十九大报告明确

① 何增科主编《公民社会与第三部门》，社会科学文献出版社，2000。

② 蔡禾：《激发社会组织活力：观念、制度和能力建设》，《大社会》2015 年第 5 期。

③ 《2018 年民政事业发展统计公报》，民政部网站，2019 年 8 月 15 日，https：//www.mca.gov.cn/article/sj/tjgb/。

④ 《2023 年 1 季度民政统计数据》，民政部网站，https：//www.mca.gov.cn/n156/n2679/index.html。

了社会组织在社会主义现代化建设中的重要作用，报告中一共 5 次提到社会组织，社会组织是化解社会矛盾的重要力量。在共建共治共享的社会治理格局下，社会组织是多元社会治理格局中的重要一员。党的十九届三中全会提出，“推进社会组织改革”“激发群团组织和社会组织活力”；党的十九届四中全会提出，“发挥群团组织、社会组织作用”；“十四五”规划纲要提出，“发挥群团组织和社会组织在社会治理中的作用”；党的二十大报告强调，“引导、支持有意愿有能力的企业、社会组织和个人积极参与公益慈善事业”“加强新经济组织、新社会组织、新就业群体党的建设”。这些重要论述为新时代社会组织健康有序发展提供了根本遵循。公益慈善类社会组织被中央列为重点培育和优先发展的社会组织。

《“十四五”残疾人保障和发展规划》指出：“采取政府购买服务、政府和社会资本合作等方式，加快培育助残社会组织和企业，吸引社会力量和市场主体参与残疾人服务。支持各类社会组织在城乡社区有序开展助残服务。健全残疾人就业服务体系，充分发挥残疾人就业服务机构和各类公共就业服务平台、人力资源服务机构、社会组织作用，为残疾人和用人单位提供全链条、专业化、精准化服务。”在政府的官方话语体系中，社会组织曾被称为“民间组织”，2016 年 8 月 30 日，根据中央编办关于民政部社会组织管理有关机构编制调整的批复，民政部民间组织管理局（民间组织执法监察局）正式更名为社会组织管理局（社会组织执法监察局）。① 2015 年，中共中央办公厅在印发的《关于加强社会组织党的建设工作的意见（试行）》中指出，“社会组织主要包括社会团体、民办非企业单位、基金会、社会中介组织以及城乡社区社会组织等”。2016 年通过的《中华人民共和国慈善法》以及中共中央办公厅、国务院办公厅印发的《关于改革社会组织管理制度促进社会组织健康有序发展的意见》将“民办非企业单位”改称为“社会服务机构”。

1953 年中国盲人福利会成立，1956 年中国聋哑人福利会成立，1960 年两会合并组成中国盲人聋哑人协会，这是在政府推动成立的背景下，我

① 《民政部民间组织管理局正式更名为社会组织管理局》，新华网，2016 年 8 月 30 日，http：//www. xinhuanet. com//politics/2016 - 08/30/c _129263116. htm？ from = timeline&isappinstalled = 0。

国助残社会组织的开端。至今，中国盲人协会、中国聋人协会、中国肢残人协会、中国精神残疾人及亲友协会、中国智力残疾人及亲友协会五大专门协会都已注册成为全国性社会团体。民间草根性质的助残社会组织在 20 世纪末也开始出现。以慧灵智障人士服务机构为代表，一批民间自发创建的助残社会组织相继成立。截至 2022 年底，全国助残社会组织 3131 个。①

2012 年，我们采取定性研究方法，以 S 助残社会组织为例，从激发权能的理论视角出发，对助残社会组织的成长路径进行研究，勾画了助残社会组织的权能成长逻辑路径（见图 1-1）。助残社会组织的权能成长过程可以分为三个阶段。

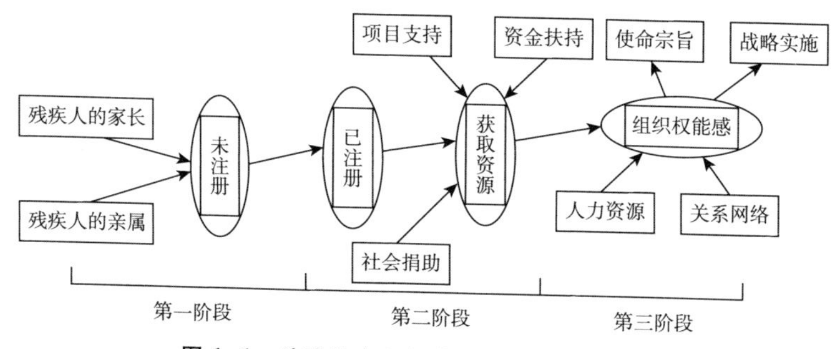

图 1-1 助残社会组织的权能成长逻辑路径

资料来源：周林刚、黄亮：《从无权到增权：社会服务组织成长问题探讨——以深圳 S 助残组织为个案》，《学习与实践》2012 年第 5 期。

第一阶段：未注册，无权能。大多数助残社会组织的创始人是残疾人的家长或者残疾人的亲属。由于意识到自我个体的需求，他们只能自行聘请老师给孩子做康复训练。这个阶段的机构一般呈现单个家庭或家庭联盟的形式。一方面，它们没有办法获得政府或社会更多层面的支持；另一方面，社会心理空间对于残疾人的家长内心空间的挤压使其处于社会群体边缘地带。资源缺乏与内心权能感丧失是这个阶段助残社会组织的真实写照。

① 《2022 年全国残疾人统计公报》，中国残疾人联合会，https：//www. cdpf. org. cn，2023 年 4 月 6 日。

第二阶段：已注册，弱权能。我们说助残社会组织在注册之后，便获得了合法的身份，也有了获取资源的资格，可以接受政府和社会的资助，还可以自己开展活动争取资源。但是这个阶段的组织本身能力还很弱，面临社会空间层面的残酷资源竞争，组织营销能力、内部管理能力，以及专业服务水平等都在提升过程中。在这一阶段，制度空间上的新制度需求与旧制度供给的反差使助残社会组织变得“初生牛犊也怕虎”。此时的助残社会组织依旧未具备进一步发展和对外拓展所需的优厚资金、专业人才等资源，处于弱权能阶段。

第三阶段：增能力，强权能。这个阶段的助残社会组织，其权能核心——获取资源的能力已经渐渐成长起来，同时具备成为地区大型组织的基本力量，其组织负责人角色也不再表现得如初期那样的单一化了，而是从原来的由残疾人的家长担任，逐步转变为由企业爱心人士、从事康复服务的专业人员以及医生等多元人才担任；组织内部人力资源结构逐步稳定，关系网络已经形成，自身的发展战略规划都已步入实施阶段。社会心理空间对组织的“扩容度”也增强了组织权能。

20 世纪 80 年代兴起的福利多元主义主张社会福利的多元化供给，在福利多元主义看来，福利的生产不能完全依赖国家，也不能完全依赖市场，社区、社会组织在社会福利的供给中占有不可或缺的地位。

以伊瓦斯（Evers）为代表的福利多元主义，充分梳理了社会福利供给的结构和框架，认为市场、国家、社区和社会组织是社会福利供给的四大支柱（见表 1-2）。就残疾人及其家属而言，其福利产品应该来自公共部门、非正式部门和助残社会组织的福利多元组合。20 世纪 80 年代以来，特别是 2008 年金融危机发生以来，西方发达国家经济衰退，财政负荷加重，其福利政策不断遭受诟病，加之残疾人福利需求增加和权益意识不断增强，倒逼政府提出了许多创新策略与方案，包括福利供给模式的去科层化、市场化、民营化、社区化等，这些策略与方案的实施离不开社会组织和企业的参与，这使政府不再是残疾人福利保障的唯一提供者，同时反映出构建公共部门、营利部门、非营利部门和家庭社区共同承担的多元供给机制的重要性。

表 1-2 伊瓦斯福利多元主义四个部门的特征

类别	市场	国家	社区	社会组织
福利生产部门	市场	公共部门	非正式部门/家庭	非营利部门/中介机构
行动协调原则	竞争	科层制	个人责任	志愿性
需方的角色	消费者	拥有社会权的公民	社会成员	市民/协会成员
交换中介	货币	法律	感激/尊敬	说理/交流
中心价值	选择自由	平等	互惠/利他	团结
有效标准	福利	安全	个人参与	社会/政治激活
主要缺陷	不平等，对非货币化结果的忽视	对少数群体需要的忽视，减弱自助的动机，选择的自由度下降	因受道德约束个人选择的自由度下降，对非该团体的成员采取排斥态度	对福利产品的不平等分配，专业化缺乏，低效率

资料来源：A. Evers，T. Olk，*Wohlfahrtspluralismus*：*vom Wohlfahrtsstaat zur Wohlfahrtsgesellschaft*，Opladen，1996：23.

2018 年修订的《残疾人保障法》指出："国家鼓励社会组织和个人为残疾人提供捐助和服务。国家机关、社会团体、企业事业单位和城乡基层群众性自治组织，应当做好所属范围内的残疾人工作。"

中国残疾人联合会成立以来，中国残疾人事业在康复、教育、就业、扶贫和无障碍建设等方面取得了巨大进步。中国残疾人权益保障制度更加完善、基本公共服务体系初步建立、残疾人生活状况显著改善、平等参与的社会环境更加优化。残疾人所享受的公共服务主要由民政部门、卫健委等政府部门和各级残疾人联合会提供，供求矛盾十分突出，服务的规模和质量难以满足残疾人类别化、个性化的需求。

《联合国残疾人权利公约》指出："残疾人包括肢体、精神、智力或感官有长期损伤的人，这些损伤与各种障碍相互作用，可能阻碍残疾人在与他人平等的基础上充分和切实地参与社会。"2016 年 10 月 27 日，中国残联主席、康复国际主席张海迪在英国爱丁堡举行的康复国际世界大会闭幕式上发表就职演说时表示："世界上有 10 亿残疾人，他们及家庭承受着巨大痛苦，我们的工作就是要帮助他们改善生存状况，创造条件，使更多的人获得康复、教育、就业的机会，过上有尊严的生活。”根据第六次全国人口普查及第二次全国残疾人抽样调查结果，2010 年末中国残疾人总数为 8502 万人，平均每 5 个家庭中就有 1 个残疾人①，残疾人及其家庭的需求问题特别突出。

二　研究问题

习近平总书记明确指出：“全面建成小康社会，残疾人一个也不能少。”② 近年来，党和国家高度重视助残社会组织的发展，出台了一系列促进助残社会组织发展的政策和文件。在一系列不同层级助残政策的支持下，“十三五”期间，我国的公办助残服务机构和助残社会组织得到了快速的发展。

在我国，助残服务体系主要由两支队伍构成：一是公办助残服务机构，即由民政部门、卫健委和残联创办的事业单位，如各级各类残疾人服务体系中的康复医院、托养中心、早教中心等；二是民办助残服务机构，即由民间力量创办的各类专业性的残疾人及其家庭服务机构，如自闭症康复机构、语言康复训练中心、就业服务中心等。截至 2022 年底，全国有残疾人康复机构 11661 个，康复机构在岗人员达 32.8 万人，其中，管理人员 3.4 万人，业务人员 23.9 万人，其他人员 5.5 万 人。全年完成康复专业技术人员规范化培训 1.7 万人。③ 从这组数据中我们不难发现，现有助残服务机构，特别是助残社会组织在数量上显然是远远不够的。助残社会组织的能力水平高低直接影响到广大残障人士的美好幸福生活能否实现，直接

---

① 根据第六次全国人口普查的我国总人数，及第二次全国残疾人抽样调查的我国残疾人总数占我国总人数的比例和各类残疾人数占残疾人总数的比例，推算出 2010 年末我国残疾人总数为 8502 万人。各类残疾人数分别为：视力残疾 1263 万人；听力残疾 2054 万人；言语残疾 130 万人；肢体残疾 2472 万人；智力残疾 568 万人；精神残疾 629 万人；多重残疾 1386 万人。参见《2010 年末全国残疾人总数及各类、不同残疾等级人数》，中国残疾人联合会网站，2021 年 2 月 20 日，https：//www. cdpf. org. cn/zwgk/zccx/cjrgk/15e9ac67d7124f3fb 4a23b7e2ac739aa. htm。

② 《习近平谈治国理政》第三卷，外文出版社，2020，第 66 页。

③ 《2022 年残疾人事业发展统计公报》，中国残疾人联合会网站，2022 年 4 月 6 日，https：//www. cdpf. org. cn/zwgk/zccx/tjgb/4 d0dbde4ece7414f95e5dfa4873f3cb9. htm。

影响到残障人士的多元化需求能否得以满足。

2011 年 1 月 21 日，腾讯公司推出了微信（海外版为 WeChat），一个为智能终端提供即时通信服务的免费程序应运而生，微信已经成为全民级社交软件。2023 年 5 月 17 日，腾讯公司公布 2023 年第一季度财报显示，微信及 WeChat 的合并月活跃账户数达到 13.19 亿。① 微博、微信、QQ 等社交媒体平台成为“有史以来最强大的媒体形式”，使得整个社会正在发生革命性变化。那么，在这场信息化革命中，社交媒体究竟会给助残社会组织带来怎样的影响？这就是本研究课题的逻辑起点和主要依据。

本书将助残社会组织界定为进行残障价值理念和政策倡导、为残障人士及其亲友提供多元化服务，以推进残障人士融合发展、共享发展为宗旨的社会服务机构。总体研究问题为：以社交媒体的出现为时代背景，以增权赋能为概念工具，以激发权能为理论基础，重点分析当前助残社会组织的基本状况，深入分析社交媒体环境下助残社会组织赋能机制。

基于以上总体研究问题，课题组归纳出以下几个具体问题。

第一，脱胎于行政型组织与事业单位的助残社会组织，经历时代变迁和社会组织政策变迁后，其内部治理结构如何？助残社会组织内部治理是否规范，又是否有效？

第二，在社交媒体环境下，助残社会组织的社交媒体运用状况如何？社交媒体赋能在助残社会组织中有何体现？是怎样的一些助残社会组织善于运用社交媒体进行资源动员？特别是，疫情下助残社会组织是如何利用社交媒体面向残疾人及其家人开展相关服务工作的？

第三，助残社会组织和政府之间是怎样的关系？在政社关系中，助残社会组织是政府的平等伙伴，还是小伙计？在社交媒体环境下，助残社会组织和政府的合作治理机制是怎样的？

第四，社交媒体的兴起为助残社会组织进行残障权利倡导提供了前所未有的机遇，社交媒体的广泛运用以何种路径对残障权利倡导产生影响，又在何种程度上推动社会公众对残障的刻板印象及偏见消除了？

---

① 《腾讯发布一季度财报：营收 1500 亿元，调整后净利润 325 亿元》，https://baijiahao.baidu.com/s?id=1766200028230042005&wfr=spider&for=pc。

第五，在社交媒体环境下，助残社会组织如何进行志愿者管理，其志愿者管理措施、志愿者动机、志愿者组织承诺、志愿者满意度、志愿者家庭年收入和志愿者续留意愿之间的关系如何？

第六，在社交媒体环境下，助残社会组织构建组织形象的成效如何？在工作人员、残障人士及其家属以及一般社会公众的视野下，助残社会组织的社交媒体形象如何？

第七，有成功的社交媒体赋能助残社会组织的案例吗？社交媒体是如何赋能助残社会组织的？

三　内容框架

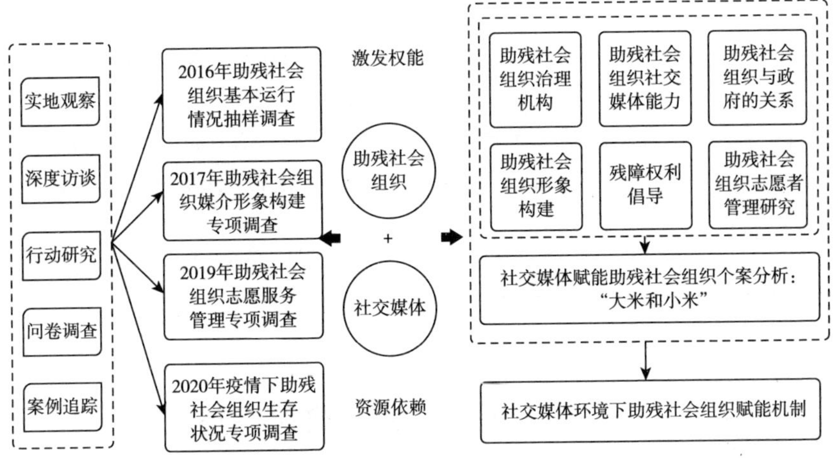

图 1-2　内容框架

四　技术路线和研究过程

本书紧扣社交媒体环境下助残社会组织赋能机制这个核心议题，坚持定量分析与定性分析相结合的范式，综合运用多种具体研究方法与工具。组建了两支研究团队：一支是由有社会学、传播学、管理学等不同学科背景的科研人员组建的学术团队 A；另一支是由助残社会组织负责人牵头组织的实践团队 B。团队 B 协助团队 A 开展资料收集工作。本课题的研究过程见表 1-3。

表 1-3　研究过程

主要研究阶段	起止时间	主要研究方法与任务
准备阶段	2015 年 5 月至 2016 年 6 月	组建两支研究团队；收集解读文献；制定研究计划；确定研究框架
资料收集阶段	2015 年 7 月至 2020 年 5 月	访谈法：对助残社会组织负责人、残疾人代表、残联干部进行多轮深度访谈；组建助残社会组织负责人工作坊，开展不定期线上焦点访谈（22 次）
	2015 年 3 月至 2016 年 3 月	个案法：核心团队成员长期以工作者的角色参与助残社会组织日常工作；选取“大米和小米”等助残社会组织进行为期 2 年的跟踪调查
	2016 年 3 月至 2019 年 6 月	问卷法：2016 年“助残社会组织基本运行情况抽样调查”；2017年“助残社会组织形象构建专项问卷调查”；2019 年“助残社会组织志愿服务管理专项问卷调查”
	2020 年 3 月至 2020 年 6 月	半结构式线上调查：疫情期间对 20 多家助残社会组织的负责人进行半结构式访谈
资料分析阶段	2016 年 3 月至 2020 年 5 月	定量分析：运用 SPSS、Amos 等软件对定量数据进行统计分析
		内容分析：运用 NVivo8.0 等软件对定性访谈资料进行分析
撰写报告、结项阶段	2019 年 1 月至 2020 年 7 月	撰写报告初稿；征求专家意见；修改并对调查报告定稿；结项

第二节　国内外研究文献综述

文献的梳理是研究的主要缘起，本书重点从“助残社会组织研究”和“社交媒体环境下助残社会组织研究”两个维度开展文献综述与评论工作。

一　助残社会组织研究综述

中国残疾人联合会、民政部在《关于支持助残社会组织发展的指导意见》（残联发〔2014〕66 号）中将助残社会组织定义为“在民政部门依法登记，以为残疾人提供服务、增进残疾人福利、促进残疾人平等参与社会生活和共享社会发展成果为宗旨，以开展残疾人所需的各项服务为主要业务的社会团体、民办非企业单位和基金会”。据此，本书以中国知网、万方和维普等数据库为主要资料来源，以“助残”“残疾人”“残障群体”“非营利组织”“公益性组织”“非政府组织”等为主题词，组配检索，系统收集 2015 年以来国内有关助残社会组织研究的文献。

近年来，随着残障事业、社会组织以及助残社会组织的进一步发展，围绕相关政策、实践和理论，一些学者从不同角度研究了助残社会组织的培育和可持续发展问题。胡金萍和林丽君运用知识图谱分析中国知网数据库中收录的 1998 年至 2018 年 CSSCI 期刊中残疾人研究领域的主要文献发现，助残社会组织成为近年研究前沿中的一个焦点，建议未来研究加强跨学科、跨领域合作，健全残疾人政策法规体系，并注重为残障群体赋能，构建新时代残疾人社会服务体系，促进社会融合。[①]

2015 年以来有关助残社会组织的研究主要有以下几个方面。

（一）助残社会组织发展模式和路径研究

鉴于助残社会组织在完善公共服务体系、促进残障事业发展、提升残疾人社会福利水平等方面的重要作用，如何促进助残社会组织的高质量发展广受关注。相关学者研究提出了包含但不限于分类指导、能力建设、社区嵌入、活力激发、内源发展、文化资本建设和社会资本建设在内的助残社会组织发展路径。

通常而言，助残社会组织以社会团体、基金会、民办非企业单位等不同属性的形式存在。这些社会组织尽管都以扶残助残为宗旨或核心任务，但在属性上仍具有差别，如何对其进行分类指导引起了部分学者的关注。柯少愚凝练提出了助残社会组织的组织性、非政府性、非营利性、自治性、服务性和助残性共六个属性，其中，助残性是其基本属性。依据其余五个属性的强弱差异及其组合，将助残社会组织划分为残疾人专门协会、基层残疾人协会、助残社会团体、助残基金会、助残社会服务机构、助残草根组织、助残社会企业七种类型，提出了对各类助残社会组织进行分类指导的具体措施。[②] 此项研究填补了已有研究中较少探讨助残社会组织属

① 胡金萍、林丽君：《国内残疾人研究的热点主题和前沿演进——基于 CSSCI 期刊的可视化分析》，《山东社会科学》2019 年第 11 期。

② 柯少愚：《助残社会组织的特性与分类指导》，《学会》2016 年第 9 期。

性与类型之间关联的空白，具有一定的实践指导意义。

陶书毅指出，助残社会组织的发展是残障事业发展与社会组织发展综合作用的结果。[①] 我国出台了一系列促进残障事业发展、促进社会组织发展的相关政策以及促进助残社会组织发展的专项政策，为助残社会组织发展提供了较为良好的政策环境，推动助残社会组织数量和规模逐渐增加和扩大。然而，残障服务高需求与低供给之间的矛盾依然突出，残障人士异质性增强对助残社会组织及其服务能力提出了更高要求，助残社会组织的服务能力、内部管理能力与管理水平有待进一步提升。需要从加大服务供给，提供个性化、多样化服务，提高助残社会组织的服务能力和内部管理能力，深化助残社会组织管理体制改革等方面促进助残社会组织发展。

居住在特定地区的具有共同利益的群体、散布在各地区但具有共同特征或兴趣爱好的群体、具有共同历史或共同社会经济和政治利益的个人或团体，往往被称为“社区”（Community）。缘于区域建设、社区治理、非地域共同体所承载的不同联结，分散在不同地理和人文环境的助残服务往往呈现出高度的社区性特征。在《民政部关于在全国推进城市社区建设的意见》《城乡社区服务体系建设规划（2016—2020 年）》《教育部关于推进社区教育工作的若干意见》《民政部关于进一步推进和谐社区建设工作的意见》等一系列政策的推动下，我国社区教育、社区医疗、社区服务等社区性事业快速发展，社会组织参与社区治理的相关研究随之兴起，作为其重要部分的社区助残服务和社区助残社会组织也逐渐进入人们的视野。王鹏杰在研究南京市浦口区的残疾人社区康复状态时发现，支持成立助残社会组织是该区残疾人社区康复的一大举措，在帮助残疾人增进人际交往、展现自身才华、融入社会生活方面具有重要意义。[②] 但参与问卷调查的残障人士对参加社区康复的满意度并不高，部分缘于助残社会组织等社会康复资源投入不足。构建“政府购买公共服务+助残社会组织”的南京浦口模式、满足残疾人多样化的社区康复需求是未来发展的重要方向。冯露晨通过调查湖北省襄阳市 L 社区助残志愿服务中社会组织的培育过程以

---

① 陶书毅：《当前我国助残社会组织发展问题及其对策探析》，《社会福利》（理论版）2017 年第 1 期。

② 王鹏杰：《南京市浦口区残疾人社区康复研究》，硕士学位论文，南京师范大学，2016。

及管理工作，分析了当前社区助残志愿服务中存在的难点问题，发现培育社区助残社会组织对提高社区助残志愿服务质量至关重要。[①] 杨书超和刘梦琴基于广州市 X 社工机构培育 Y 残障人士家属互助社的实践，以行动研究分析了助残社区社会组织从萌芽到成熟的不同阶段的互助行为和特征。[②] 研究发现，社工机构引导助残社区社会组织建立和成长的过程，就是一个营造互助环境的过程，社工机构可以为助残社区社会组织提供理念宣传、管理培训、能力建设、人才培养等服务类资源。张珊珊结合参与观察和访谈，从构建残疾人社会支持网入手，以太仓市 H 社区为例，系统调查分析了残疾人社会支持的发展现状及其存在的问题与不足。[③] 据其研究结果，助残社会组织主要通过政府购买服务介入残疾人社会支持，围绕丰富生活、提升技能、促进社会参与来提供相关社会服务，但在服务中容易忽视残疾人的家庭关系和社会关系等非正式的社会支持系统，服务的针对性、系统性和专业性也有待加强，认识不足、资金支持缺乏、人才短缺、内部管理体制不完善等现实问题制约着助残社会组织参与残疾人社会支持网构建。张珊珊还提出了一些建议，包括转变服务理念、提升残疾人社会组织的社会认知、促进社会组织自身能力建设、提升自治能力、完善培育扶持政策、改善残疾人社会组织发展环境、加强资源链接、加强社会组织与社会环境的互动等。易艳阳将助残社会组织视为残疾人服务专业化、精准化、高效化递送的保障，并认为从“正常化”原则以及增强助残服务可及性的目标出发，“社区化”应成为助残服务的重要发展取向，从而提出了“助残社区组织”的概念，强调助残社会组织“嵌入”城乡社区、扎根社区内部的发展模式。[④] 结合社区场域的内涵以及我国助残社会组织发展所依赖的政治制度、物理环境、社会心理和主客体因素，“科层场域”“地理

---

① 冯露晨：《社区助残志愿服务的社会工作介入研究——以襄阳市 L 社区为例》，硕士学位论文，华中师范大学，2020。

② 杨书超、刘梦琴：《助残社区社会组织培育的社工介入——基于广州 X 社工机构的行动研究》，《学会》2017 年第 8 期。

③ 张珊珊：《残疾人社会支持网中的社会组织——以太仓市 H 社区为例》，硕士学位论文，安徽大学，2017。

④ 易艳阳：《场域嵌入：助残社区组织发展路径探析》，《南京大学学报》（哲学·人文科学·社会科学）2019 年第 3 期。

场域”“文化场域”“服务场域”“对象场域”共同构成了助残社会组织嵌入式发展的多维要素。这项研究发现我国助残社会组织在当前发展中存在以下问题：“科层场域”嵌入过度，自主性不够，服务效益不高；“地理场域”嵌入失序，妨碍残障公共服务可及性增强；“文化场域”嵌入失灵，残障群体社区融入难以真正实现；“服务场域”嵌入不足，服务资源的协调与整合不充分，助残服务供给低效；“对象场域”嵌入错位，难以满足残障群体的个性化需求，导致助残服务供需结构失衡。为了纠正以上这些“嵌入偏离”问题，易艳阳提出应重塑以“自主”、“恰适”、“整合”、“协同”和“精准”为特质的助残社会组织多维“场域嵌入”发展路径。

赵晓芳以北京星星雨教育研究所为例，将助残社会组织嵌入组织生命周期框架，运用“价值—能力—支持”三圈理论，探索了资源、治理、竞争和服务等因素对助残社会组织活力的影响，并提出了激发助残社会组织活力的策略。其研究表明，星星雨教育研究所作为中国第一家专门为孤独症儿童提供康复治疗服务的社会组织，在从初创、发展到突破的生命周期中，既离不开组织自身的理念转变、需求洞悉、业务拓展、能力建设、交流合作和资源扩展等内部生态的不断发展，也离不开社会倡导、制度环境、政府支持等外部环境的不断改善。研究最终认为，以具有公共价值的使命为灵魂、以提升组织综合能力为根基、以获取利益相关方的多元支持为根本是激发社会组织活力的路径选择。①

助残社会组织属于社会组织的范畴，其发展离不开组织内外部的资源供给与利用。易艳阳指出，我国助残社会组织主要遵循“体制内培育”与“体制外嵌入”两类发展逻辑，均呈现“单维资源依赖”特征，过度依赖政府的资源支持，资源延续不稳定、依赖方式被动等问题突出，内生资源不足、内源发展动力缺乏致使其生存环境脆弱，陷入了服务内容“错位化”、服务项目“景点化”、服务目标“工具化”、服务效用“内卷化”的发展困局。内源发展理论指导下的资源内生应成为我国助残社会组织所遵循的发展逻辑，其核心要义在于打造整合性的组织内外部“资源系统”，

① 赵晓芳：《社会组织活力研究：一个助残 NGO 的生命追踪》，《社会政策研究》2017 年第 2 期。

在发掘“禀赋性资源”“能动性资源”“生产性资源”“价值性资源”等助残社会组织内部资源的同时，要注重“行政性资源”“专业性资源”“市场性资源”“公益性资源”等助残社会组织外部资源的导入与利用。[①] 周沛主张将“共建共治共享”的社会治理理念引入残疾人基本公共服务供给体系，其本质就在于在政府、社会组织等多元服务供给主体的协同以及残疾人服务对象的广泛参与下，实现残疾人基本公共服务的协同化、精准化与专业化供给，以达到共享发展的目标。在提供具体服务的过程中，助残社会组织是关键与主力，但当前仍存在专业性人才缺乏、运营管理经验不足、内源性和自主性发展动力缺乏、服务供给效益差的问题，实现残疾人基本公共服务“共建共治共享”亟须破除助残社会组织的非专业化难题。政府应当在制度安排、人才队伍建设、资金投入、信息支撑等方面为助残社会组织的专业化发展提供全方位保障；助残社会组织应以先进的价值理念和经营管理方式不断提升自己的资源吸纳能力和抗逆能力，这既能够增进与助残服务对象之间的信任，获取与政府合作的契机与进一步支持，又能够增强自身的专业自主性和可持续发展能力。[②]

组织机构的成长与其所拥有的文化、信息、人力、关系等资本元素息息相关。面对愈加复杂的社会问题以及自身发展的现实需要，非营利组织寻求与企业的合作成为一个明显趋势。李健和陈淑娟采用多案例研究方法探讨了资源依赖和社会资本影响合作绩效的路径，据其研究结果，非营利组织应根据资源的可替代性和资源利用程度来选择合作的企业对象，并与之建立经常性的联络或沟通机制，以恰适的合作机制确保更高的合作绩效。[③] 美国学者萨拉蒙曾经指出，社会组织存在特殊主义和家长作风等“志愿失灵”风险[④]，指向价值观、作风等软性文化内涵的关键词。从而助残社会组织发展中的文化元素引起了相关学者的关注。易艳阳和周沛认可

---

① 易艳阳：《助残社会组织内源发展动因与策略研究》，《江淮论坛》2019 年第 2 期。

② 周沛：《基于“共建共治共享”的残疾人基本公共服务探析》，《江淮论坛》2019 年第 2 期。

③ 李健、陈淑娟：《如何提升非营利组织与企业合作绩效？——基于资源依赖与社会资本的双重视角》，《公共管理学报》2017 年第 2 期。

④ 〔美〕莱斯特·M. 萨拉蒙：《公共服务中的伙伴——现代福利国家中政府与非营利组织的关系》，田凯译，商务印书馆，2008。

助残社会组织在提供残疾人服务、保障残障群体实现全面小康中的重要作用，并关注文化资本的激活、注入、积累与再生产在助残社会组织高质量发展中的关键作用。他们从解构助残社会组织文化资本的构成要素入手，分析了我国助残社会组织在文化价值、文化规范、文化实践、文化实体与文化倡导等文化资本要素上的缺位困境。具体包括以下几个方面：愿景使命流于形式化的口号，未能内化为组织机构的价值文化指引；组织制度规范受传统治理文化影响大，缺乏民主式、开放式和参与式的运营文化影响；助残服务实践项目呈现碎片化特征，缺乏整体性和长远性文化品牌沉淀；组织机构的设施环境同质化严重，个性化氛围营造不足；社会普遍缺乏残障正常化的文化认知，助残社会组织的文化传播力与影响力较小；等等。据此提出了促进文化资本激活、注入、积累与再生产的助残社会组织文化建设路径。① 刘丽珑、张国清、陈菁将非营利组织作为政府和企业之外的“第三部门”，认可其在弥补市场失灵和政府失灵、优化资源配置、缓解社会矛盾和促进社会公平中的重要作用。同时指出，能够更充分地获得资源以及将资源更有效合理地投入慈善活动是实现这些非营利组织的功能的关键，其中，承担管理和决策职能的理事会会影响非营利组织的绩效。② 他们运用社会资本理论，进一步以 341 家基金会为样本的实证研究表明，理事的网络关系、网络地位和网络声誉等社会资本对组织的绩效具有影响作用，这些社会资本的积极发展能够提高基金会的捐赠收入绩效、管理绩效和公益绩效。因此，基金会在注重物资和人力资本投入的同时，应积极吸纳具有丰富社会资本的理事成员，以扩大组织的社会网络，促进组织能力提升；而对于那些公募基金会和资源相对匮乏的基金会，理事社会资本对组织能力和绩效提升的影响更加显著，其应更加重视理事社会资本。

综合以上研究可以看出，学者主张助残社会组织发展中的“自主性”“参与性”“持续性”“规范性”等路径特征，强调助残社会组织自我发展应与外部环境建设协同推进。

---

① 易艳阳、周沛：《文化资本与助残社会组织文化建设》，《宁夏社会科学》2020 年第 1 期。

② 刘丽珑、张国清、陈菁：《非营利组织理事社会资本与组织绩效研究——来自中国基金会的经验证据》，《中国经济问题》2020 年第 2 期。

（二）政府购买助残社会组织服务研究

随着残障群体社会服务需求的个性化、专业化和多样化发展，传统的助残服务体系难以为继，向社会组织购买助残服务成为政府和各级残联应对这一挑战的重要选择。《国务院办公厅关于政府向社会力量购买服务的指导意见》《财政部、民政部、住房城乡建设部、人力资源社会保障部、卫生计生委、中国残联关于做好政府购买残疾人服务试点工作的意见》《政府购买残疾人服务试点工作实施方案》等一系列政策措施的出台，推动了政府购买助残社会组织服务的实践发展。在此背景下，基于各地实践研究，政府购买助残社会组织服务这一路径选择和发展策略的成果大量增加，这些研究离不开对作为残疾人社会服务供给主体的助残社会组织的关注。

储亚萍在调查合肥市政府购买助残社会组织服务的实践后发现，当前助残社会组织还不够发达，其服务承接能力难以满足助残服务和政府购买需要，因此，各地应尽快落实助残社会组织直接登记管理政策，采取引导性和鼓励性措施，建立相应的公益孵化园，为助残社会组织发展提供宽松而良好的环境条件。[①] 林宜湘通过剖析福建省晋江市在助残社会组织培育、服务对象利益表达、服务监督评估等方面的实践，从法律保障体系、助残社会组织总体发育与服务能力等方面详细阐述了当前政府购买助残社会组织服务中存在的问题，提出了优化助残社会组织培育机制、加强助残社会组织服务能力建设等提升助残服务效益的策略。[②] 刘彬彬以北京市政府购买残疾人服务为例，基于相关数据，利用 SWOT-PEST 矩阵组合从政治、经济、社会和技术四个角度分析了北京市政府购买残疾人服务运行机制的优势、劣势、机会和威胁。[③] 其研究结果显示，助残社会组织的发展可以带来政府购买服务中的良性竞争，有利于提高购买效率，提升服务质量和

---

① 储亚萍：《政府购买助残服务的思路创新——以合肥市的实践为例》，《理论探索》2016年第3期。

② 林宜湘：《助残社会组织参与政府购买公共服务的路径选择——基于福建省晋江市的分析》，《福建农林大学学报》（哲学社会科学版）2016年第3期。

③ 刘彬彬：《政府向社会组织购买残疾人服务研究——以北京市为例》，硕士学位论文，北京交通大学，2016。

水平，但监管和评估缺位、资源投入和法律规制不足等带来的助残社会组织服务供给能力有限、专业人才缺乏、整体发展不足等问题也威胁着购买效率的提升。要完善政府购买残疾人服务运行机制，从规范助残社会组织、加强资金筹集、提升专业能力和技术水平等方面加大对助残社会组织的扶持力度十分必要。

王莹芝在调查南京市玄武区、建邺区、浦口区政府购买助残社会组织服务的实践后发现，助残社会组织面临吸引专职社工难度大、财政投入不稳定、管理办法缺失、政策支撑不足等方面的发展难题，这些难题导致其外部培育不足且内部造血功能差，成为阻碍政府购买助残社会组织服务效果提升的一大因素。借鉴澳大利亚等国家助残社会组织增强自我发展能力的先进经验，王莹芝提出了应加大政府扶持力度、差别性财政支持与自筹资金相结合、吸纳助残专业社工等培育助残社会组织、提升其服务能力的措施，以完善地方政府向助残社会组织购买服务的机制。①

赵挺对上海市 W 区残联购买社会组织服务的实践进行调查研究，总结了 W 区残联在解决助残社会组织数量少、服务能力弱等问题方面的经验，包括改革街镇残疾人服务社治理体制、扶持成立助残领域的社工事务所、从外区引进具有专业性和影响力的社会组织、引入社会工作的理念和技术、设立推出多元化的公益服务项目等。残联购买社会组织服务的举措，促进了作为街镇助残服务供给主力军的残疾人服务社的内部治理和专业服务能力的提升，也启示我们，社会治理理念指引下的合作伙伴关系建构是优化助残服务体系的重要路径。②

（三）助残社会组织培育的地方实践分析

2014 年 11 月中国残疾人联合会、民政部联合印发《关于促进助残社会组织发展的指导意见》以来，我国助残社会组织数量和规模进一步快速增长和扩大，各地培育助残社会组织的实践深入推进，对助残社会组织培

① 王莹芝：《地方政府向助残社会组织购买服务的问题及对策研究——以南京市为例》，硕士学位论文，南京工业大学，2018。

② 赵挺：《地方残联购买服务的探索与思考——基于上海市 W 区的调研》，《科学发展》2019 年第 1 期。

育实践的实证考察与论证随之成为学者探索的一大主题。

向悦以武汉市武昌区专设助残社会组织孵化园的实践为例进行研究，将其特色性的举措总结为以开放式和社会化运作方式分类购买社会组织的个性化助残服务、以“1+1”社工嵌入方式推动助残专业化服务、针对专门化需求与成熟的专业机构合作培育多元化助残社会组织、公益创投定制社区型助残社会组织等几个方面。[①] 蒋馥蔚采用访谈法系统考察了江苏省苏州市姑苏区残疾人就业扶助项目的缘起与发展，重点关注寒香公益助残发展中心的成长过程。[②] 其研究结果显示，助残社会组织的成长以政府政策支持和公益孵化为基础条件，以公益创投为有利条件，以公益营销为转型升级的重要推力。

高克祥、蔡庭花、张雪莲在调研甘肃省助残社会组织发展现状的基础上，分析总结出助残社会组织存在人才队伍专业性不强、经费筹集渠道不畅、管理制度不规范等现实问题，并从政府层面、助残社会组织层面、社会层面分别提出了推动助残社会组织发展的思路：加大政府对助残社会组织购买服务的力度，创建助残社会组织孵化基地；树立科学的服务理念，完善组织内部管理制度，加强人才队伍建设；培养志愿服务精神，发挥残疾人专门协会的作用；等等。[③] 李羚认为，与其他社会组织相比，助残社会组织面对更加多样的个性化需求，需要更加专业化；作为残疾人公共服务的重要提供者，助残社会组织可以弥补政府基本保障和基本服务的不足，以推动残疾人服务实现全覆盖和个性化。助残社会组织的多样性决定了助残服务的广泛性和多样性。[④] 成都市残联通过深化残联改革，探索创新残联组织社会服务管理模式，促进公益发展，鼓励基层建立社会组织服务体系，创新智慧助残管理系统，推进服务实现标准化，加大撬动社会资源的力度，进一步拓展助残服务领域，探索形成了“试点先行—基层突

---

① 向悦：《新型助残社会组织孵化的路径探讨——以武汉市武昌区为例》，《残疾人研究》2015 年第 2 期。

② 蒋馥蔚：《一个助残社会组织的成长史——对苏州市寒香会社的实证考察》，硕士学位论文，苏州大学，2016。

③ 高克祥、蔡庭花、张雪莲：《甘肃省助残社会组织研究：现状与困境》，《智库时代》2018 年第 34 期。

④ 李羚：《成都市培育助残社会组织长效机制的研究》，《邓小平研究》2018 年第 1 期。

破—经验总结—制度形成”的助残社会组织培育发展路径。但除了规模小、分类不足、城乡发展不均衡等共性问题外，助残社会组织的专业化水平不高、从业人员实务技能差等体制机制困境也亟待破除。对此，成都市应加快购买助残社会组织服务平台建设，成立助残社会组织公益孵化园，加强残疾人服务人才专业培训，加快残疾人行业协会建设，促进社会组织服务标准化发展。

（四）助残社会组织参与助残服务评析

各类助残社会组织以不同形式提供了丰富多样的助残服务，其成效如何，如何对其进行科学评价，是进一步提高其服务能力需要解决的关键问题。杨振婷对上海市社会组织参与残疾人就业服务的情况进行研究，发现发展助残社会组织参与残疾人就业服务活动已成为上海市各区县应对残疾人就业困境的一种有效方式，各区县逐渐探索形成了各具特色的助残社会组织培育模式。尽管助残社会组织参与残疾人就业服务活动取得了一些成效，但仍然面临传播就业服务理念与精神的平台缺乏、资金短缺、身份认证受限制等方面的障碍。基于此，其认为继续推进政府职能转变，鼓励和支持社会组织参与残疾人就业服务活动，加强社会组织自身建设，通过透明化管理重塑公众形象等是推动社会组织参与残疾人就业服务的着力点。① 吕晶通过问卷调查和实地访谈了解到，近年来，江苏省徐州市参与残疾人社会福利服务活动的社会组织逐渐增多，服务内容和服务方式逐渐变得丰富多样。但由于运行机制不健全，服务体制不完善，内部建设不健全，公信力较低，法律体系不健全等，社会组织参与残疾人社会福利服务依然存在诸如内容体系不健全、服务需求不匹配、专业化服务缺乏、服务质量较差等问题。参照国内外先进实践经验，针对徐州市社会组织参与残疾人社会福利服务活动的现实需求，应从完善法律体系、健全体制机制、加强社会组织能力建设等方面着手，不断发展徐州市社会组织参与残疾人社会福

① 杨振婷：《上海市社会组织参与残疾人就业服务研究——以 ZLGY 组织为例》，硕士学位论文，上海师范大学，2015。

利服务。[①] 张潮和张雪基于已有文献构建了社区非营利组织参与社会治理的有效性的理论解释框架，认为应从公共服务、公民参与、社会资本三个方面评价社区非营利组织参与社会治理的有效性。其中，公共服务包括服务质量、服务数量、服务满意度；公民参与包括参与数量、参与意识、政策倡导；社会资本具体指社区社会资本。而就影响社区非营利组织参与社会治理的有效性的因素而言，其主要包括组织能力、组织间网络与地方制度环境三个部分。组织能力主要是指社区非营利组织的组织领导力、组织规模、治理结构、组织代表性；组织间网络包括组织间合作程度与组织间竞争程度。这一框架在一定程度上也为评估助残社会组织参与社会治理的有效性，明确其能力建设内容提供了理论指导。[②]

（五）国内助残社会组织研究的不足

综上来看，国内学者已在助残社会组织研究领域取得了较为丰富的研究成果，这些研究成果为本研究的开展提供了丰富的理论和实践参考，开拓了研究视野，但也存在一些不足，有待学者进一步探索。

第一，在研究内容上，多集中于对助残社会组织相关实践及经验的描绘、分析与探讨，基本遵循“现状分析—问题发现—对策建议”的研究路径，对助残社会组织发展存在的困境主要从自身能力不强、外部支持不足等方面进行宏观总结，而对中观层面助残社会组织能力本身的促成因素和构成要素关注不足，有待深入进行系统、专门的研究。

第二，在研究方法上，多围绕案例分析展开，尽管增强了研究的实证性，也在一定程度上使先进的实践经验得到了广泛传播和应用，但助残社会组织的发展和更迭加速，不同属性、不同地域的助残社会组织存在发展路径上的巨大差异，依赖单一的或少数的几个案例研究所得出的结论的普适性难以验证或面临因助残社会组织关门而难以持续检验的风险，需要以来源更加广泛的样本为研究对象，凝练提出符合我国助残社会组织持续发

---

① 吕晶：《社会组织参与残疾人社会福利服务研究——以徐州市为例》，硕士学位论文，中国矿业大学，2017。

② 张潮、张雪：《组织能力、合作网络和制度环境：社区非营利组织参与社会治理的有效性研究》，《经济社会体制比较》2020 年第 2 期。

展需要和目标的路径、模式，科学指导助残社会组织发展实践。

第三，在理论应用上，当前研究多以社会资本理论、文化资本理论、内源发展理论等为指导，而助残社会组织的发展属于广泛意义上的治理问题，包含组织治理和社会治理等，目前将助残社会组织问题上升为治理问题的研究较少，从而忽视了政府、社会组织、残障群体等多元主体之间的耦合关系和协同配合，折损了所提出的策略和建议的实效性。

第四，在研究背景上，缺乏对社交媒体环境的应有关注，在这个人人都是主播的信息化时代，任何组织和个人都无法跳脱，但回顾既有国内学术界关于助残社会组织的研究，我们发现社交媒体环境下的助残社会组织的赋能机制尚未被给予关注，因此，本课题组从立项至资料收集再到议题提炼，始终将助残社会组织的增权赋能问题放到社交媒体的宏观背景下予以探究。

二　关于社交媒体环境下社会组织研究综述

社交媒体的快速发展使得学者纷纷从信息技术的角度关注非营利组织。① 早些年的研究聚焦于 Web 1.0，如网站、电子邮件等，学者探讨非营利组织如何利用网站扩大对利益相关者的影响、构建社会资本、发展战略性和互动式沟通关系。这些研究主要关注非营利组织与外界在技术上的单向沟通。

出现于 2005 年之后的社交媒体则完全不同，微信、博客、Facebook、YouTube 等使得组织和个人可以在线讨论、与外界联系、共同创造和分享信息。社交媒体是一种组织和网络用户之间的双向互动。Facebook、Flickr、LinkedIn、Twitter 可以整合正式的社会网络，组织和个人可同他们选择的用户之间建立正式关系。

（一）主要理论视角

围绕社交媒体对非营利组织的对话能力、资源利用能力、共同体构建

---

① “社会组织”是中国官方和学术界的一个常用语，但在国外研究文献中，多以“非营利组织”或者“非政府组织”对其加以表述。

能力、倡导能力、募捐能力、公关能力等方面的影响，国外学者采取调查法、访谈法、内容分析法、比较法、个案法等实证研究方法，形成了多维的研究视角，主要有以下几个方面。

第一，权变理论视角。Nah 和 Saxton 以美国 100 个最大的非营利组织为例，从权变理论视角出发探究了非营利组织运用社交媒体的动力机制，并构建了“战略、能力、治理和环境”模型。[①]

第二，资源动员视角。有研究认为，社交媒体既可发布信息，又可对公众和利益相关者进行资源动员。[②]

第三，功能主义视角。Lovejoy 和 Saxton 以美国最大的 73 个非营利组织为例，归纳出社交媒体的信息、沟通和行动三大功能。[③] Auger 探讨了非营利组织在表达感谢和认可、征求利益相关者的意见或发布权威人物相关信息时，如何策略性地运用不同的社交媒体平台。[④]

第四，公共关系视角。Taylor 和 Kent 提出了组织同公众在线对话的五项原则，即对话回应、信息有用、进行回访、界面直观、留住访问者。[⑤] Hallahan 提出了在线环境下的五个组织公关概念[⑥]，即承诺、控制双向关系、公共性、信任和满足。Briones 等以美国红十字会为个案，分析了社交媒体的作用及运行中的资源障碍、认知障碍和技术障碍。[⑦]

---

① S. Nah, G. D. Saxton, “Modeling the Adoption and Use of Social Media by Nonprofit Organizations,” *New Media & Society*15, 2 (2013), p. 294-313.

② G. D. Saxton, C. Guo, “Accountability Online: Understanding the Web-based Accountability Practices of Nonprofit Organizations,” *Nonprofit and Voluntary Sector Quarterly*40, (2011), p. 270-295; K. Lovejoy, R. D. Waters, G. D. Saxton, “Engaging Stakeholders through Twitter: How Nonprofit Organizations are Getting more out of 140 Characters or less,” *Public Relations Review*38, 2 (2012), p. 313-318.

③ K. Lovejoy, G. D. Saxton, “Information, Community, and Action: How Nonprofit Organizations Use Social Media,” *Journal of Computer-Mediated Communication*17, (2012), p. 337-353.

④ G. A. Auger, “Fostering Democracy through Social Media: Evaluating Diametrically Opposed Nonprofit Advocacy Organizations’ Use of Facebook, Twitter, and YouTube,” *Public Relations Review*39, 4 (2013), p. 369-376.

⑤ M. Taylor, M. L. Kent, “Building Dialogic Relationships through the World Wide Web,” *Public Relations Review*24, 3 (1998), p. 321-334.

⑥ K. Hallahan, “Organizational-public Relationships in Cyberspace,” T. L. Hansen-Horn, B. D. Neff (Eds.), *Public Relations: From Theory to Practice*, Pearson, 2008, p. 46-73.

⑦ R. L. Briones et al., “Keeping up with the Digital Age: How the American Red Cross Uses Social Media to Build Relationships,” *Public Relations Review*37, 1 (2011), p. 37.

第五，社会网络视角。Saxton 和 Wang 以社会网络为视角，分析了社交媒体对美国 68 个最大的非营利组织募捐的影响。[①] Flannery 等认为在线捐赠是拓展非营利组织社会网络的新渠道。[②]

第六，传播过程视角。Guo 和 Saxton 以美国 118 个倡导型非营利组织为例，抽取了 750 条微博信息进行内容分析，从传播过程的视角出发构建了社交媒体三阶段倡导模型，即与公众建立关系—保持活跃互动—敦促采取行动。[③]

（二）国外学术界关于社交媒体环境下非营利组织的研究

概括起来，国外学术界关于社交媒体环境下非营利组织的研究主要聚焦在以下几个方面。

1. 社交媒体环境下非营利组织的倡导问题研究

倡导作为非营利组织的一项核心职能，吸引越来越多的学者关注。Nah 和 Saxton 探究了非营利组织运用社交媒体的动力机制，从采纳、使用频率和对话三个社交媒体使用维度，构建了一个由战略、能力、治理和环境等四要素组成的模型；分析了哪些类型的组织能够或者愿意运用多样化的社交媒体账户，更为频繁地同外部环境进行交流，并通过发送对话信息同社会公众建立关系。[④] Guo 和 Saxton 通过对美国 118 个倡导型社会组织的社交媒体使用情况进行调查，探究了非营利组织社交媒体信息中先前确定的沟通和倡导结构的普遍性，探索了基于社交媒体的宣传的独特性和动态。[⑤] 有学者从权变理论（Contingency Theory）视角出发，对组织层面的文献进行整合，提出了一个综合解释模型，然后运用这个模型去检验社交

① G. D. Saxton, L. L. Wang, "The Social Network Effect: The Determinants of Giving Through Social Media," *Nonprofit and Voluntary Sector Quarterly*43, 5 (2014), p. 850-868.

② H. Flannery et al., "2008 Donor Centrics Internet Giving Benchmarking Analysis," Charleston, SC: Target Analytics, 2009.

③ C. Guo, G. D. Saxton, "Tweeting Social Change: How Social Media are Changing Nonprofit Advocacy," *Nonprofit and Voluntary Sector Quarterly*43, 1 (2014), p. 57-79.

④ S. Nah, G. D. Saxton, "Modeling the Adoption and Use of Social Media by Nonprofit Organizations," *New Media & Society*15, 2 (2013), p. 294-304.

⑤ C. Guo, G. D. Saxton, "Tweeting Social Change: How Social Media are Changing Nonprofit Advocacy," *Nonprofit and Voluntary Sector Quarterly*43, 1 (2014), p. 57-79.

媒体运用的三个核心面向：采取（Adoption）、使用频率（Frequency of Use）、对话方式（Dialogic Engagement）。

学者在实证研究的基础上提出了社交媒体环境下有关非营利组织的四个假设。

（1）战略（Strategy）假设

组织随着成长，将变得更加有影响力，并不断吸引外部支持者，如国家、媒体和公众。募捐金额、游说费用、项目服务收入与社交媒体的采纳和使用呈正相关关系。①

（2）能力（Capacity）假设

非营利组织的规模、网站年龄、网站范围（容量）与社交媒体的采取和使用呈正相关关系。②

（3）治理（Governance）假设

组织治理状况是非营利组织运用网络技术的重要因素，相对于非会员制非营利组织而言，会员制非营利组织更不可能运用社交媒体，拥有更大理事会规模的组织更偏向于使用社交媒体。③

（4）环境（Environment）假设

从资源依赖理论视角出发，提出依赖捐赠资源和政府资源的非营利组织更有可能使用社交媒体。

社交媒体为非营利组织表达观点提供了广阔而新颖的渠道。Auger研究了非营利组织如何运用Facebook、Twitter和YouTube等社交媒体，在堕胎和枪支使用这两个社会事件上表达各自截然相反（支持或反对）的观点。在堕胎与反堕胎的议题上，选取了支持堕胎的"计划生育协会"（Planned Parenthood）、反对堕胎的"国家生命权利委员会"（the National

---

① S. Nah, G. D. Saxton, "Modeling the Adoption and Use of Social Media by Nonprofit Organizations," *New Media & Society*15, 2 (2013), p. 294-304.

② D. Hackler, G. D. Saxton, "The Strategic Use of Information Technology by Nonprofit Organizations: Increasing Capacity and Untapped Potential," *Public Administration Review*67, 3 (2007), p. 474-487.

③ G. D. Saxton, C. Guo, "Accountability Online: Understanding the Web Based Accountability Practices of Nonprofit Organizations," *Nonprofit and Voluntary Sector Quarterly* 0, 2 (2011), p. 270-295.

Right to Life Committee）为案例。在枪支管控问题上，选取了支持枪支使用的“美国步枪协会”（the National Rifle Association）和赞成枪支控制的“布雷迪运动”（the Brady Campaign）为个案。[①] 研究表明，非营利组织会出于不同的目的使用不同的社交媒体，在表达感谢和认可时往往使用Twitter，当向利益相关者征求反馈意见或进行其他双向沟通时往往使用Facebook，而权威人物交流信息通常依赖于YouTube。社交媒体时代是一个信息越来越多样化的时代，在此环境下，非营利组织更难发出自己的声音。那么，一个组织如何才能在社交媒体上获得关注呢？Guo 和 Saxton 创建了非营利组织使用 Twitter 的有效性模型，用转发次数和受欢迎次数考量关注度（注意力），截取了 2013 年 145 家机构发送的 219915 条 Twitter 数据，采用面板数据检验其研究假设。[②] 研究表明，注意力与组织网络的规模、发言频率和参与的对话数量密切相关。

有学者基于台湾最大众筹平台 Flying V 的个案，重点研究了社交媒体是否会改变以及如何改变非营利组织的倡导行为。[③] 研究结果显示，虽然众筹确实有助于非营利组织获取资源，也产生了初步唤醒公众关注意识、进行倡导的效果，在预测非营利组织能否通过众筹平台吸引潜在支持者的具体行为上，赞助（或参与）人数确实是决胜关键，也就是说，通过更多更新信息呈现、讨论与转贴，便有机会获得公众关注与共鸣并进行倡导，但遗憾的是，在倡导策略上，非营利组织并没有将众筹视为关键资源并进行相应的调整。

2. 社交媒体环境下非营利组织的募捐捐赠研究

当前，关于社交媒体在非营利组织管理中的应用方面的研究依然处在初始阶段。有学者在研究 24 家公办非营利组织的基础上指出，在线捐赠成为善款的一个重要来源，在线捐赠者多为年轻人且其捐款的数额比以往捐

---

① G. A. Auger, “Fostering Democracy through Social Media: Evaluating Diametrically Opposed Nonprofit Advocacy Organizations’ Use of Facebook, Twitter, and YouTube,” *Public Relations Review*39, 4 (2013), p. 369-376.

② G. Guo, G. D. Saxton, “Speaking and Being Heard: How Nonprofit Advocacy Organizations Gain Attention on Social Media,” *Nonprofit & Voluntary Sector Quarterly*47, 1 (2018), p. 5-26.

③ Z. Shulin, K. Chienliang, “How Social Media are Changing Nonprofit Advocacy: Evidence from the Crowdfunding Platform in Taiwan,” *China Nonprofit Review*10, 2 (2018), p. 349-370.

赠者捐款的数额更大。Saxton 和 Wang 利用 Facebook Causes 数据研究了社交媒体对捐赠的影响因素，发现 Facebook、Twitter 和 Crowdrise 等社交媒体应用为非营利组织开辟了参与社区筹款工作的新途径。其中，社交媒体募捐的优势体现在：第一，社交媒体使非营利组织的募捐行动可以突破地理限制从而在全球范围内得以拓展；第二，潜在的捐赠者将被社交媒体中的某个人邀请而采取捐赠行动，这种亲身式、一对一的募捐不同于其他募捐类型，受助者依托线上环境便于同捐赠者之间建立联系，并因此而有可能更信任捐赠者；第三，在社交媒体上，捐赠者对受助者的反应是面向公众的，这就意味着从朋友圈可以看到潜在捐赠者对某个特定受助者的反应。在这种团体压力下，捐赠行为更有可能发生。特别是，募捐的成功往往不是和组织财政能力有关，而是和其社交媒体使用能力有关，网上捐赠往往偏好于某些类型尤其是与健康有关的类型。[①]

Lovejoy 和 Saxton 研究了美国 100 个最大（根据收入排行榜，且组织的 10%以上的收入来自捐赠）的非营利组织使用微博的情况，并对微博的三种功能进行了分析，即信息、沟通和行动。[②] 研究发现，虽然同传统网站相比，微博的信息功能运用得广泛，但非营利组织更善于通过对话、共同体构建等形式策略性地同利益相关者进行联系。社交媒体使得一种新的公共参与范式产生。

在非营利领域，社交媒体提供了一个吸引支持者和筹集资金的新场所，但是社交媒体环境的复杂性对非营利组织来说是一个挑战。有学者收集了 2012~2016 年中国非营利组织开展的“儿童免费午餐项目”的相关数据，研究了社交媒体活动对中国非营利项目捐赠的影响，分析了其在微博上的日常捐赠数据以及相应的日常网络行为，并分析了它们之间的关系。

3. 社交媒体环境下非营利组织公关行动研究

随着人们在公共关系实践中对社交媒体使用次数的日益增多，有关这方面的研究文献也在不断增多。Taylor 和 Kent 率先研究了组织如何通过因

---

① G. D. Saxton, L. L. Wang, “The Social Network Effect: The Determinants of Giving through Social Media,” *Nonprofit and Voluntary Sector Quarterly* 43, 5 (2014), p. 850-868.

② K. Lovejoy, G. D. Saxton, “Information, Community, and Action: How Nonprofit Organizations Use Social Media,” *Journal of Computer-Mediated Communication*, 17 (2012), p. 337-353.

特网的双向对话互动渠道（如电子邮件、论坛）建立公共关系，并指出互联网为组织公共关系的建立提供了一个机会，提出了依赖因特网构建对话性公共关系的基本原则：一是建立公众与网站之间对话沟通的有效渠道，将公众的反馈嵌入网站建设；二是将有用的信息放到网站上；三是确保网站包含最新消息、在线问答等能够吸引重复访问的功能和不断更新的、有价值的信息；四是保持网站界面设计的直观性和易用性；五是保障网站只包含“基本链接”，并明确标明访问者返回网站的路径。[①]有学者提出了在线环境中的五个组织公关概念：承诺（Commitment）、控制双向关系（Control Mutuality）、公共性（Communality）、信任（Trust）和满足（Satisfaction）。承诺即公众将组织视为在线参与组织，愿意将资源投入公共关系的构建、努力维系沟通。控制双向关系是指确保组织和公众之间的互动得以发生。公共性指的是组织和公众相互认同，拥有基本一致的价值观、信仰和兴趣。信任是指在在线组织公共关系环境中，很难建立信任，组织必须被视为可信的、具有竞争力的、可以依赖和始终如一的。满足有助于组织公关达到各自的目的甚至达到超越双方的期望值的目的。Kent 进一步将其研究议题延伸到对话沟通上，以聚焦于通过博客构建关系，分析博客给组织带来的好处，如问题提出、关系构建、信任培养、身份认同。

美国红十字会主要利用了 Websites、Blogs、Twitter 和 Facebook 去构建关系、招募志愿者、更新社区灾害防范和应对信息、联系大众传媒。通过运用双向对话的社交媒体，美国红十字会为社区提供了更为便捷的服务、产生了更多的（大众）媒体的报道、收到了来自利益相关方的正面和负面的反馈信息，以提升社会组织的能力。Briones 等学者对 40 位来自美国红十字会不同区域、不同阶层、不同会龄的员工进行电话访问（人均受访时间为 23 分钟），以探究他们使用社交媒体进行公关的情况。[②] 美国红十字会构建了一种同年轻粉丝、媒体和社区进行双向对话的公关模式。在数字时代，运用社交媒体进行公关是必要而有效的。

---

① M. Taylor, M. L. Kent, "Building Dialogic Relationships through the World Wide Web," *Public Relations Review*24, 3 (1998), p. 321-334.

② R. L. Briones et al., "Keeping up with the Digital Age: How the American Red Cross Uses Social Media to Build Relationships," *Public Relations Review*37, 1 (2011), p. 37-43.

社交媒体具有吸引利益相关者和非营利组织成员的潜力，已经成为非营利组织公共关系的重要组成部分。有学者关注了用户对非营利组织发布的社交媒体帖子的反应。为了加深对有组织的社交媒体活动如何影响用户参与的理解，Smith 研究了 Facebook 和 Twitter 的使用以及非营利组织的用户反应。研究结果显示，不同平台的用户对刺激的反应不同。[①]

非营利组织和利益相关者之间的在线互动对组织行为的影响变得越来越无处不在、越来越多维、越来越至关重要。社交媒体作为组织沟通和利益相关者的参与工具，其广泛运用大大提升了非营利组织同顾客、规则制定者、志愿者、媒介和一般公众的沟通交流能力。行动功能的核心在于推动粉丝为组织“做些事情”，如捐赠、购买服装参加活动或参加倡导性活动。微博用户往往被视作一种可以动员的资源，以帮助组织完成使命。开展动员行动是非营利组织力求实现的最终目标，通过社交媒体动员将粉丝知情者转变为社区成员、行动者和捐赠者。“信息—互动—行动”这个框架，是一个非营利组织实现社交媒体沟通功能所遵循的基本逻辑。信息功能被视为吸纳粉丝的核心功能，对于很多非营利组织而言，倡导、营销和动员是其发布微博的最主要目的。[②]

早期有研究表明，很多非营利组织怀疑因特网在促进组织竞争力提升和优化形象方面的作用。Waters 等调查了 275 个非营利组织在信息披露、信息传播和活动参与三个方面运用社交媒体的状况。结果表明，尽管不同类型的非营利组织会采取不同的信息披露和信息传播方式，但总体上看，这些组织忽视了社交媒体的重要性。[③]

非营利组织往往会策略性地使用社交媒体来传播信息、参与社区活动和动员活动。香港大学的 Lam 和 Nie 通过对香港 427 个社会服务类非营利组织进行分析发现，依赖于私人资金的非营利组织更倾向于使用社交媒

---

① J. N. Smith, “The Social Network?: Nonprofit Constituent Engagement through Social Media,” *Journal of Nonprofit & Public Sector Marketing*, (2018), p. 1-23.

② K. Lovejoy, G. D. Saxton, “Information, Community, and Action: How Nonprofit Organizations Use Social Media,” *Journal of Computer-Mediated Communication*17, 3 (2012), p. 337-353.

③ R. D. Waters et al., “Engaging Stakeholders through Social Networking: How Nonprofit Organizations are Using Facebook,” *Public Relations Review*35, 2 (2009), p. 102-106.

体，而依赖于政府资金的非营利组织出现在网络上的可能性较小。[①] 通过挑战在线展示总是有利于非营利组织的主张，寻求在线展示本身就是一种战略选择；社会环境以及对资源的依赖会极大地影响非营利组织决定是加入网络世界还是保持离线状态。

4. 非营利组织运用社交媒体的主要障碍研究

组织能力是一个多维结构。从广义上来讲，它指的是组织有效地完成其使命。具体而言，它指的是一些要素或属性，当调动起来时，能够使组织实施其计划、实现其目标和完成其使命。

Sun 和 Asencio 研究了社交媒体在非营利组织中的使用，旨在提高组织能力。[②] 他们取得了非营利组织管理领域中最早关注社交媒体使用与非营利组织能力之间关系的研究成果，提出了一个理论框架，整合了三个概念：社交媒体使用障碍、社交媒体策略和非营利组织能力。研究数据主要来自一项由他们发起的调查，其中包括 27 个多项选择题和开放式问题。该调查通过电子问卷方式发送给洛杉矶地区人口超过 5 万人的城市的社会服务非营利组织的主管和经理。通过对洛杉矶地区 77 个非营利组织进行调查，该研究分析了不同的社交媒体策略对组织能力的影响。对定量数据的逻辑回归分析显示，经常在社交媒体网站上发帖并为社交媒体使用专用资金的非营利组织更有可能认为社交媒体有效地提高了他们的组织能力。研究结果还显示，与之前的发现相反，使用 Twitter、视频和面向社区建设的帖子的非营利组织不太可能认为社交媒体是有效的。

既有研究显示，非营利组织在有效使用社交媒体时主要会面临以下几个方面的障碍。[③]

第一，缺乏资源给非营利组织使用社交媒体带来了挑战。具体来说，包括缺乏使用社交媒体的资金以及缺乏聘用全职社交媒体员工的资金。研

① W. F. Lam, L. Nie, "Online or Offline? Nonprofits' Choice and Use of Social Media in Hong Kong," *International Journal of Voluntary and Nonprofit Organizations*31, 5 (2020), p. 111-128.

② R. Sun, H. D. Asencio, "Using Social Media to Increase Nonprofit Organizational Capacity," *International Journal of Public Administration*42, 5 (2019), p. 392-404.

③ R. Sun, H. D. Asencio, "Using Social Media to Increase Nonprofit Organizational Capacity," *International Journal of Public Administration*42, 5 (2019), p. 392-404.

究发现，缺乏资金和全职工作人员给中国政府机构使用社交媒体带来了挑战。相关研究显示，缺乏员工或预算是美国非营利组织使用社交媒体的主要障碍。此外，由于缺乏全职工作人员，非营利组织只能依靠志愿者来监督社交媒体的工作。

第二，缺乏使用社交媒体的能力是非营利组织面临的另一个障碍。员工缺乏社交媒体技能、缺乏领导能力会影响社交媒体使用的有效性。例如，有研究发现，中国政府组织在社交媒体使用方面缺乏经验，没有对社交媒体使用给予足够的重视和支持。Campbell 等还发现，许多美国公众和非营利组织不使用或不愿使用社交媒体，因为他们对社交媒体的认识视野有限。[①] 例如，有受访者表示，他们组织中的员工缺乏社交媒体知识。根据一位受访者的说法，他/她的组织面临的一个挑战是“员工缺乏对社交媒体适用的知识”。

第三，领导者缺乏社交媒体策略，阻碍了非营利组织使用社交媒体。具体来说，非营利组织的领导者不支持使用社交媒体，也不了解使用社交媒体所带来的价值和利益。

第四，顾客和支持者问题给非营利组织使用社交媒体增加了障碍。例如，有受访者表示，他们组织的成员要么不参与使用社交媒体，要么不太活跃。支持者问题给非营利组织使用社交媒体带来了挑战。有研究者发现，考虑到一个组织的目标人群，对客户保密和社交媒体是否合适的担忧是政府和非营利组织使用社交媒体的障碍。[②]

这项研究的一些结果与一般社交媒体或 ICT 的理论论点或先前的经验证据是一致的，例如，频繁发布和专用资金的重要性，以及非营利组织使用社交媒体的障碍。非营利组织在使用社交媒体方面面临资源、专业知识、领导能力和支持者方面的主要挑战。

---

① D. A. Campbell, K. T. Lambright, C. J. Wells, “Looking for Friends, Fans, and Followers? Social Media Use in Public and Nonprofit Human Services,” *Public Administration Review* 74, 5 (2014), p. 655-663.

② D. A. Campbell, K. T. Lambright, C. J. Wells, “Looking for Friends, Fans, and Followers? Social Media Use in Public and Nonprofit Human Services,” *Public Administration Review* 74, 5 (2014), p. 655-663.

（三）国内学术界关于社交媒体环境下的社会组织研究综述

社交媒体化、媒体社会化是当今中国社会的时代特征，国内学术界围绕社交媒体对社会组织的影响展开了相关研究。

1. 社交媒体与基金会的研究

有学者从社交媒体筹款模式的微观角度出发对基金会进行了相关研究，高晓琳以腾讯公益基金会为例，研究社交媒体的筹款模式，总结了社交媒体的筹款特点，并对社交媒体筹款的激励因素进行了分析。①

有学者对基金会的微博传播策略及影响力进行了研究，周乾宪以形象树立、资讯传播、公众沟通和议题呈现等四大公益传播策略为主要研究架构，对13家全国公益基金会组织的微博主页进行研究，研究了公益基金会组织使用社交媒体同社会公众进行有效沟通的问题。② 李筱媛以新浪微博“免费午餐”与“壹基金”慈善组织为对象，运用西方文献中的分析框架和社交网络理论，对微博内容加以分析，探究中国慈善组织对微博传播策略的运用方式和采纳程度。③ 廖卫民针对运用社交媒体扩大慈善组织文化传播影响力课题，以10家基金会为例，对其微博进行数据分析及传播策略比较，提出扩大文化影响力的建议。④

有学者构建了微博影响力指标体系、评价模型和微博采纳模型，赵阿敏、曹桂全基于17家全国公益基金会的官方微博进行实证研究，梳理国内外文献中的微博影响力指标体系和评估方法，结合我国微博功能特征，甄选指标构建微博影响力评价指标体系，并结合因子分析方法，构建影响力评价模型。⑤ 刘志明、游艳玲基于组织创新理论，选取中国基金会资产居前200名的组织进行实证分析，对非营利组织领域内的微博采纳行为进行

---

① 高晓琳：《社交媒体筹款的特点及激励因素分析——以腾讯公益基金会为例》，《太原城市职业技术学院学报》2016年第12期。

② 周乾宪：《公益组织对社群媒体的利用及传播策略——基于对13家全国公益基金会新浪微博主页的内容分析》，《新闻爱好者》2012年第17期。

③ 李筱媛：《中国慈善组织社交媒体传播策略研究》，硕士学位论文，北京外国语大学，2014。

④ 廖卫民：《慈善组织提升文化影响力的微博传播策略研究》，《电影评介》2014年第10期。

⑤ 赵阿敏、曹桂全：《慈善组织微博影响力评价研究——基于17家全国公募基金会官方微博的实证研究》，《情报杂志》2013年第10期。

分析建模，探究非营利组织微博采纳行为的影响因素。[①]

2. 社交媒体与环保组织的研究

围绕一些著名环保组织的网络结构特征、微博传播特征以及社交媒体对环保组织动员能力和参与能力的影响等主题，有学者展开了丰富的个案研究。

童志锋比较分析了三起互联网背景下的中国环境运动典型事件，基于实证研究得出社交媒体发展深刻影响着环保组织动员能力和参与能力，正在深层次塑造我国的环境运动的整体特征的结论。[②] 周爱萍通过“温州绿眼睛”民间环保组织案例，研究媒体与非营利环保组织互动行为、反映在互动中的利益诉求，以及媒体在非营利环保组织发展中的作用。[③] 张艳伟、王文宏以新浪微博环保公益传播主体“绿色和平”为例，系统采集 2012 年 8 月到 2013 年 8 月，提及、转发、评论绿色和平组织的 12195 名网友的传播主体特征，通过对 6 个变量特征进行分析研究，提出利用社交媒体传播公益的建议。[④] 黄荣贵、桂勇基于扩散理论，以 53 家环保组织为对象，研究环保组织的微博影响力课题，总结多重因素和多种资源对于微博扩散水平和微博影响力的作用效果。[⑤] 黄春莹、孙萍以 350 家民间环保组织门户网站作为考察对象，通过分析各环保组织网络互访记录，应用可视化技术和社交网络理论，探讨环保组织间在网络领域的沟通合作及形成的隐性在线社交网络结构。[⑥]

3. 社交媒体与弱势群体自助组织的研究

有学者分析了网络自助组织对弱者个人层面的赋能影响，还有学者从

---

① 刘志明、游艳玲：《非营利组织微博采纳行为分析——基于中国基金会的实证分析》，《广东行政学院学报》2014 年第 3 期。

② 童志锋：《互联网、社会媒体与中国民间环境运动的发展（2003—2012）》，《社会学评论》2013 年第 4 期。

③ 周爱萍：《媒体与非营利环保组织互动行为分析——以温州绿眼睛环保组织为例》，《学会》2011 年第 4 期。

④ 张艳伟、王文宏：《新浪微博中公益传播主体的特征研究——以国际公益组织绿色和平为例》，《新闻世界》2014 年第 2 期。

⑤ 黄荣贵、桂勇：《非政府组织的微博影响力及其影响因素——以环保非政府组织为例》，《学习与探索》2014 年第 7 期。

⑥ 黄春莹、孙萍：《我国民间环保组织网络社会互动特征分析》，《兰州学刊》2016 年第 6 期。

众筹项目、数字不平等的角度出发研究了微博对劳工非政府组织的影响。

丁未以中国稀有血型群体网络社群为社交媒体“自组织”赋能个案，探讨和详尽展示了这一“制度性的弱势群体”如何自发地利用QQ群、专业网站，逐步建立起全国范围的救治体系，剖析制度、技术和人三者的互动与磨合行为。[①] 武晓伟、张橦通过对广州女同组织“女友组”的个案分析，探讨在社交媒体环境下的边缘社会群体的赋能机制。[②]

钟智锦在对新浪微公益1257个众筹项目实证研究的基础上，分析出非政府组织和基金会发起的项目与其他主体发起的项目相比，能获得更高的筹款率。[③] 黄荣贵、桂勇对中国发展简报国内非政府组织名录中28个劳工非政府组织进行个案研究，统计分析其2013年至2014年发布的11791条微博的被转发和被评论数据，探讨微博空间的数字不平等现象对劳工非政府组织的影响，较为系统地分析了数字不平等形成机制。[④]

4. 社交媒体与社会组织在线信息披露质量研究

有学者研究了社会组织信息公开现状，构建了在线信息披露质量指标体系，周如南、卞筱灵、陈敏仪认为社交媒体时代下，公众对公益慈善组织信息公开的要求提高，试图探索社交媒体环境下公益慈善组织信息公开情况与公众理想化需求之间存在的真实差距。[⑤] 方莹晓、金镇探讨了社交媒体环境下社会组织信息公开的必要性及意义，分析了社会组织信息公开建设的推动力和障碍，并针对社会组织信息公开机制提出了原则建议。[⑥] 刘志明、张兴杰、游艳玲结合在线信息披露国内外相关研究成果，构建了非营利组织在线信息披露质量评价指标体系，以质量评价指标体系分析中

① 丁未：《新媒体赋权：理论建构与个案分析——以中国稀有血型群体网络自组织为例》，《开放时代》2011年第1期。

② 武晓伟、张橦：《新媒体对社会边缘群体的组织化与赋权研究——以“女友组”为例》，《中国青年研究》2014年第3期。

③ 钟智锦：《社交媒体中的公益众筹：微公益的筹款能力和信息透明研究》，《新闻与传播研究》2015年第8期。

④ 黄荣贵、桂勇：《自媒体时代的数字不平等：非政府组织微博影响力是怎么形成的?》，《公共行政评论》2014年第4期。

⑤ 周如南、卞筱灵、陈敏仪：《传播、赋权与公信力：新媒体环境下的公益慈善组织信息公开及其效果研究》，《广州大学学报》（社会科学版）2017年第1期。

⑥ 方莹晓、金镇：《新媒体环境下社会组织信息公开机制的研究》，《价值工程》2015年第2期。

国基金会领域 730 家组织在线信息披露数据，考察影响慈善组织信息披露的主要因素。①

5. 公益组织使用社交媒体的效果与策略研究

围绕中国公益组织的社交媒体使用及效果研究主题，有学者展开了综合性研究和深度的个案研究。

王秀丽等综合考察了中国公益组织应用社交媒体的现状、目的及效果评估等问题，重点研究了公益组织社交媒体使用效果评估问题，指出公益组织虽具备一定的评估意识，但在社交媒体使用效果评估上仍存在较大困难。② 陈秋晔以具有代表性的国际性公益组织“世界自然基金会”为研究对象，基于 5R 理论，分析了其在中国的社交媒体营销传播情况，总结出对国内公益组织营销传播的一些参考与借鉴经验。③ 黄典林对本土草根慈善非政府组织“大爱清尘”进行了深度的研究，探讨在当代中国特殊的政治社会语境与社交媒体蓬勃发展的背景下，非政府组织在面临自身生存合法性挑战的情况下，如何有策略性地运用社交媒体促进自我管理、增强合法性以及促成目标的实现。④ 赵泓、刘子莹以绿盟基金会“中国美丽乡村计划”为例，探讨了乡村环保公益组织在社交媒体环境下的传播现状与困境，并提出了相应的建议。⑤ 韩珮瑶考察了社交媒体兴起背景下，公益组织对自身的网络公益传播内容策略的调整及特点，探讨了传播策略存在的不足。⑥

① 刘志明、张兴杰、游艳玲：《非营利组织在线信息披露质量影响因素分析——基于中国基金会的实证研究》，《中国行政管理》2013 年第 11 期。

② 王秀丽等：《中国公益组织的社会化媒体使用及效果研究》，《北京航空航天大学学报》（社会科学版）2019 年第 6 期。

③ 陈秋晔：《基于社会化媒体平台的公益组织营销传播研究——以“WWF 世界自然基金会”为例》，《广告大观》（理论版）2019 年第 4 期。

④ 黄典林：《社交媒体与中国草根慈善组织的合法化传播策略——以“大爱清尘”为例》，《国际新闻界》2017 年第 6 期。

⑤ 赵泓、刘子莹：《新媒体环境下乡村公益组织传播策略研究——以绿盟基金会“中国美丽乡村计划”为例》，《探求》2018 年第 6 期。

⑥ 韩珮瑶：《社交媒体时代我国网络公益传播内容的变化——以壹基金、免费午餐和腾讯公益基金会为例》，《新闻研究导刊》2018 年第 24 期。

（四）国内外学术界关于社交媒体环境下社会组织研究的不足

近年来，伴随社交媒体的风生水起，国内外学术界围绕社交媒体与社会组织这个全新的议题开展了大量研究，取得了丰硕的成果，但由于尚处于起步阶段，该领域的研究存在以下不足。

第一，样本的选择不够全面，代表性不强。国外学者偏好选择大规模的非营利组织为对象，对小型非营利组织的关注远远不够；国内学者则多以著名基金会或环保组织为个案。

第二，对不同社交媒体平台的关注失衡。无论是国外学者还是国内学者均对微博平台给予了高度的关注，而对其他类型的社交媒体平台（如微信、QQ 等）的关注明显不足。

第三，缺乏对社会组织权能的系统性分析。虽然国外学者探究了社交媒体对社会组织某方面能力的影响，国内学者也探讨了社交媒体的影响力，但在社交媒体的影响下，社会组织的哪些权能要素会发生变化？如何运用社交媒体激发社会组织权能？对此，目前还缺乏系统性探讨。

同国外研究相比，国内研究还有以下不足。

第一，在理论上，虽国内外学术界同步开始研究，但两者在理论建树上的差距很大。国外学者已经构建了几个具有一定解释力的理论模型，形成了多个比较成熟的研究视角，但国内研究还处在一个描述现状的初始阶段，多数学者缺乏必要的学理关怀，理论构建工作亟待启动。

第二，在方法上，国外学者多以大样本的定量分析为主，国内学者则多以个案的定性分析为主。方法上的差距使得国内研究成果的学术影响力不够，难以在国际刊物上面世。

第三，在研究对象上，社交媒体环境下的助残社会组织是国内学术界尚未关注的“死角”。虽然国内有学者从专业化发展、服务体系建设、政治参与、组织独立性等角度对助残社会组织的能力建设问题进行了探讨，但至今还没有人从社交媒体的角度去讨论助残社会组织如何激发权能的问题。

第三节 理论视角

社会组织是满足新时代人民群众美好生活需求以及为社会公众提供精准化、精细化服务的重要主体之一。社会组织的治理结构和治理能力是国家治理体系和治理能力的重要组成部分。因此，研究助残社会组织的问题首先必须从国家治理体系和治理能力现代化的视角出发，在“人人微信、人人抖音”的社交媒体环境下加以考量，一方面讨论在社交媒体环境下，助残社会组织的治理机构和资源状况，另一方面探讨助残社会组织赋能的机制。因此课题组试图从激发权能理论和资源依赖理论的双重视角出发进行分析。

一 激发权能理论

社交媒体的快速普及为赋能理论找到了新的结合点和实验场，所谓社交媒体赋能指的是社交媒体成为个人或组织权力实现的重要源泉和力量。社交媒体赋能是一个崭新的话题，学术界对其的讨论非常有限，目前研究了社交媒体对个人赋能的影响，很少有人研究社交媒体对组织赋能的影响。鉴于此，本研究选取社交媒体赋能为视角。

激发权能主要由权力（Power）、无权（Powerlessness）、去权（Disempowerment）和增权（Empowerment）等概念组成。[①]在激发权能研究领域，权力是指“权力关系中的各方争夺与获取某种竞争性资源的现有的或潜在的能力”,[②] 表现为个人权力、社会权力、政治权力三种。[③]

权力/权能是激发权能理论的基础概念，也是社会科学，尤其是政治

① 周林刚：《社会支持与激发权能——以城市残障人福利实践为视角》，社会科学文献出版社，2009。

② Kenneth Macdonald 在《增权：一个批评的视角》中指出：“所有对增权的解释都必须以理解什么是权力为先决条件。”

③ 张时飞：《上海癌症自助组织研究：组员参与、社会支持和社会学习的增权效果》，硕士学位论文，香港中文大学，2001。

科学的一个核心概念。[①] 下文我们就权力的一些经典性定义加以阐述。

《布莱克维尔政治学百科全书》中指出："权力" 基本上是指一个行为者或机构影响其他行为者或机构的态度和行为的能力。[②]

相关学者认为，权力往往和一些否定性概念，如占领、强迫、依赖等联系在一起。A 对 B 拥有权力，就意味着，A 能够让 B 去做 B 自己不愿意做的事情，但是，如果 A 对 B 拥有权力，B 就会被去权或对 A 有依赖性。[③]

霍布斯认为，权力是一种获取某种未来明显好处的现有手段 (Means)，生命本身就是在持久地、永无休止地追逐权力，直到死亡，权力才算是终止。[④] 还有学者认为 "权力是指做一件事情的能力"。[⑤]

透视经典社会学家马克斯·韦伯的著作我们可以发现，"权力" 乃韦伯政治社会学理论构建的基石之一，其重要性或许仅次于 "合理性" "理想类型" 等概念。正是在界定权力的基础上，马克斯·韦伯构建了三种理想的权威模型（传统权威模型、克里斯玛型权威模型、法理权威模型）。马克斯·韦伯在其《经济与社会》一书中指出："权力是存在于社会关系中的某种机会，它使人即使遭遇抵抗也能够贯彻自己的意志，而不必介意这种机会是建立在什么基础之上的。"[⑥]

后现代主义社会理论的主要代表人物之一福柯，从 20 世纪 70 年代初起，试图在总体化、非再现的、人本主义的框架中重新思考现代权力的性质。在不同著作不同场景中，福柯对于权力的界定往往不同，有时的确让人难以理解。他认为权力是分散的、不确定的、形态多样的、无主体的和

---

① E. W. Schwerin, *Mediation, Citizen Empowerment and Transformational Politics* (London: Westport, Connecticut, 1995), p. 71.

② 〔英〕戴维·米勒、韦农·波格丹诺主编《布莱克维尔政治学百科全书》，邓正来译，中国政法大学出版社，1992。

③ E. W. Schwerin, *Mediation, Citizen Empowerment and Transformational Politics* (London: Westport, Connecticut, 1995), p. 71.

④ 〔美〕霍布斯：《〈利维坦〉附录》，赵雪纲译，华夏出版社，2008。

⑤ E. W. Schwerin, *Mediation, Citizen Empowerment and Transformational Politics* (London: Westport, Connecticut, 1995).

⑥ 周晓虹：《西方社会学历史与体系》（第一卷 经典贡献），上海人民出版社，2002。

有生产性的，构建了个人的躯体和认同。[①]值得我们留心的是，他拒斥所有那些认为权力仅留存于宏观结构或统治阶级手中、权力在本质上是压迫性的现代理论的观点。就这一点而言，或许今天的许多激发权能的理论家从他那里汲取了不少的营养。

在激发权能理论研究领域，最负有盛名的权力定义来自 May，1972 年他在其名著 *Power and Innocence* 中将权力置于一个动态的关系视野中加以研究，并区分了四种不同的权力关系（Power Relationship）类型。[②] 第一种，否定性权力，也就是权力的剥削性、操纵性及控制性使用，即“Power over”；第二种，权力的竞争性使用，即“Power against”；第三种，营养性权力，即“Power for”；第四种，整合性权力，即“Power with”。May 进一步将以上几种权力划分为“建设性”权力和“破坏性”权力两种理想类型，认为否定性权力是破坏性权力，竞争性权力介于建设性权力与破坏性权力之间，而后两种权力即营养性权力和整合性权力都属于建设性权力。[③]

激发权能的文献并没有指出，权力究竟是营养性权力还是整合性权力。营养性权力同传统教育模式以及许多“助人”专业（如社会工作、精神健康、医疗服务等）紧密相关，它通常建立在对别人关怀的基础之上。营养性权力常常是好意的，但它也存在成为否定性权力的变体的危险。例如，旨在为“案主”提供专业服务的“传统”医疗模式被激发权能的倡导者视为去权。在医患关系中，医学专家拥有绝大多数权力，他们可能会做出在医疗方面有益于病人而在心理和社会方面有害于病人的决定，原因就在于他们倾向于增强病人对医学专业及其医疗服务的依赖性。[④]

正是由于以上这些原因，许多激发权能理论的倡导者只认可整合性权力，[⑤] 也就是同激发权能紧密相关的协作性权力。整合性权力或协作性权

---

① 侯钧生主编《西方社会学理论教程》，南开大学出版社，2001。

② R. May, *Power and Innocence* (New York: W. W. Norton, 1972).

③ E. W. Schwerin., *Mediation*, *Citizen Empowerment and Transformational Politics* (London: Westport, Connecticut, 1995), p. 71-98.

④ E. W. Schwerin, *Mediation*, *Citizen Empowerment and Transformational Politics* (London: Westport, Connecticut, 1995), p. 71-98.

⑤ K. E. Boulding, *Three Faces of Power* (Newbury Park, CA: Sage Publications, 1989).

力在解决社会冲突问题时，往往采取持续对话或合作的形式。协作性权力的本质在于互相尊重、互相促进、互利互惠，因此，它有时被人们称为合作性权力①或者合理性权力或者“双赢”取向的权力。②

同 May 的分析路径相似，周林刚在检讨文献的基础上，将权力概括为压力性权力、影响性权力、权威性权力三种。③

在社会工作文献中，Hirayama 和 Cetingok 发现，权力通常等同于个人的适应能力或才能。④ 社工领域的学者往往从能力视角出发，将权力界定为几种能力：得到某人需要的东西的能力；影响其他人思考、感受、行动的能力；在社会系统，如家庭、组织、社区和社会中，影响资源分配的能力。上述概念间的关系可表述为个人权力、社会权力、政治权力。⑤

尽管政治学、社会学、哲学、社会工作等学科领域主要的理论家在权力/权能界定上见仁见智，但从其下定义的出发点来说，其观点可以归结为这两个方面：一是能力方面，认为权力是其拥有者获取某种资源的现有的或潜在的能力；二是关系方面，将权力置于行动者之间的互动中加以分析。

“权力”一词的界定，可以追溯到古希腊哲学家那里，相比之下，另一个与之相关的术语“激发权能”则是一个全新的概念。⑥

尽管在西方的学术界“激发权能”一词为人们所广泛运用，但是要清晰而准确地回答什么是“激发权能”是件十分困难的事情。通过检索已有的文献，我们可以看到，不同的学者在不同的“场域”往往赋予“激发权能”不同的内涵。正如 Schwerin 指出的那样，“激发权能一词有着不同寻

① J. H. Craig, M. Craig, *Synergic Power: Beyond Domination and Permissiveness* (2ded) (Berkeley, CA: Proactive Press, 1979).

② M. Ferguson, *The Aquarian Conspiracy: Personal and Social Transformation in the* 1980*s Los* (Angeles: J. P. Tarcher, 1980).

③ 周林刚：《激发权能理论：一个文献的综述》，《深圳大学学报》（人文社会科学版）2005年第6期。

④ H. Hirayama, M. Cetingok, "Empowerment: A Social Work Approach for Asian Immigrants," *Families in Society: The Journal of Contemporary Social Services*69, 1 (1988), p. 41-47.

⑤ 张时飞：《海癌症自助组织研究：组员参与、社会支持和社会学习的增权效果》，硕士学位论文，香港中文大学，2001。

⑥ D. G. Winter, *The Power Motive* (New York: The Free Press, 1973), p. 267.

常的复杂性”。[①]

Rappaport 率先在社区心理学领域引入并使用“激发权能”的概念，他指出：“在美洲文化里，激发权能是一种充满积极内涵的价值。”[②] 从心理学视角来看，“激发权能”是指拥有或得到某种控制自我、把握个人生活机会的积极感觉；从社会学视角来看，它或许也包括个体对于一个更大群体的归属感。

Rappaport 进一步指出，“激发权能”是一个过程或一种机制，依赖于这个过程或这种机制，人群、组织、社区都能控制他们的生活。对于这个过程或这种机制中的内容，人们则是见仁见智，不同的人、不同的情境将从这个过程或这种机制中得出不同的结果，有的甚至相互矛盾。[③]

Parsons 认为“激发权能”是随个人成长而出现的发展过程，其后来发展成更大的社会变革。[④] Swift 和 Levin 认为，“激发权能”是一种精神状态，是一种对权力的再分配、一个过程以及一个目标。[⑤]

在 Kieffer 看来，“激发权能”就是对权威和能力的持续获取，它包括三个相互关联的方面：更加积极的自我认知或自我完善意识的发展；形成对社会政治环境更富有批判性和分析性的理解；针对社会政治行为而培育个体和集体资源。[⑥]

Torre 认为，“激发权能”的过程包含对世界及个人所处位置的批判、辩证思考，这就要求具备同别人对话的技巧以及关于宏观社会结构特别是社会、政治和经济体系的知识。从理论上讲，激发权能包括对社会变迁的

① E. W. Schwerin, *Mediation*, *Citizen Empowerment and Transformational Politics* (London: Westport, Connecticut, 1995), p. 72.

② J. Rappaport, “Terms of Empowerment/Exemplars of Prevention: Toward a Theory of Community Psychology,” *American Journal of Community Psychology*15, 2 (1987), p. 127-148.

③ J. Rappaport, *Studies in Empowerment*: *Introduction to the Issue*, *Swift R C*, *Hess R*, *Studies in Empowerment*: *Steps toward Understanding and Action* (New York: Haworth Press, 1984), p. 5.

④ R. J. Parsons, *Empowerment for Role Alternatives for Low Income Minority Girls*: *A Group Work Approach* (New York: Haworth Press, 1989), p. 27-47.

⑤ C. Swift, G. Levin, “Empowerment: An Emerging Mental Health Technology,” *Journal of Primary Precention*8, (1987), p. 71-94.

⑥ C. H. Kieffer, “Citizen Empowerment: A Development Perspective,” *Prevetion in Human Service*3, 2-3 (1984), p. 9-36.

反思性行动。①

Zimmerman 认为“激发权能”总和个人力量、能力、天然支助（支持帮助）体系、对社会政策和社会变迁反思性的态度等方面联系在一起。②

Biegel 认为“激发权能”依赖于两个概念：能力和平等。能力是个体或群体所必备的，它由三个部分组成：运用权力解决问题；接近服务于它们的组织或机构；教化权力、技巧和经济资源，能力的教化层面由社区资源和人文资源构成。平等的原则被市民界定为两个方面：他们的回报是否等同于他们的投资（主观和客观的）；他们的邻里组织是否能公平地分享资源。③

Gruber 和 Trickett 认为，“激发权能”可以根据人们在组织中实际运用的决定权来加以界定，人们控制自我生活的理想是民主理论的中心。④

香港学者莫邦豪认为，“激发权能”的含义包括：获取处理问题和压力的知识、技能和能力；在更大程度上控制自己生活的能力；抓住社会和政治事实的能力；有助于共同目标实现的资源和策略；等等。

综上所述，我们不妨将“激发权能”的内涵归结为以下几点：第一，作为一种理论与实践，“激发权能”致力于分析权力、无权和去权等议题以及它们怎样有利于解决个人、家庭、社区、组织层面的问题；第二，作为一种目标，“激发权能”旨在增加处于弱势地位的个体或群体的权能；第三，作为一个过程，“激发权能”可以发生在个人、人际、社区和组织等介入层面。⑤

---

① D. Torre, *Empowerment: Structured Conceptualization and Instrument Development* (Cornell University, 1986).

② M. A. Zimmerman, “Taking Aim on Empowerment Research: On the Distinction between Psychological and Individual Conception,” *American Journal of Community Psychology*18, (1990), p. 169-177.

③ D. E. Biegel, “Help Seeking and Receiving in Urban Ethnic Neighborhoods: Strategies for Empowerment,” *Prevention in Human Service*3, 2-3 (1984), p. 119-143.

④ J. Gruber, E. J. Trickett, “Can We Empower Others? The Paradox of Empowerment in an Alternative Public High School,” *American Journal of Community Psychology*15, (1987), p. 353-372.

⑤ 周林刚：《激发权能理论：一个文献的综述》，《深圳大学学报》（人文社会科学版）2005 年第 6 期。

二　资源依赖理论

资源依赖理论进入学术界视野的重要代表作品是菲佛和萨兰基克的《组织的外部控制——对组织资源依赖的分析》。该书中提出了重要假设：生存是组织最关心的问题；生存所需的资源通常不能由组织自我生产；组织必须和其依赖的环境互动；组织的生存基于其调解自身和其他组织关系的能力。组织对其他组织的依赖程度由三个因素决定：资源对组织生存的重要性；资源分配和使用的自主程度；替代性资源的可获得程度。组织间资源依赖程度的不同产生“权力不平等”，将权力因素引入组织间关系，组织可以采取不同的策略处理组织间的资源依赖关系。上述观点是资源依赖理论的基础。资源依赖理论的出现能够填补早期封闭组织理论对外部因素研究的缺失部分，在组织和环境联系方面形成开放的观点模式。

资源依赖理论的发展主要是在产业研究和公司治理领域。如 Burt 提出“结构自主性”解释共同抉择和公司绩效，考察组织间的权力行使。[①] Baker 的研究则聚焦企业与银行间的资本和信息依赖关系方面。[②] Barney 的研究成果将资源依赖理论引入战略联盟，指出稀缺的、难以复制的、不可替代的资源将形成持久的竞争优势。[③] 企业及其社会关系的研究使得资源依赖理论与社会网络理论相结合，产生大量的研究成果。组织间的权力关系在此类研究中得到重视。

在资源依赖理论中，组织的权力来源于其对其他组织所依赖的资源的控制程度。这些资源包括资金、人员、受众、技术、物资和合法性等。拥有权力的组织如何控制或影响其他组织，是组织间权力行使的重要问题。依赖资源的组织通过向有权组织让渡部分控制权或信息换取支持。在有权组织的影响下，组织的目标可能偏离。

---

① R. S. Burt, “Firms, Directors and Time in the Directorate Tie Market,” *Social Networks*5, 1 (1983), p. 13–49.

② W. E. Baker, “Market Networks and Corporate Behavior,” *American Journal of Sociology*96, 3 (1990), p. 589–625.

③ J. Barney, “Firm Resources and Sustained Competitive Advantage,” *Journal of Management*17, 1 (1991), p. 99–120.

在社会公共服务中，基于资源依赖理论，Saidel 认为，政府向服务提供者提供资金、信息和合法性支持，服务提供者向政府提供服务、信息和合法性支持。[①] Cho 在此基础上对理论进行完善，认为在政府与社会组织之间的资源相互依赖中包含物质和信息的资源流动，其中，社会组织的信息反馈会影响政府的资源输出，社会服务使用者会对社会服务反馈信息，为政府提供关于服务的信息，这些反馈信息作为政府资源输出的参考，形成物质和信息资源流动的循环。[②]

对于非营利组织而言，资源获取是其生存和获取成功的重要因素。非营利组织无法摆脱潜在资助者的需求，它们会在竞争环境中经历非自愿的目标变更，但是频繁的目标变更会损害非营利组织的社会价值。为了解决此问题，非营利组织需要减少其对一种或几种财务资源的依赖，以实现其自治性和社会价值。从中长期来看，非营利组织应增强其财务独立性，以确保其生存和获取成功以及提高社会价值。[③]

资源依赖理论的意义在于勾勒组织与其他组织间的资源依赖关系，使组织间的权力关系和权力行使得到重视。对于权力和依赖关系的强调，使得组织可以通过其对资源稀缺性、可获得性、重要性的认知，以不同的策略减少依赖，改善或选择自身所处环境，平衡组织生存与自主之间的关系。但是，资源依赖理论的缺陷同样明显。资源依赖理论的发展未超出权力结构与资源依赖的关系，在相关研究中，是从属的辅助理论。

资源依赖理论在国内的应用情况方面，万方数据库检索“资源依赖理论”，共有期刊论文 3483 篇，分布在经济（50.02%）、教科文体（14.65%）、社会科学总论（7.42%）、政治法律（6.99%）等学科，对关键词的词频统计显示相关文献主要集中于经济学领域（见图 1-3），这表明资源依赖理论在我国主要应用于经济学领域，符合其主要在产业研究和

---

① J. R. Saidel, “Resource Interdependence: The Relationship between State Agencies and Non-profit Organizations,” *Public Administration Review*51, 6 (1991), p. 543-553.

② S. Cho, “A Conceptual Model Exploring the Dynamics of Government-nonprofit Service Delivery,” *Nonprofit & Voluntary Sector Quarterly*35, 3 (2006), p. 493-509.

③ J. K. Seo, “Resource Dependence Patterns, Goal Change, and Social Value in Nonprofit Organizations: Does Goal Change Matter in Nonprofit Management?” *International Review of Administrative Sciences*86, 2 (2020), p. 68-387.

公司治理领域发展的特征。

关键词	出现频次	百分比
资源依赖理论	156	13.61%
资源依赖	144	12.57%
可持续发展	74	6.46%
路径依赖	66	5.76%
资源	50	4.36%
经济增长	42	3.66%
中国	41	3.58%
能值分析	38	3.32%
社会资本	36	3.14%

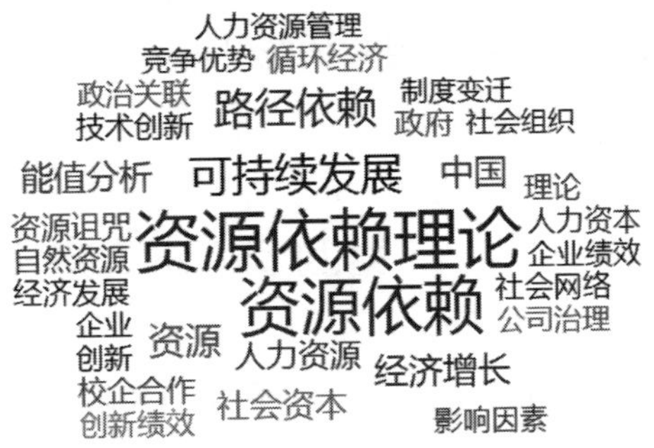

图 1-3　资源依赖理论在国内的应用情况

国内学者关于资源依赖理论的研究成果主要集中在资源依赖理论的介绍评述并将之作为研究视角应用。马迎贤相对全面地探讨了资源依赖理论的背景、发展、贡献和争议问题。① 邱泽奇和由入文在信息网络环境中检验资源依赖理论，认为传统的资源依赖理论强调上游的资源依赖决定组织的生存，忽视下游的用户，关注资源依赖形成的“外部控制”，但是在信息网络环境中，信息为组织间的合作提供了条件和机会，凸显传统资源依赖理论中被忽视的共同依赖和合作性。②

资源依赖理论被应用于社会发展与社会治理领域，通过对资源依赖与权力关系的研究，产生具有参考价值的研究成果。郑晓齐和宋忠伟分析资源依赖理论视角下的慈善组织参与社会救助。③ 马立和曹锦清基于资源依赖理论指出我国基层社会组织长期发展中存在资源不足，处于非对称性过度依赖状态，认为政府需要完善间接保障性政策和直接支持性政策，

① 马迎贤：《组织间关系：资源依赖视角的研究综述》，《管理评论》2005 年第 2 期。

② 邱泽奇、由入文：《差异化需求、信息传递结构与资源依赖中的组织间合作》，《开放时代》2020 年第 2 期。

③ 郑晓齐、宋忠伟：《我国慈善组织参与社会救助论析》，《吉林大学社会科学学报》2019 年第 4 期。

在社会治理中与社会组织有效合作。[①] 张帅通过资源依赖理论比较两类社会工作组织的资源情况，认为政府部门需弱化对机构事务的干涉、支配和控制，社会工作组织需要拓宽自身的资源获得渠道。[②] 叶托认为关系合同的调整可以消除社会组织因资源依赖而设立的正式监控产生的负面影响。[③]

第四节　研究方法与样本概况

全球化、城市化、信息化为所有组织的发展带来了前所未有的机遇，在社交媒体风行的时代背景下，对于从创立开始就以提升残障人士及其家庭福祉为宗旨的助残社会组织而言，面对新时代残障人士及其家庭对美好生活的向往，助残社会组织的治理体系和治理能力的现代化水平如何？如何借助社交媒体平台进行赋能？如何处理与政府的关系？如何进行残障权利倡导？如何构建良好的组织形象？

课题组按照制定的计划开展研究工作，将助残社会组织赋能问题放到社交媒体环境中进行研究。但是，在这个微信、微博、抖音等社交媒体风行的时代，除了少数机构比较重视和善用社交媒体外，绝大多数助残社会组织的社交媒体运用情况并不乐观。因此，课题组对总体研究方案、研究内容进行了适度的切合实际的微调，为准确把握社会组织政策变迁及疫情等因素对助残社会组织赋能的影响，课题组于 2016 年、2017 年、2019 年、2020 年开展了四次调研。当然，多轮调研让课题组收集到了非常丰富的第一手资料，丰富了课题的研究资料。

一　2016 年助残社会组织基本运行情况问卷调查

为了全面摸清助残社会组织的基本情况，课题组编制了《助残社会组

① 马立、曹锦清：《基层社会组织生长的政策支持：基于资源依赖的视角》，《上海行政学院学报》2014 年第 6 期。

② 张帅：《资源依赖视角下公办与民办社会工作机构比较研究——以北京市 R、Y 机构为案例》，《社会工作》2017 年第 3 期。

③ 叶托：《资源依赖、关系合同与组织能力——政府购买公共服务中的社会组织发展研究》，《行政论坛》2019 年第 6 期。

织基本运行情况调查》问卷，问卷的修改和完善得到了美国宾夕法尼亚大学郭超教授、亚利桑那州立大学 Mark 教授以及国内多位专家学者的指导。2016 年 8～10 月，课题组采用滚雪球抽样（Snowball Sampling）的方法，从 27 个省（区、市）选取了 260 个样本进行问卷调查，回收有效问卷 237 份，有效回收率为 91.2%。与此同时，对残联干部、相关助残社会组织负责人进行了深度访谈。

助残社会组织的基本类型包括民办非企业单位、社会团体和基金会。数据表明，27 个省（区、市）的 237 家助残社会组织中，民办非企业单位占大多数，有 187 家，占比为 78.9%，36 家属于社会团体，占比为 15.2%；基金会及企业性质的助残社会组织数量很少，分别仅有 3 家及 1 家。此外，10 家其他类型的社会组织占比为 4.2%。

在我国，登记注册与否是判断助残社会组织是属于正式组织还是非正式组织的重要标准。分析结果显示：216 家助残社会组织已登记注册，占比为 91.14%，其中 200 家助残社会组织在民政部门登记注册，在工商部门登记注册的有 6 家；其余 21 家助残社会组织还没有完成登记注册（见图 1-4）。在未登记注册的 21 家助残社会组织中，有 7 家是由于缺乏资金或办公场所方面的注册条件而未登记注册，分别有 4 家是因为目前规章对本组织所属类型的登记尚未进行明确规定以及未找到业务主管单位而未登记注册（见图 1-5）。

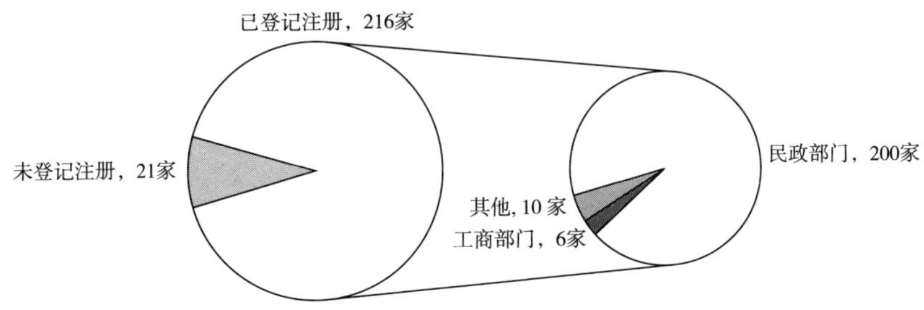

图 1-4　助残社会组织登记注册情况

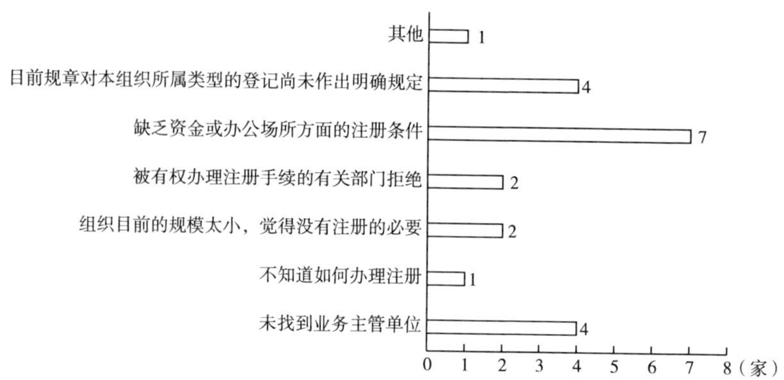

图 1-5　助残社会组织未登记注册的原因

从助残社会组织的办公地点（见图 1-6）来看，237 家助残社会组织多分布在市区，乡镇较少有助残社会组织。这说明，助残社会组织大多活跃在市区，城乡发展水平不均衡，差异较大。

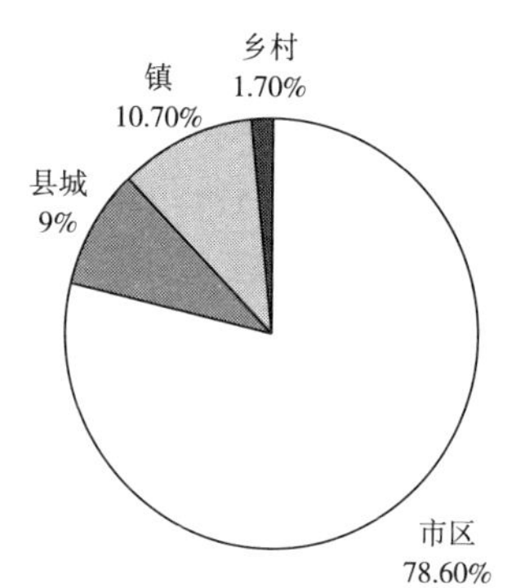

图 1-6　助残社会组织的办公地点

助残社会组织成立的时间长短可以从侧面反映出该组织的经验积累水平高低和服务能力强弱。数据显示，助残社会组织的成立时间集中在 2002 年及以后，多数助残社会组织的成立时间不长，力量也比较弱，能够服务的人群以及提供的服务内容比较有限，承担社会责任的能力有待进一步提升。但是，助残社会组织的数量总体上在逐渐增多（见图 1-7）。

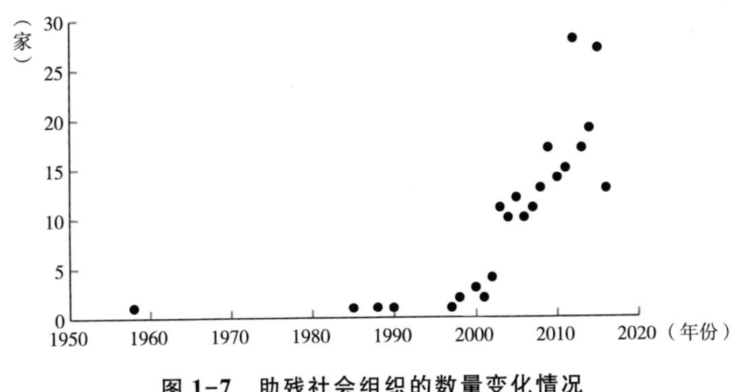

图 1-7　助残社会组织的数量变化情况

二　2017 年助残社会组织媒介形象构建专项调查

2017 年 4~6 月，课题组以"助残社会组织的社交媒体形象感知"为主题，对 23 家助残社会组织工作人员和公众进行了问卷调查，共发放问卷 200 份，回收有效问卷 180 份，问卷有效回收率为 90%。抽样调查采取匹配调查和被访者驱动抽样的方法，根据成立时间、发展规模、服务内容等选定 23 家助残社会组织，对每家组织的 1~2 名工作人员、2~4 名接受服务对象及其家属进行调查，并对参与调查的每名接受服务对象及其家属的 2~5 名非服务相关方朋友进行调查。

调查采用发放网络问卷的形式，通过调查该群体对助残社会组织的了解程度、认同感、参与度等，来窥探助残社会组织基于社交媒体构建形象的全貌；同时对深圳、东莞、广州、汕头等地的 11 家助残社会组织进行实地调查和深度访谈。

三　2019 年助残社会组织志愿服务管理专项调查

2019 年，课题组从资源依赖的视角出发，为全面摸清助残社会组织的志愿服务资源及管理状况，采取配额抽样和分层抽样方法进行调研，深圳是志愿者之城，因此课题组选取深圳为调研点，对 76 家助残社会组织、103 位助残社会组织志愿者进行了问卷调查。同时，选取了 15 位助残社会组织负责人和志愿者开展深度访谈。

在 2019 年的调查中，为了探讨社交媒体环境下助残社会组织的志愿服务情况，课题组通过向助残社会组织和志愿者发放问卷，收集数据进行分析，以此得出研究的相关结论。利用 SPSS 数据分析软件对回收的问卷数据进行多维度分析，在验证研究假设的基础上构建具有较强解释力的助残社会组织与志愿者互动影响因素框架。2019 年的调查研究基于有限的资源，尽可能采用规范的配额抽样和分层抽样方法，选取助残社会组织及在其中服务的志愿者作为调查对象，并通过电子问卷的方式进行调查。研究团队收集到了深圳市 76 家助残社会组织的有效问卷。研究者使用 SPSS19.0 对所收集到的数据进行描述性统计分析；在此基础上，研究者使用了匹配调查法，通过参与第一个研究阶段调研的助残社会组织负责人，收集到了这些组织的 103 份有效志愿者问卷。

样本中大部分的助残社会组织已登记注册（n=44，57.9%），其中 9 家（11.8%）为 5A 级社会组织，6 家（7.9%）为 4A 级社会组织，3 家（3.9%）为 3A 级社会组织。这些组织大多在街道范围内进行服务（n=52，68.4%），其次是提供跨区的服务（n=14，18.4%）、跨市的服务（n=4，5.3%）和跨省的服务（n=6，7.9%）。大部分组织有业务主管单位（n=66，86.8%）、没有挂靠在其他单位名下（n=68，89.5%）、成立于 2009 年及之前（n=45，59.2%）、成立时没有接受过境外机构或个人的支持或资助（n=70，92.1%）。就服务对象而言，首要是残疾人（n=76，100%），其次是残疾人家属（n=42，55.3%）、从事残疾人服务的专业人员（n=25，32.9%）、公众（n=9，11.8%）和其他对象（n=4，5.3%）。就服务的残障类别而言，首要是智力残疾（n=69，90.8%）和精神残疾（n=67，88.2%），其次是多重残疾（n=58，76.3%）、肢体残疾（n=55，72.4%）、言语残疾（n=52，68.4%）、听力残疾（n=49，64.5%）和视力残疾（n=47，61.8%）。

样本中的助残社会组织月均服务 6～8000 人次（M=570.35，SD=804.52）。就服务项目而言，月均服务人次最多的类别是康复、文化体育、教育和托养服务。其中，文化体育服务的人次差异较大。服务人次最少的类别是慈善捐助、法律、其他和政策倡导服务（见表 1-4）。

表 1-4　助残社会组织基本服务情况

单位：人次/月

服务项目	数量	最小值	最大值	均值	标准差
康复服务（如康复医疗、功能训练、辅助器具适配、心理辅导、残疾预防和咨询）	76	0	3600	295.53	594.95
教育服务（如学前残疾儿童早期教育、残疾人职业教育培训、特殊教育研究培训）	75	0	4000	186.79	569.42
就业服务（如职业指导、职业介绍、职业适应评估和辅助性就业）	76	0	780	83.82	167.82
农村残疾人扶贫服务（如扶持农村残疾人从事种植业、手工业等生产劳动）	76	0	600	31.59	113.87
托养服务（如日间照料、支持残疾人居家安养）	76	0	1800	145.01	309.67
无障碍建设服务（如无障碍设施建设和管理、信息和交流无障碍建设、无障碍宣传）	76	0	650	32.92	101.93
文化体育服务（如开展残疾人群众性文化体育活动、建立残疾人文化艺术团体、鼓励残疾人参与残疾人题材的文化艺术创作）	75	0	9000	190.45	1041.47
法律服务（如法律援助）	76	0	90	3.88	12.88
社会倡导服务（如发起宣传活动以提高公众认识）	76	0	1000	60.82	172.23
政策倡导服务（如推动政府实施融合教育政策）	76	0	500	24.92	69.04
慈善捐助	75	0	50	1.87	8.12
出行服务	74	0	1500	30.09	175.83
其他（如评估、社区融合、家庭支持）	76	0	200	5.71	25.04

样本中深圳助残社会组织大部分的全职员工为女性，本科学历，社工专业，拥有社会工作师资格证（见表 1-5）。2018 年离职员工数量为 0~56 人（$M=3.13$，$SD=7.34$）。

表 1-5 助残社会组织各类别全职员工情况

单位：人

类别	最小值	最大值	均值	标准差
全职	1	301	17.75	39.16
性别				
男	0	72	4.57	9.41
女	0	229	13.17	30.23
学历				
初中及以下	0	5	0.57	1.13
高中/中专/技校	0	41	2.45	5.55
专科	0	50	6.59	10.48
本科	0	220	7.59	26.68
研究生及以上	0	12	0.33	1.46
专业				
社会工作	0	66	2.55	10.11
社会学	0	10	0.20	1.18
管理类（工商管理、公共管理、人力资源管理等）	0	12	1.05	2.05
心理学类	0	20	0.74	2.52
康复	0	27	2.51	4.82
特殊教育	0	18	1.67	3.61
幼儿教育	0	14	1.33	2.97
其他	0	30	3.93	6.29
资格证				
社会工作师	0	150	3.97	18.89
心理咨询师	0	22	1.07	3.14
康复治疗师	0	21	2.00	3.77
特殊教育教师	0	25	2.05	4.73
医师	0	6	0.18	0.80
其他	0	35	2.66	7.80

这些助残社会组织的办公场所大多为政府部门免费提供（$n=38$，50.0%）或本组织租赁（$n=29$，38.2%）（见表 1-6）。大部分助残社会组

织没有搬迁过办公场地（$n=48$，63.2%），搬迁过办公场地的组织大部分仅搬迁过 1 次（$n=21$，21.1%），搬迁次数最多的搬迁了 9 次（$n=1$，1.3%）（见表 1-7）。

表 1-6　助残社会组织办公场地情况（$n=76$）

单位：%

场地类别	比例	场地类别	比例
政府部门免费提供	50.0	本组织购买	7.9
企业或私人赞助	2.6	个人住所兼用	1.3
本组织租赁	38.2		

表 1-7　助残社会组织办公场地搬迁情况

单位：%

搬迁情况	比例	搬迁原因	比例
未曾搬迁	63.2	政府部门安排	14.5
曾经搬迁	36.8	支付不起原址房租	3.9
搬迁 1 次	21.1	原址房东不愿续约	3.9
搬迁 2 次	11.8	所在社区的歧视、排斥或反对	0
搬迁 3 次	2.6	场地老旧、不适用	10.5
搬迁 9 次	1.3	场地交通不便	2.6
		购买了新的办公场所	1.3
		为组织发展租赁了更好的场地	15.8
		因服务发生变化重新规划场地	5.3
		其他	2.6

注：由于同一个组织可能有多种搬迁原因，因此仅直接呈现具体原因类型的数量及占比。

本样本中的助残社会组织 2018 年的总收入较高。其中，社会捐赠资助（$M=151.22$，$SD=900.95$）及政府和残联补贴（$M=148.14$，$SD=412.5$）为主要收入来源。本样本中的助残社会组织 2018 年的总支出较高。其中，人员工资（$M=178.51$，$SD=361.14$）为主要支出（见表1-8）。

表 1-8 助残社会组织 2018 年的收入支出情况

单位：万元

类别	数量	最小值	最大值	均值	标准差
总收入	57	6	6869.50	409.85	985.10
服务对象个人支付	56	0	1067.00	84.30	205.46
政府和残联补贴	57	0	3058.67	148.14	412.50
社会捐赠资助	57	0	6779.40	151.22	900.95
其他（如义卖、理财存款）	55	0	211.48	7.74	31.85
总支出	59	6	4584.40	341.09	717.64
人员工资	52	4	2307.00	178.51	361.14
业务活动经费	55	0.1	4550.10	154.00	612.40
其他	58	0	341.76	34.33	70.05

注：此处数量指填写了本类别内容的有效样本（即助残社会组织）数量。

四 2020 年疫情下助残社会组织生存状况专项调查

2020 年疫情突袭而至，课题组选取了 23 家助残社会组织进行半结构式的线上调查。

为进一步了解助残社会组织在疫情下的生存状况，课题组以网络调查的方式对 23 家助残社会组织受疫情影响的情况及应对举措展开补充调研（见表 1-9）。调查研究发现，社交媒体作为一种技术工具，极大地促进了助残社会组织的发展。在社交区隔的现实情境下，助残社会组织积极利用社交媒体宣传组织的服务内容，产生了很好的效果。在具体章节中，将对此部分内容进行详细阐述。

表 1-9 2020 年疫情下助残社会组织的生存状况

单位：人次/月

机构名称	编码	服务对象	疫情前服务人数	疫情后服务人数	全职员工	兼职员工
东莞市明昕言语训练中心	DG001	听力障碍儿童	51	51	20	1
东莞市心知语儿童关爱中心	DG002	脑瘫、自闭症、发育迟缓儿童	210	—	22	—

续表

机构名称	编码	服务对象	疫情前服务人数	疫情后服务人数	全职员工	兼职员工
深圳市大米和小米教育科技有限公司	SZ001	孤独症儿童	139	126	82	96
东莞市醒目仔特殊儿童康复训练中心	DG003	自闭症及发育迟缓儿童	30	—	10	0
东莞市百童年康复发展中心	DG004	0~12 岁儿童	65	65	15	0
东莞市东城童心园自闭症训练中心	DG005	自闭症儿童	65	65	28	5
东莞市童心园自闭症康复训练中心	DG006	自闭症儿童	120	62	56	54
东莞市智康儿童潜能开发中心	DG007	自闭症谱系、发育迟缓儿童	13	10	11	0
东莞市星起点自闭症康复训练中心	DG008	自闭症与脑瘫儿童	25	24	12	0
深圳市海纳星儿教育服务有限公司	SZ002	自闭症儿童和智力障碍儿童	25	33	16	0
深圳市宝安区北辰特殊儿童康复中心	SZ003	听力障碍、言语障碍儿童	1600	500	6	5
深圳市南山区金色年华特殊儿童干预中心	SZ004	自闭症、智力障碍、语言障碍儿童	80	50	—	—
深圳市南山区琉璃杉特殊儿童发展中心	SZ005	2~8 岁孤独症儿童	50	35	27	0
深圳市宝安区晴语儿童行为及言语康复中心	SZ006	0~12 岁特殊儿童	30	10	26	1
深圳市宝安区庆春特殊儿童康复中心	SZ007	脑瘫、发育迟缓儿童	52	26	10	12
东莞市恒爱自闭症康复训练中心	DG009	自闭症儿童	50	48	21	1
深圳市声活科技文化有限公司	SZ008	听障人士	—	—	6	1
东莞市新华南特殊儿童关爱中心	DG010	自闭症儿童	72	72	23	0
广东聪明兔康复教育集团	GD001	自闭症、智力落后、发育迟缓儿童	近 500	近 400	近 220	近 20

续表

机构名称	编码	服务对象	疫情前服务人数	疫情后服务人数	全职员工	兼职员工
深圳蓝天社	SZ009	特殊儿童（含自闭症、智力障碍、言语障碍、多重残疾）、特殊成年人（智力障碍为主）、失能失智老人	604	481	177	约 20
深圳市雨燕残疾人关爱事业发展中心	SZ010	残障人士	2000	260	30	55
广州市慧灵青少年展能中心	GZ001	15～18 岁心智障碍人士	34	24	13	0
深圳市守望心智障碍者家庭关爱协会	SZ011	心智障碍者家庭	1980	2058	8	—

第二章　助残社会组织治理机制研究

新中国成立以来，我国的社会组织的出现和发展经历了团结型社会组织（1949~1956年）、行政型社会组织（1957~1979年）和改革开放后的治理型社会组织（1979年以后）等三个阶段。[①] 在改革开放前，我国的社会组织被深度嵌入“单位制”的框架中，其运行受到国家的严密管控，具有突出的行政性、政治性特征。十一届三中全会后，随着改革开放的推进，现代意义上社会组织运行的可能性与空间才真正出现。[②] 经过多年的发展，我国的社会组织在社会治理、公益慈善等方面发挥着越来越重要的作用，一批较有影响力的非营利性社会组织也出现了。

由于特殊的社会演进历史，我国早期的非营利组织多脱胎于“单位制”下的行政型社会组织与事业单位。随着市场经济的发展和市民社会的逐渐形成，多元化的社会组织形式出现。按照组织的民间性程度，可将社会组织分为官办社会组织、半官办社会组织与民办社会组织三类。[③]

尽管社会组织在形式上不以营利为目的（通常以不向理事、捐赠者或投资者分配利润为标准[④]），但从开放系统的视角来看，组织作为组织环境中的子系统必然与组织环境交换物质与能量，或者可以说，任何一个组织都是组织环境中经济资源与社会资源的节点。[⑤] 因此，与商业组织不同，

---

① 罗婧：《从团结型社会组织、行政型社会组织到治理型社会组织——1949年以来社会组织的变迁历史》，《清华大学学报》（哲学社会科学版）2020年第3期。

② 潘修华：《我国社会组织的演进历程、现状与发展路径》，《党政研究》2017年第2期。

③ 王颖、折晓叶、孙炳耀：《社会中间层——改革与中国的社团组织》，中国发展出版社，1993，第50~57页。

④ 邓国胜等：《民间组织评估体系：理论、方法与指标体系》，北京大学出版社，2007，第136页。

⑤ 〔美〕W. 理查德·斯科特、杰拉尔德·F. 戴维斯：《组织理论——理性、自然与开放系统的视角》，中国人民大学出版社，2011，第1~5页。

社会组织的参与者无法通过一般的“投资—回报”方式获得收益，但仍然可能存在采取私利行为的倾向，现实中也出现了许多社会组织违规的事件。因此，社会组织治理问题无论是在理论上还是在实践上都是研究现代社会发展的重要课题。由于目前有关社会组织治理的研究尚不充分，我们的讨论需要从与公司治理理论的对话开始。

第一节　社会组织治理问题的提出

一　治理问题的缘起：公司治理

公司治理作为一项实践活动与公司作为一种组织形式的出现是同步的，但长期以来其并没有被当成一个明确的理论议题。在早期的组织理论中，组织研究基本采取的是理性系统视角，即认为包括公司在内的组织都被视为实现特定而明确目标的工具，其运作主要依赖于正式的制度，同时并没有考虑到作为组织构成的基础的“人”的主体性问题，而简单地将现实中存在的种种问题视为制度不完善导致的“偏离”。[①] 直到 1932 年，伯利和米恩斯在《现代公司与私有财产》中首次对所有权和控制权这一公司治理核心问题进行了论述，这被学术界认为是公司治理产生的标志。[②] 1937 年科斯发表《企业的性质》一文，这标志着新制度主义经济学的建立，也标志着对公司治理问题的研究突破了新古典主义经济学的“黑箱论”，进入了深度研究的阶段。

科斯用交易成本概念分析了企业存在的经济条件，威廉姆森在科斯分析的基础上，将交易成本运用到了产权的分析上，并正式提出了“治理结构”“资产专用性”等公司治理的重要议题。哈特认为，只要存在代理问题（即公司组织成员之间存在利益冲突）与不完全契约问题（即交易费用之多使得代理问题不可能通过合约解决），公司治理的问题就必然出现。[③]

---

① 〔美〕W. 理查德·斯科特、杰拉尔德·F. 戴维斯：《组织理论——理性、自然与开放系统的视角》，中国人民大学出版社，2011，第 68 页。

② 李维安等：《公司治理研究 40 年：脉络与展望》，《外国经济与管理》2019 年第 12 期。

③ 李维安、郝臣编著《公司治理手册》，清华大学出版社，2015，第 6 页。

Cochran 和 Wartick 分析指出，公司治理要解决的核心问题是谁从公司决策、管理阶层行动中的受益，谁应该从公司决策、管理阶层行动中的受益。[①] 因此，公司治理问题囊括了从组织决策到权益分配的全过程，为了解决好这些问题，公司需要在内部妥善安排股东、董事会、经营层的职权、利益与结构，同时处理好供应商、政府和社区等外部利益相关方的关系。公司治理的理论与实践为社会组织治理的研究提供了基本框架。

二　社会组织的治理问题

社会组织的治理面临较营利性组织而言相似的问题和更为复杂的现实情况。社会组织涵盖了基金会、社团、学会、行业协会、部分人民团体等多种类别的组织，其在不同的领域发挥着特定的作用。

由于组织类型的不同，其面临的制度环境也各不相同。较为成熟的社会组织，如基金会，其治理结构受到《基金会管理条例》等规章的约束，这些规章对理事会等的治理结构进行了规定。而更多一般的社会组织并没有清晰的法定运行规则。[②]

在利益相关方方面，由于不存在直接的经济利润分配，社会组织的利益结构模糊且复杂。多元的参与者带着多元的利益参与到社会组织当中，这给利益的有效协调分配带来了难度。

从治理结构上来说，社会组织不但缺少对治理结构的法律安排，自身的委托代理关系也常常模糊不清，这也造成了研究和实践层面的困境。[③]

但是与营利性组织相似的是，社会组织同样是多种社会资源在一系列契约的连接下形成的开放系统，其内部的运作依赖于正式或非正式的制度安排，因此也面临类似的问题，概括而言可以分为两大类。

一是委托代理问题，即组织不同层级的代理方利用不完全契约下的剩余控制权谋求私利的问题。在社会组织中，体现为理事会与利益相关方之

---

① P. L. Cochran, S. L. Wartick, *Corporate Governance: A Review of the Literature* (Morristown: Financial Executives Research Foundation, 1988), p. 8.

② 宫严慧:《公益基金会组织治理与内部控制关系研究》,《财会月刊》2016 年第 18 期。

③ 张明:《政府、企业和非营利组织治理机制的比较分析》,《科技管理研究》2008 年第 5 期。

间、理事会与经营层之间的制度性联系与结构性矛盾。

二是剥夺问题，即利益相关方中资源的优势方采取不利于劣势方的行为。在社会组织中，体现为多元利益相关方之间的矛盾与博弈对组织决策与行为的影响。

我们在以开放系统的视角分析社会组织时，可以发现，由于组织内外各子系统之间的契约联系的不完备性，委托代理问题与剥夺问题不可避免地威胁社会组织治理的有效性。为了分析以上两个问题，我们需要对助残社会组织的治理主体、机构、边界等进行阐释。

第二节　助残社会机构治理主体

一　公司治理主体

公司治理主体，即谁参与公司治理。[①] 在早期的研究和实践中，公司往往被认为是实现股东经济利益最大化的组织，即股东至上主义。在股东至上主义的环境下，公司治理的问题就可以被简化为公司中其他主体（董事会、高管、员工等）出于私利，利用信息不对称采取不利于股东获取利益的行为，即经典的委托代理问题。在这一阶段，公司治理的问题也就被归纳为如何消除委托代理关系中的“欺骗”现象。在这一理论指导下，公司治理的实践主要是通过加强监督和惩罚等的负面激励和通过年薪、股权、期权激励等将代理方利益与委托方（股东）利益绑定等的正面激励来协调委托代理关系。

随着资本主义市场经济的发展，物质资本在企业中的重要性相对减弱，股权极度分散，而人力资本、社会资本等非物质资本的重要性增强，企业不再被认为是股东的“所有物”，而被认为是一系列契约的组合。[②] 在这一视角下，包括职工、管理者在内的利益相关方被视为公司治理的主体，这一范围继而又扩展到供应商、政府、社区等外部利益相关方。公司

① 李维安、郝臣编著《公司治理手册》，清华大学出版社，2015，第 54 页。

② 张维迎：《所有制、治理结构及委托—代理关系——兼评崔之元和周其仁的一些观点》，《经济研究》1996 年第 9 期。

治理的问题在委托代理问题的基础上，增加了公司的各利益相关方如何在以董事会决策为核心的治理框架内协调利益的问题。

二　社会组织治理主体

与企业不同，由于非营利的特性，组织的出资人与捐赠人并不自动占据组织内结构性位置，即社会组织并不存在一个“所有者”的空间，换言之，社会组织天生就适用利益相关者理论。

从逻辑上来看，服务对象是社会组织存在的基础，因此治理的基础性主体同样是其主要的服务对象，如会员制下的一般会员。从委托代理的视角来看，会员是理事会等决策机构产生和具备合法性的基础，自然也是监督其行为、评价其工作的主体。从经验层面上来看，许多的社会组织并不直接将其服务对象从形式上纳入其组织的框架中，比如助残社会组织往往通过提供公共服务或承接政府购买服务的方式服务于残疾人。这类社会组织产生和运行的核心常常是一小部分具备经济资本、社会资本和人力资本的社会精英构成的创始团队，尽管其通常也设置了理事会，但理事会并不直接对其服务对象负责。在这类社会组织中，尽管理事会仍然是重要的治理主体，但由于组织运行中存在的精英依赖倾向，其创始团队往往成为治理和决策的关键主体。[①]

尽管出资人与捐赠人并不被视为组织的“所有者”，但必然是组织治理主体的重要组成部分，对组织资源的使用具有监督的权力。

政府是社会组织治理的重要主体，但对于不同类型的社会组织来说，其意义不尽相同。[②] 对于官办社会组织和半官办社会组织而言，政府是组织运行和治理的核心，直接决定组织的运行与治理方式。对于民办社会组织而言，政府往往扮演着审批者、监督者和资源提供者的多重角色，但政府在间接意义上同样是民办社会组织的治理主体。

在具备建立党支部资格的社会组织中，党支部也是参与社会组织治理

---

① 葛亮：《精英依赖——一个社会服务型社会组织的运行逻辑》，《浙江工商大学学报》2017年第2期。

② 程昔武、朱小平：《非营利组织治理结构：特征分析与框架构建》，《审计与经济研究》2008年第3期。

的重要主体。对于许多官办社会组织而言，党支部甚至是核心决策者。对于民办社会组织而言，党支部也在不同程度上参与治理过程。[①]

管理者与员工是社会组织日常运营的直接参与者，是社会组织决策的执行者，也是社会组织治理的重要主体。这个主体有着双重的含义，一方面，作为组织的员工，组织的行动与决策势必对其个人利益产生影响；另一方面，由于信息不对称和契约不完全的存在，管理者与员工也有违背职业伦理以谋求私利的可能。

总的来说，社会组织面对的是复杂的利益相关方，对于不同类别的社会组织来说，这些利益相关方在治理中的重要程度大相径庭。除了上述的重要治理主体外，从开放系统的视角来看，社会组织的合作者及各类媒体等外部主体也都在不同程度上参与社会组织的治理过程。因此，相较于企业，社会组织的治理主体更为多元和复杂。

第三节　助残社会组织治理结构

组织的治理机构就是对组织治理活动规范和调节的对象，即组织内部各单元的设置及其权责关系的确定。[②] 对于社会组织而言，各利益相关方的利益都需要在组织本身的范围内与组织自身的活动中得到体现和调节，即体现在组织活动的决策、执行与监督中。

一　决策核心机构——理事会

较为正规的社会组织设置理事会为决策的核心机构。国内外的研究也往往参照公司治理问题中的董事会的研究，将理事会作为社会组织治理的核心。[③]

---

① 王杨：《结构功能主义视角下党组织嵌入社会组织的功能实现机制——对社会组织党建的个案研究》，《社会主义研究》2017 年第 2 期。

② 李维安、郝臣编著《公司治理手册》，清华大学出版社，2015，第 51 页。

③ 葛亮：《精英依赖——一个社会服务型社会组织的运行逻辑》，《浙江工商大学学报》2017 年第 2 期。

（一）理事会的形成

尽管《社会团体登记管理条例》并未对社会组织的治理机构进行明确规定，但大多数社会组织选择了“理事会”这一治理形式。2016年课题组对237家助残社会组织调查的结果显示，在214家正式登记注册的助残社会组织中，177家（82.7%）设置了理事会（见表2-1）。

表2-1　正式登记注册的助残社会组织设置理事会的情况

单位：家，%

		数量	占比	有效占比	累计占比
是否设置理事会	否	37	17.3	17.3	17.3
	是	177	82.7	82.7	82.7
总计		214	100.0	100.0	

资料来源：本课题组，《2016年助残社会组织基本运行情况抽样调查》。

关于社会组织理事会如何发挥在社会组织治理中的功能，许多学者进行了研究。田凯认为社会组织理事会在社会组织治理中能否发挥功能受理事会结构和理事会活动方式的影响。他指出，我国特殊的社会组织管理体制导致我国社会组织的理事会结构异常复杂，可分为社会组织无法选择的、由政府直接委派的理事会和社会组织自行选择的、为获得各类资源而被邀请纳入理事会的利益代表两类。[①] 刘丽珑以基金会为代表研究了理事会特征对财务绩效的影响，认为理事会规模、理事会平均年龄、高级职务人员数对组织的财务绩效有显著的影响。[②] 颜克高进一步分析了影响社会组织理事会特征形成的因素，发现组织环境中的资源数量和资源分布显著影响着基金会的理事会规模，与其他环境类型相比，在资源集聚的环境中，基金会的理事会规模最大。[③]

① 田凯：《中国非营利组织理事会制度的发展与运作》，《经济社会体制比较》2009年第2期。

② 刘丽珑：《我国非营利组织内部治理有效吗——来自基金会的经验证据》，《中国经济问题》2015年第2期。

③ 颜克高：《组织特征、资源环境与理事会规模：来自我国基金会的经验证据》，《湖南大学学报》（社会科学版）2014年第2期。

可见，相比于企业的董事会，社会组织理事会的结构和功能更为复杂多样，其委托代理关系也更难确定。在早期的企业中，决策的权力来自对资产的所有权，即股东的控制权产生董事会对公司的经营权。后来，这种授权方式被法律固定下来，形成了法定的董事会职权。也可以说，董事会是法定的，股东的经营代理机构，其权力来自股东对资产的所有权与法律的授权。

对于社会组织而言，在没有法定职能设置的情况下，理事会的产生在不同的社会组织中具有很强的特殊性，不同的产生方式决定了其具有不同的委托代理关系。其中，比较具有典型性的有如下几种。

其一，由政府委派产生。在我国，由政府直接主导或扶持成立的社会组织占比较大，这类组织通常采用政府直接委派的方式形成理事会。最为典型的是各类群众团体组织，如残联、妇联等。由各级政府兴办、承担公共服务提供职能的社会组织理事会的设置也往往采用这种方式。这类社会组织实际上并不独立，而是代表政府履行提供公共服务的职能。其理事会也主要表现为政府意志的执行机关，具有行政化的倾向。①

其二，由以创始人为代表的核心团队任命产生。尽管目前缺乏专门的研究，但从经验和逻辑上来看，对于初创的社会组织来说，创始人的角色举足轻重。创始人往往承担着机会发现、组织发起、资源提供、战略规划、环境联系、规则制定、组织整合等的复合职能，相当于企业的创始企业家。可以说创始人的特质在很大程度上决定了组织的发展方向与发展路径，也是组织初期获得各类资源的基础因素。

在初创的社会组织中，对灵活性的要求常常高于规范性，其治理结构也往往难以做到规范。② 因此，组织的控制权高度集中于以创始人为代表的核心团队中，甚至集中于创始人个人身上。无论创始人是否以理事长的正式身份出现，理事会的决策也体现其个人的意志。理事会的成员一般来

① 孙发锋：《国内社会组织行政化研究述评》，《求实》2016 年第 4 期。

② 马洪波：《初创期社工机构治理结构的瑕疵及其完善——以深圳部分社工机构为例》，《华东理工大学学报》（社会科学版）2012 年第 1 期。

源于核心团队及其社会关系。此类社会组织具有关系依赖倾向，[①] 但随着组织规模的扩大、资源的多元化，其对创始人的依赖也会有所减少。

其三，由会员选举产生。由会员选举产生理事会比较符合经典的委托代理关系。采用这一方式产生理事会的社会组织通常规模较大，规则的成熟度较高，资源也往往较为多元。理事会作为决策机构，在很大程度上反映了其会员的需求，理事会的行为也需要会员的确认和监督。通常采取选举，尤其是差额选举方式形成的理事会，常常会以邀请外部理事的方式加以补充。外部理事往往是组织外的利益相关方代表，如资源提供者、监管者或智力支持者。这类组织的决策效率较低，但可靠性往往更强。

（二）理事会的规模与构成

作为一个开放系统，社会组织需要从环境中获得资源，同时提供产品，以实现系统内外信息与资源的交换。理事会作为社会组织的决策核心，其规模与构成可以反映出社会组织对环境中资源的依赖情况与对环境要求的响应情况。[②] 不同的利益代表人在理事会的决策框架中根据情境和所代表的利益形成“支配同盟”，支配同盟的博弈产生了组织的目标与策略。[③] 在支配同盟中占优势的成员往往反映出组织的资源依赖情况，占据关键边界的角色——链接关键的资源提供者、维护与公共部门关系的成员的影响力会更大。

从表 2-2 中可以看出，助残社会组织理事会较多吸纳律师、会计等专业人士（75.6%）、企业界人士（45.7%）成为理事。这意味着助残社会组织对专业技术等特殊人力资本的需求与对经济资源的需求较为普遍。而吸纳代表政治资源的在职或退休政府官员成为理事的助残社会组织较少，这并不意味着政治资源对这些组织不具有吸引力，更可能是因为此类人力

① 葛亮：《精英依赖——一个社会服务型社会组织的运行逻辑》，《浙江工商大学学报》2017 年第 2 期。

② 颜克高：《组织特征、资源环境与理事会规模：来自我国基金会的经验证据》，《湖南大学学报》（社会科学版）2014 年第 2 期。

③ 〔美〕W. 理查德·斯科特、杰拉尔德·F. 戴维斯：《组织理论——理性、自然与开放系统的视角》，中国人民大学出版社，2011，第 212 页。

资本较为稀缺，大部分的组织无法获得。

表 2-2　助残社会组织理事会中特定代表的情况

单位：%

理事身份		组织比例
政治资源代表	在职政府官员	12.2
	退休政府官员	10.5
经济资源代表	企业界人士	45.7
	基金会代表	43.0
智力与技术资源代表	学术界人士	38.6
	律师、会计等专业人士	75.6
运营人员代表	组织管理层人士	43.5
	组织职工代表	38.7
	志愿者代表	25.7
社会回应代表	服务对象代表	11.4

资料来源：本课题组，《2016 年助残社会组织基本运行情况抽样调查》。

不足一半的助残社会组织理事会将各类运营人员代表吸纳为理事，这说明助残社会组织规范化水平较高，在一定程度上有利于加强对内部人控制的监督。

值得注意的是，在 177 家设立了理事会的助残社会组织中，仅 11.4%的组织将服务对象代表吸纳为理事。换言之，对大部分助残社会组织来说，回应服务对象的需要相较于获取资源、维持组织的存续而言重要性更弱。

（三）社会组织理事会运行状况

对社会组织理事会治理的分析需要从结构与过程两个方面展开。在结构方面，主要包括理事会的规模与构成，在过程方面主要包括理事会运行模式的特征。宫严慧[①]以公益基金会为样本，研究了理事会运作情况与组织内部控制水平之间的关系，发现理事会规模越大、会议次数越多和理事

① 宫严慧：《公益基金会组织治理与内部控制关系研究》，《财会月刊》2016 年第 18 期。

的会议出席率越高，基金会的合规性越强。

在 2016 年以助残社会组织为样本调查得到的数据中，我们可以看出，大多数助残社会组织的理事会会议频率并不高，有 75.2%的理事会半年及以上举行一次会议，甚至有 5.9%的理事会两年才举行一次会议。在会议参与度上，多数助残社会组织的理事会到会理事比例高于 75%，仅有 3.3%的理事会到会理事比例不足一半（见表 2-3）。

表 2-3　助残社会组织理事会运行情况

单位：%

维度	标准	占比
会议频率	每月一次	14.0
	每季度一次	10.8
	每半年一次	43.5
	每年一次	25.8
	每两年一次	5.9
到会理事比例	小于 50%	3.3
	50%～75%	13.0
	76%～99%	47.3
	100%	36.4

资料来源：本课题组，《2016 年助残社会组织基本运行情况抽样调查》。

考察理事会会议频率与理事会各项功能的相关性，我们可以发现以下特点。

其一，理事会会议举行越频繁，理事会在战略决策、法律咨询、起草财务报告等方面就能发挥越大的作用（见表 2-4）。

表 2-4　理事会会议频率与理事会各项功能的相关性

		理事会举行会议的频率	理事会战略决策功能	理事会筹款功能	理事会法律咨询功能	理事会起草财务报告功能
理事会举行会议的频率	皮尔逊相关性	1	.250**	0.144	.261**	.253**
	显著性（双尾）	—	0.001	0.052	0.000	0.001

续表

		理事会举行会议的频率	理事会战略决策功能	理事会筹款功能	理事会法律咨询功能	理事会起草财务报告功能
理事会战略决策功能	皮尔逊相关性	.250**	1	.411**	.461**	.589**
	显著性（双尾）	0.001	—	0.000	0.000	0.000
理事会筹款功能	皮尔逊相关性	0.144	.411**	1	.583**	.575**
	显著性（双尾）	0.052	0.000	—	0.000	0.000
理事会法律咨询功能	皮尔逊相关性	.261**	.461**	.583**	1	.627**
	显著性（双尾）	0.000	0.000	0.000	—	0.000
理事会起草财务报告功能	皮尔逊相关性	.253**	.589**	.575**	.627**	1
	显著性（双尾）	0.001	0.000	0.000	0.000	—

**. 在 0.01 级别（双尾），相关性显著。

资料来源：本课题组，《2016 年助残社会组织基本运行情况抽样调查》。

其二，理事会在战略决策、筹款、法律咨询、起草财务报告等方面发挥的作用具有连带效应，能够在其中某一项上发挥较大作用的理事会，在其他方面通常也能发挥较大作用。

综合分析理事会的活跃度与理事会在助残社会组织中的作用，我们发现，尽管活跃的理事会可以在组织的运行中发挥重要的作用，但多数社会组织的理事会活跃度较低，这极大地制约了理事会作用的发挥。

二　专门监督机构——监事会

监事会是组织内部监督机制的组成部分。在公司治理的理论与实践当中，监事会的地位、性质与作用在不同的制度背景下并不相同。以美国为代表的英美法系国家在进行内部监督的时候多采用“单一制”，即不单独设置监事会，而是通过设立独立董事会等方式进行内部监督；德国、日本等大陆法系国家则多采用“二元制”，即在企业内部设置独立的监事会进行内部治理。我国采取了“二元制”的公司内部治理的制度设计模式，在公司中，监事会平行于董事会，并直接对股东大会负责，负责检查、监督公司的经营管理活动。而对如何设置监事会的规模、结构、权责体系与运行方式的一系列规定，即所谓的监事会治理（Governance of Board of Supervisors）。[①]

对于社会组织而言，监事会在治理中的作用与其在营利性组织治理中的作用有所不同。在企业中，监事会的责任与权力来自股东的资产所有权中派生出来的受托—监督权，在股东利益至上的框架下代表着通过监督企业的运作，以确保股东利益的最大化。而在社会组织中，监事会所代表的是处于虚拟状态的捐赠人、受赠人和社会公众的利益，并以理事会和管理层为监督对象，[②] 其监督权的来源除了对捐赠者的受托关系外，更是基于由社会组织公益性所决定的对更广泛的公众利益相关方的受托责任。

在公司治理的研究中，不同学者对监事会是否有效这一问题有着截然不同的看法。持“有效说”的学者认为监事会在公司治理的过程中发挥着重要的作用，持“无效说”的学者则认为监事会常常形同虚设，双方均以实证数据支持各自的论点。[③] 在社会组织中，监事会的效果也存在相似的争议。蔡笑瑜通过对 120 个基金会数据的分析，发现监事会监事的构成，尤其是外部监事比例对组织的财务水平有着显著的正向影响。[④] 宫严慧对公益基金会的研究表明监事会在基金会的运营方面、合规方面、报告可靠性方面没有履行其应尽的监督职责，基金会的监事会存在功能薄弱、形同虚设的问题。[⑤] 从 2016 年对助残社会组织的调查中发现，多数组织

---

① 李维安、郝臣编著《公司治理手册》，清华大学出版社，2015，第 21 页。

② 蔡笑瑜：《监事会特征对非营利组织财务治理的影响研究》，硕士学位论文，湖南大学，2014。

③ 朱信贵、沈乐平：《监事会真正监督了吗？——一个文献综述的视角》，《财会通讯》2015 年第 24 期。

④ 蔡笑瑜：《监事会特征对非营利组织财务治理的影响研究》，硕士学位论文，湖南大学，2014。

⑤ 宫严慧：《公益基金会组织治理与内部控制关系研究》，《财会月刊》2016 年第 18 期。

（62.4%）单独设置了监事会作为内部治理机构。

设置监事会与财务透明度、筹款能力的相关性见表2-5。

表2-5 设置监事会与财务透明度、筹款能力的相关性

		是否设有监事会	财务状况是否公开透明	财务报表是否经过外部审核	社交媒体对于筹款的有效程度	是否举办过捐赠者筹款宴会的筹款活动	是否举办过慈善表演的筹款活动
是否设有监事会	皮尔逊相关性	1	.240**	.193**	.172*	.191**	.185**
	显著性（双尾）	—	0.000	0.005	0.012	0.005	0.007
	个案数	229	218	214	216	212	212

资料来源：本课题组，《2016年助残社会组织基本运行情况抽样调查》。

我们可以看出，设置了监事会的助残社会组织通常在财务透明度、规范性方面表现更好，也更容易通过社交媒体或其他渠道筹集资金。

三 受聘运营者——经营层

随着市场经济的发展，企业资产的所有权与企业的经营权逐渐分离。董事会作为股东大会的执行机构，基于委托代理关系代表股东大会行使公司的经营权，随之出现了“董事会中心主义”，即董事会作为公司的实际权力中心的现象。但继所有权与经营权分离后，企业经营的决策权与企业决策的执行权又发生了进一步的分离。董事会不再行使公司日常经营权，而是选择具备企业管理技能、企业管理经验以及商业社会资本的职业经理人作为经营的代理人，由此产生的现代企业经营方式的变革也被称为“经理革命”。职业经理人作为一个阶层，在企业中获得了越来越大的权力，在一些公司中，部分高管甚至具有超越董事会的影响力，“经理中心主义”的现象产生。①

尽管不持有股权（即不具备法律上的所有者地位），经理人由于通常

① 李维安、郝臣编著《公司治理手册》，清华大学出版社，2015，第231页。

具备超越一般股东的专业经营知识、广泛的商业经验，同时又实际操纵着组织的运作，往往掌握了相当大的剩余控制权，而股东甚至董事往往难以对其进行有效监督。在剩余控制权与剩余分配权不对等，同时缺乏有效监督的情况下，“内部人控制”现象就出现了。[①] 经理人尤其是高管可以将其自身的社会资源嵌入组织的运营过程，同时利用其特殊的人力资本与组织角色损害股东甚至外部利益相关者的权益以谋求私利。

对于社会组织而言，委托代理问题在内部人控制方面或许更为明显。一方面，与企业类似，社会组织同样处于充满不确定性的环境中，同时由于非营利的特性，组织对外部关系的调节、内部成员的管理决定了组织的生存能力；另一方面，由于缺乏经济目标与可衡量的绩效指标，社会组织的理事会、监事会成员往往难以融入利益相关者的角色，履职动力不足。这两点都决定了社会组织的经营层，尤其是职业化的高层管理者功能的重要性，[②] 也决定了在社会组织中对经营层的监督难度高于一般企业。[③]

社会组织经营层治理的核心就在于通过制度设计协调经营层与理事会的权责边界，使得经营层有效地执行理事会的决策，同时通过高管激励、经营监督、信息公开等方式避免高管谋私利、内部人控制等现象的出现，以确保社会组织能对多元利益相关群体的期望进行有效回应，并满足资源使用的公益性要求。

在2016年对助残社会组织的调查中我们发现，助残社会组织的经营层结构较为复杂，许多组织倾向于将具有不同社会身份的经理人吸纳进组织的经营团队中（见表2-6）。而异质性的经营团队不仅会在组织的日常运作过程中发挥作用，更重要的是，其会通过异质的社会资本，为组织获得不同的人力资本与社会资源。

---

① 陈湘永、张剑文、张伟文：《我国上市公司“内部人控制”研究》，《管理世界》2000年第4期。

② 奚红华：《我国非营利组织管理者的职业化研究》，《现代经济探讨》2009年第2期。

③ 程昔武、朱小平：《非营利组织治理结构：特征分析与框架构建》，《审计与经济研究》2008年第3期。

表 2-6　助残社会组织管理人员异质性的情况

单位：%

管理人员身份	组织比例
现任政府官员	6.8
曾任政府官员	6.3
现任人大代表或政协委员	8.8
曾任人大代表或政协委员	3.4
现任大学或研究机构学者	15.7
曾任大学或研究机构学者	8.4
现任媒体工作人员	7.4
曾任媒体工作人员	7.8

资料来源：本课题组，《2016 年助残社会组织基本运行情况抽样调查》。

从图 2-1 可以发现，在助残社会组织中，异质的经营层人员构成可以通过成员的社会网络吸引其他的社会精英，在某些领域还会产生交互作用。同时比起现任其他工作的兼职经营者，曾任其他职务的经营者更有可能在组织中将原本的社会资源嵌入助残社会组织。

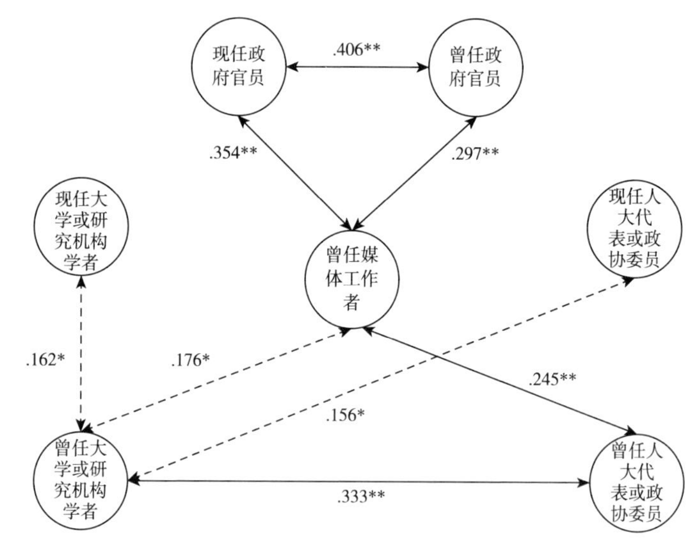

图 2-1　助残社会组织经营层人员间的连带效应

资料来源：本课题组，《2016 年助残社会组织基本运行情况抽样调查》。

当助残社会组织的经营层中有现任政府官员或曾任政府官员时，更有可能在人员培训、宣传营造等方面获得政府的支持（见表 2-7）。

表 2-7　助残社会组织经营层人员政治资源与政府支持的关系

		与残联的关系	是否得到政府人员培训的支持	是否得到政府宣传营造的支持
经营层是否包括现任政府官员	皮尔逊相关性	.181**	.233**	.279**
	显著性（双尾）	0.010	0.001	0.000
	个案数	203	201	201
经营层是否包括曾任政府官员	皮尔逊相关性	-0.007	.240**	.192**
	显著性（双尾）	0.925	0.001	0.006
	个案数	203	201	201
经营层是否包括曾任人大代表或政协委员	皮尔逊相关性	0.054	0.077	.166*
	显著性（双尾）	0.448	0.277	0.018
	个案数	202	200	200

资料来源：本课题组，《2016 年助残社会组织基本运行情况抽样调查》。

当助残社会组织的经营层中有现任媒体工作人员或曾任媒体工作人员时，其社交媒体运用于招募、筹款、宣传等方面的效果会更为显著（见表 2-8）。

表 2-8　助残社会组织经营层人员与社交媒体使用效果的关系

		社交媒体是否有利于学习社会组织治理的新知识、新理念	社交媒体对于招募志愿者的有效程度	社交媒体对于招募员工的有效程度	社交媒体对于筹款的有效程度	社交媒体对于残疾人政策宣传的有效程度
经营层是否包括现任媒体工作人员	皮尔逊相关性	.170*	.150*	.178*	.302**	.243**
	显著性（双尾）	0.017	0.035	0.012	0.000	0.001
	个案数	196	199	196	199	200

续表

		社交媒体是否有利于学习社会组织治理的新知识、新理念	社交媒体对于招募志愿者的有效程度	社交媒体对于招募员工的有效程度	社交媒体对于筹款的有效程度	社交媒体对于残疾人政策宣传的有效程度
经营层是否包括曾任媒体工作人员	皮尔逊相关性	.183*	0.087	0.040	0.109	0.109
	显著性（双尾）	0.010	0.224	0.580	0.125	0.125
	个案数	196	199	196	199	200

资料来源：本课题组，《2016年助残社会组织基本运行情况抽样调查》。

综上所述，助残社会组织的经营层人员能够以其异质的社会资本为组织吸纳社会精英，还能在获得外界资源、提高组织运作效率方面发挥作用。

第四节　助残社会组织决策机制与财务管理

在前文中，我们以助残社会组织为例，分别对社会组织治理的主体、机构进行了理论梳理与数据分析。在这一部分，我们将从决策机制与财务透明度两个方面对助残社会组织的治理效果进行评价。

一　助残社会组织的决策机制

决策功能是组织治理问题与管理问题的共同核心。从治理的角度来看，组织的决策反映了组织内外各利益相关方的博弈结果，是组织权力关系的体现。这种权力关系不仅来自正式制度所确定的法理型权威，也在很大程度上受非正式制度与群体的影响。

对大多数社会组织而言，理事会是组织运营决策的核心机构，但根据前文的分析，我们发现由于社会组织的特性，其理事会成员很难真正地发挥决策作用，因此需要对助残社会组织的实际决策机制进行分析。

尽管在正式制度上，助残社会组织以理事会为决策核心，而经营层仅仅是理事会的执行主体，但从数据上来看，经营层实际上承担着组织运营的决策职能（见表 2-9）。

表 2-9　助残社会组织决策方式

单位：%

决策方式	有效占比
由理事会或董事会等正式决策机构决定	27.0
由经营层人员决定	60.4
无正式的决策机构，由全体成员协商决定	9.6
无正式的决策机构，由组织负责人个人决定	1.7

资料来源：本课题组，《2016 年助残社会组织基本运行情况抽样调查》。

助残社会组织理事会举行会议的频率与理事会决策呈正相关关系，与经营层决策呈负相关关系。同时，理事会决策与经营层决策之间存在负相关关系（见表 2-10），说明两种决策模式存在替代性。鉴于前文分析中发现，大多数助残社会组织的理事会会议间隔超过 6 个月，可以推断出，在助残社会组织中，经营层在实际决策中发挥了更大的作用，说明助残社会组织的规范性有待增强。

表 2-10　理事会会议频率与助残社会组织决策方式的关系

		理事会举行会议的频率	由理事会或董事会等正式机构决定	由经营层人员决定
理事会举行会议的频率	皮尔逊相关性	1	.245**	-.192**
	显著性（双尾）	—	0.001	0.008
	个案数	188	186	188
由理事会或董事会等正式机构决定	皮尔逊相关性	.245**	1	-.751**
	显著性（双尾）	0.001	—	0.000
	个案数	186	230	230
由经营层人员决定	皮尔逊相关性	-.192**	-.751**	1
	显著性（双尾）	0.008	0.000	—
	个案数	188	230	237

**. 在 0.01 级别（双尾），相关性显著。

资料来源：本课题组，《2016 年助残社会组织基本运行情况抽样调查》。

二　助残社会组织的财务管理

社会组织内部治理的另一个重点在于组织内部的财务透明度。与企业相比，社会组织的出资人并不具备组织资产的所有者身份，也无法直接从组织的运营绩效中获利，往往缺乏对组织的财务活动进行监督的动力，因此社会组织中通常会出现“所有者缺位”的问题。由于缺少剩余要求权，社会组织各级决策者不承担其财务决策的结果，因而采取偷懒、在职消费、侵吞财产等机会主义行为的可能性较企业更大。[①] 因此，在所有者缺位与内部人控制并存的情况下，如果不能对组织的财务状况加以规范化和透明化，组织就很有可能出现财务丑闻，信誉也势必因之遭受重创。

从 2016 年助残社会组织的调查结果来看，多数助残社会组织采取了相关措施以提高和增强组织财务的透明度和可靠性，包括专职财务人员设置、内部定期审计、财务报表外审以及财务状况定期公开等，其中专职财务人员设置与财务报表外审的比例较高（见表 2-11）。而在内部人控制水平较高的组织中，正式的财务监督和内部控制制度可以起到对管理者私利行为进行约束的作用。

表 2-11　助残社会组织的财务管理情况

单位：%

方式	比例
专职财务人员设置	78.7
财务报表外审	83.2
内部定期审计	68.1
财务状况定期公开	55.4

资料来源：本课题组，《2016 年助残社会组织基本运行情况抽样调查》。

第五节　小结

依据 2016 年对全国 237 家助残社会组织的调查数据，本章对助残社会

① 于国旺：《非营利组织财务决策权配置相关问题探讨》，《财会通讯》2012 年第 32 期。

组织的治理问题进行了梳理与分析。我们发现与营利性组织相比，助残社会组织的治理主体更加多元，除了要满足资源提供者与组织参与者的要求，还要满足以残疾人及其亲友为核心的广泛社会公众的要求，但所有者缺位问题突出；在治理结构上，由于助残社会组织的理事会、监事会的充分履职受限于环境与制度，经营层在组织的经营决策和实际运作中的重要性较强，因此存在内部人控制的风险；在监督控制上，为了解决上述问题，多数助残社会组织通过设置正式的财务监督制度来避免管理者谋私利现象的出现。

与企业相比，助残社会组织既缺乏法定的治理结构，又具有非营利的特性，组织的出资人与捐赠人并不自动占据组织内结构性位置，因此，助残社会组织普遍缺乏有效的治理结构。为对助残社会组织的治理结构进行优化，应分别从内部治理结构与外部治理结构两个角度出发，进行针对性的改进。从内部治理的角度上来说，治理结构的优化调整涉及组织决策、执行与监督等各个环节，通过对组织理事会、监事会与执行层等的结构调整，实现规范性与灵活性的统一。从外部治理的角度上来说，优化组织治理结构意味着利益相关方应更多地参与到组织治理的过程中来。由于助残社会组织的社会性特征，其代表的利益相关方应突破资源提供者、行政管理者与业务合作者等传统的、具有资源或权力优势的部门，更多地对服务对象甚至更广泛的社会公众的需求加以回应。

由此，提出以下几点建议。

一是增强理事会成员的代表性。应提高助残社会组织理事会成员中服务对象代表的比例，将服务对象代表纳入组织的正式决策与监督环节中。

二是增强理事会的决策有效性。提高组织理事会召开会议的频率，并设置包含服务对象代表在内的常务理事会进行日常工作决策。

三是设置专门的监督部门。应在组织的理事会之外设置专门的监督部门，监督部门的成员应以服务对象代表为主，加上法律、财务等领域的专业人士。其成员应独立于理事会成员之外，并对理事会与经营层的决策与执行活动进行监督，定期发布监督报告。

四是提高以财务工作为核心的各项工作的透明度。由于社会组织非营利的特性，其财务活动理应向全社会进行公开，尤其是通过政府扶持、社会捐赠等活动所获得的资源，本身就具有社会性的属性。助残社会组织应定期对其财务状况进行公开，面向全社会发布财务报告，尤其应说明其理事会成员、管理层成员的薪资情况，以及其与相关联组织的经济往来。

总体而言，助残社会组织治理的规范性和有效性仍有待增强，这既需要制度的顶层设计，也需要社会公众的积极参与。作为公民社会的重要支柱，社会组织应该发挥更加突出的作用，这将对其治理水平提出更高的要求。

第三章 助残社会组织社交媒体运用状况研究

助残社会组织诞生于独特的背景下，第二次世界大战过后，“市场失灵”与“政府失灵”共存的现象在西方发达社会日益凸显，经济矛盾以及更深层次的社会矛盾无法通过市场运转以及政府调控得到有效解决，一种对独立于企业与政府的社会治理力量的需求应运而生，在西方发达国家，以慈善和助残为主体的民间助残社会组织，或称“第三部门”兴起，并得到空前发展。在功能上，助残社会组织与企业、政府部门互补；在治理上，助残社会组织有区别于政府与企业的相对独立性。改革开放以后，为指导国内对助残社会组织的研究，中国学者引入了助残社会组织的相关概念，然而，由于社会制度与社会结构的差异，国内助残社会组织的生存与发展极大程度地依赖于政府的支持，因此难以满足如西方主流定义中所说的独立性，或多或少会具有“官方性”，传统的西方理论在中国助残社会组织问题上稍显“水土不服”，这种受制于政府又不完全等同于政府单位的助残社会组织形式被国内学者描述为“官民二重性”。

关于“官民二重性”，康晓光认为，这不仅意味着助残社会组织具有“半官半民”的“二元结构”、受“行政机制”和“自治机制”二者共同支配、要通过“双重渠道”（“官方”和“民间”）去获取资源，还意味着助残社会组织要想获得政府和社会认可，就必须既满足政府的需求，又满足社会的需求，助残社会组织必须在社会和政府都认可的“交叉地带”开展活动。[①] 也有部分学者认为“官民二重性”是我国社会转型期间的过渡特征。如王颖、折晓叶、孙炳耀认为中国助残社会组织目前的这种“官

① 康晓光：《转型时期的中国社团（论文节选）》，《中国青年科技》1999 年第 3 期。

民二重性”是双轨经济体制的直接产物，是现阶段政府从直接管理向间接管理过渡的助残社会组织形式。随着双轨制的消失和改革的进一步深化，社团的官方性将逐渐减弱，民间性将逐步增强，“官办”特性将会向“官助”转变，即出现社团和政府共同管理社会的情况。[①]

然而，无论是何种形式，助残社会组织的生存都高度依赖于政府支持。为了迎合资源提供者的目标与需要，助残社会组织的终极目标、权力架构、组织管理、运营模式及战略实践均不可避免地受其主管单位、服务购买单位、基层治理部门的影响。然而随着市场化的资源逐渐涌入助残社会组织，传统的由政府“垄断”助残社会组织资源来源的局面将逐渐被打破，企业、基金会、捐赠人等将成为新的可供选择的资源来源。但总体上，国内的助残社会组织仍未能完全与政府力量脱钩。

信息的获取方式（媒介）在资源运用方面有着极其重要的作用。社交媒体的运用为助残社会组织转变传统的资源依赖形式提供了契机，尤其自21世纪以来，社交媒体在各行各业迅猛发展与普及，信息的传播效率极大提高，助残社会组织与外界的壁垒不断被打破，助残社会组织有更强的能力来获取在运行与活动方面更强的自主性。而社交媒体既可作为通信工具，也改变了助残社会组织发展所处的外部环境，受内部动力与外部需求的共同作用，不同的助残社会组织以不同目标、不同方式、不同程度做出对社交媒体使用的选择。

研究发现，助残社会组织社交媒体使用率低，社交媒体运营能力非常有限，29.7%的助残社会组织没有官方微博，24.5%的助残社会组织没有官方网站，10.5%的助残社会组织没有官方公众号，75.3%的助残社会组织不使用人人、豆瓣等社交软件。助残社会组织受到以下因素的制约，其社交媒体运行水平较低。第一，专职社交媒体运营人员的缺失。由于缺乏资金和专职社交媒体运营人员，诸多助残社会组织主要依赖非全日制的志愿者进行社交媒体运营。第二，负责媒体工作或对外工作的助残社会组织的工作人员缺乏社交媒体技能，缺乏领导能力，从而影响社交媒体的有效

① 王颖、折晓叶、孙炳耀：《社会中间层——改革与中国的社团组织》，中国发展出版社，1993，第345页。

性。第三，助残社会组织负责人对社交媒体认识上的偏差。第四，服务对象残障人士及其家属不会使用社交媒体或担心隐私泄露。这些是导致助残社会组织“放不开手脚”运用社交媒体的现实因素。以上发现和西方学者相关研究结论一致。

第一节　社交媒体给助残社会组织带来的机遇

“New Media”最早由 Peter Carl Goldmark 提出，其最初指区别于传统媒体的新兴传播媒介，而如今，新媒体主要指以数字信息与互联网为载体的新型媒体。由于新媒体在购买与租赁配套设施、平台管理、日常维护等方面需要消耗人力、物力、财力、时间等成本，所以课题组提出假设 1：对于一个理性的助残社会组织来说，其运用社交媒体必定出于某个或某些目的，而这个或这些目的既可以是使用社交媒体能够给助残社会组织带来积极影响，也可以是不使用社交媒体可能给助残社会组织带来消极影响。在综合国内外学者的研究成果及课题组讨论的成果以后，我们梳理了助残社会组织运用社交媒体的如下动因。

一　社交媒体有助于降低组织信息传输成本

21 世纪以来，信息的价值对助残社会组织越来越重要，对有效信息的投入是组织运营无法规避的一个问题，能够用低成本获取更多有效信息成为衡量助残社会组织能力的重要标准之一。历次互联网发展状态统计报告数据显示，我国网民尤其是手机网民的规模持续扩大，互联网普及率不断提高并持续向中高龄人群渗透。数字信息技术自 2010 年以来在我国的跨越式发展使得微博、微信等社交媒体广泛而深度地融入人们的生活，抖音、快手等社交媒体如雨后春笋，以电子信息技术为载体的数字媒体替代传统媒体在信息编辑、储存、解析、传输以及交互方面的功效成为主流的信息流通形式。

数字信息技术的运用给助残社会组织的发展带来了极大便利，助残社会组织宣传、信息公告、招聘捐赠、价值倡导等活动在社交媒体的加持下，效率得到极大提高，成本大幅降低。极快的信息传输速度、牢固的网络用户基础、低廉的使用价格、便捷的操作使社交媒体得到越来越多助残社会组织、团体的青睐。互联信息网络极大地增强了信息交换的便利性与即时性，也极大地扩大了信息传播的覆盖面，信息交换的经济成本与时间成本大大降低；而社交媒体提供的丰富多样的形式为信息的表达提供了更多便利，信息传输的准确性与覆盖性极大增强，低成本高收益的新型信息传输形式取代传统媒体已经成为助残社会组织发展的必然趋势。

二　社交媒体有助于提升组织与外部的沟通效率

社交媒体包括了信通技术的定义，在此基础上纳入了当今数字环境参与的互动性质，对原定义进行了拓展。今天的社交媒体让个人和助残社会组织为了不同的利益聚集在一起，这从根本上改变了个人和助残社会组织之间的互动方式。[①] 拥有更强大资源基础和更强能力的助残社会组织经常尝试与利益相关者进行双向沟通。[②] 通过双向对话交流，许多助残社会组织寻求与公众成员进行互动，发展与利益相关者的关系以及与捐赠者和支持者进行接触。相较于传统媒体，社交媒体打破了传统媒体相对封闭、单向的信息传输路径，赋予信息传输极强的交互性，Guo 和 Saxton 在研究 Twitter 在倡导型助残社会组织的功能实现中的作用时提出了一种金字塔模型[③]：首先，倡导型助残社会组织借助 Twitter（主要以广而告之的形式）筛选潜在支持者，并与潜在支持者取得联系；其次，倡导型助残社会组织借助 Twitter（以排他性的小范围联系，如@某人或团体）保持、加强与支持者（在一定时间内）的联系；最后，倡导型助残社会组织通过 Twitter 号召、鼓舞支持者采取行动，以实现助残社会组织目标（见图 3-1）。

助残社会组织作为一类开放型社会组织，尤其在国内相关法律和政策的规制下，其组织目标的实现，包括资源的筹措、服务对象的招揽、助残服务的供应、志愿者活动的开展、助残观念的宣传、价值理念的倡导等必

① C. Guo, G. D. Saxton, "Tweeting Social Change: How Social Media are Changing Nonprofit Advocacy," *Nonprofit and Voluntary Sector Quarterly* 43, 1 (2014), p. 57-79.

② J. Greenberg, M. MacAulay, "NPO 2.0? Exploring the Web Presence of Environmental Nonprofit Organizations in Canada," *Global Media Journal: Canadian Edition* 2, 1 (2009), p. 63-88.

③ C. Guo, G. D. Saxton, "Tweeting Social Change: How Social Media are Changing Nonprofit Advocacy," *Nonprofit and Voluntary Sector Quarterly* 43, 1 (2014), p. 57-79.

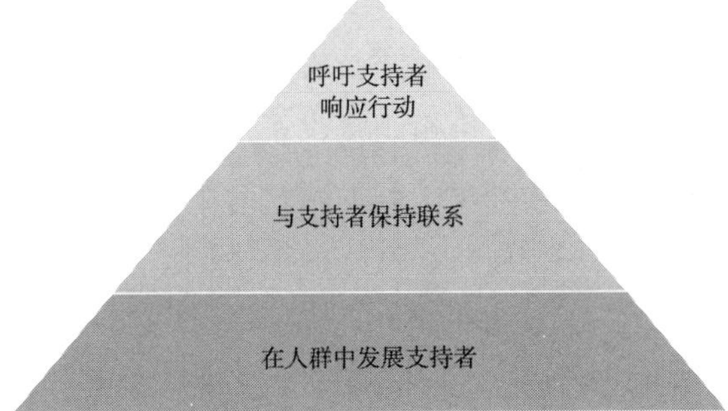

图 3-1　基于社交媒体倡导的金字塔模型

须与外界的资源和力量发生联系。相较于传统媒体单向的助残社会组织到支持者的信息传输路径、相对封闭的传输形式，以及“高高在上”的与支持者缺乏双向互动的呆板互动模式，一方面，社交媒体丰富的信息传输形式能够满足助残社会组织与其他相关群体沟通交流、保持联系的需求，另一方面，社交媒体形式更灵活，表达模式更简单，相对更有“人情味”，拉近了助残社会组织与支持者之间的距离。因此，借助于社交媒体，有助于网络关系尤其是关键关系的建立与维护，有助于助残社会组织对关键资源的把控，有助于推动助残社会组织目标的实现。借助互联网发展起来的关系网络成为助残社会组织发展社会资本的重要渠道，网络在助残社会组织发展关系、整合资源上发挥的作用也愈发重要。

三　社交媒体有助于拓宽组织的公关渠道

社交媒体技术本身以及对社交媒体的运用策略并不是要取代过去助残社会组织在使用传统媒体方面所获得的成功，而是基于对社交媒体的运用，以一种动态和创新的方式与（网络）社区进行互动，从而建立一个更加开放和透明的助残社会组织。[①] 在传统媒体时代，有目的性地收集了解助残社会组织信息是一项烦琐且高成本的工作，数字信息技术的运用极大

① J. A. Young, “Facebook, Twitter, and Blogs: The Adoption and Utilization of Social Media in Nonprofit Human Service Organizations,” *Human Service Organizations: Management, Leadership & Governance*41, 1 (2017), p. 44-57.

地提升了信息检索的速度，但互联网上充斥的海量信息也造成了“信息囚笼”“信息孤岛”等问题。由助残社会组织自主建立社交媒体网络社群，形成稳定的信息来源渠道，为潜在支持者、助残社会活动组织者、服务对象、其他社会组织了解助残社会组织提供了信息锚点，助残社会组织官方网站、微博、微信公众号为外界了解助残社会组织的发展规划、实力与规模、理念与文化提供了一个窗口，良好的网络形象也作为外界评估助残社会组织实力的标准之一，良好的网络形象作为助残社会组织的无形资产，是助残社会组织的重要财富。

四 信息化时代倒逼助残社会组织运用社交媒体

权变理论指出，对于一个开放型助残社会组织来说，管理不具有绝对正确有效的标准，助残社会组织的管理应该被视为一个动态的过程，管理模式是否合适应该由助残社会组织所面对的情境而定。网络信息技术的飞速发展与普及已经使得数字信息媒体成为主流的信息流通模式，相较于传统媒体，社交媒体的诸多优势吸引了个人、助残社会组织、团体、企业对其的使用，社交媒体已经成为助残社会组织面临的首要外部信息环境之一，其他群体对社交媒体的运用反作用于助残社会组织本身，倒逼助残社会组织运用社交媒体。排斥使用社交媒体也意味着排斥使用社交媒体的个人、团体及其他社会组织，技术与运行模式限制带来的信息壁垒对助残社会组织进行筛选，在信息上处于弱势地位的助残社会组织将逐渐被淘汰，此类“跟不上时代”的助残社会组织将逐渐被孤立与排斥，而此种现象在不具有政府稳定资源支持的民办助残社会组织中更加显著。

第二节 助残社会组织运用社交媒体状况分析

依据社交媒体平台的特性，可将其分为两大类——社会媒体平台（Social Media Platform）与社交沟通平台（Social Communication Platform）。

社会媒体平台以微博、微信公众号、官方网站以及豆瓣、人人等各类App客户端为主，形式上更侧重于媒体工具，通过社会媒体平台联系的双方的关系主要建立在兴趣上，关系较差，多为单向传播，注重的是传播的速度和内容的公开性，信息的传播速度非常快，广度更高。

社交沟通平台的主要代表有微信、QQ，形式上更侧重于社交工具，联系双方的关系建立在社会关系上，关系较好，多为双向关系，注重的是私人的交流和互动，信息的传播速度不快，但受众信息消化率很高。

在实际使用过程中，助残社会组织在两类社交媒体平台上表现出了一定的差异，具体分析如下。

一　助残社会组织的社交媒体使用率很低

助残社会组织在社交媒体使用偏好上更青睐于社交沟通平台，这种偏好表现在两个方面，一是助残社会组织对平台的使用状况，29.0%的助残社会组织没有微博，24.5%的助残社会组织没有官方网站，10.2%的助残社会组织没有微信公众号，75.2%的助残社会组织不使用人人、豆瓣等各类 App 客户端，而不使用 QQ 群及微信群的助残社会组织仅有 2.7%及 0.4%，助残社会组织对社交沟通平台的保有率更高；二是助残社会组织对平台的使用频率，每日都会使用 QQ 群、微信群的助残社会组织分别达到 69.0%、84.6%，而助残社会组织对微博、微信公众号、官方网站及 App 客户端的日使用率仅为 19.6%、29.6%、4.6%及 9.5%，助残社会组织对社交沟通平台的使用率更高（见表 3-1）。

表 3-1　社交媒体使用频率

单位：%

类别	完全没有	半年几次	一个月几次	一周几次	每天
QQ 群	2.7	4.4	10.2	13.7	69.0
微博	29.0	12.1	18.3	21.0	19.6
微信群	0.4	0.4	1.8	12.8	84.6
微信公众号	10.2	2.2	26.1	31.9	29.6
App 客户端	75.2	3.2	5.4	6.8	9.5

资料来源：本课题组，《2016 年助残社会组织基本运行情况抽样调查》。

社会媒体平台与社交沟通平台在助残社会组织的运营过程中分别承担着不同的功能，功能需求以及作用路径上的差异导致了助残社会组织在社交媒体运用上的差异。

二　助残社会组织使用社交媒体的工作内容

助残社会组织使用社交媒体进行的工作，主要有公布机构基本信息、公布机构开展的活动、招募志愿者等方面的内容，具体情况如下：使用社交媒体公布机构基本信息的助残社会组织占总数的 85.1%，未使用社交媒体公布机构基本信息的助残社会组织占总数的 14.9%；使用社交媒体公布机构开展的活动的助残社会组织占总数的 93.4%，未使用社交媒体公布机构开展的活动的助残社会组织仅占总数的 6.6%；使用社交媒体招募志愿者的助残社会组织占总数的 62.7%，未使用社交媒体招募志愿者的助残社会组织占总数的 37.3%；使用社交媒体与残疾人及其家长沟通的助残社会组织占总数的 72.4%，未使用社交媒体与残疾人及其家长沟通的助残社会组织占总数的 27.6%；使用社交媒体招募员工的助残社会组织占总数的 47.8%，未使用社交媒体招募员工的助残社会组织占总数的 52.2%；使用社交媒体募捐的助残社会组织占总数的 40.8%，未使用社交媒体募捐的助残社会组织占总数的 59.2%；使用社交媒体宣传残疾人政策的助残社会组织占总数的 55.1%，未使用社交媒体宣传残疾人政策的助残社会组织占总数的 44.9%（见表 3-2）。

表 3-2　助残社会组织使用社交媒体工作的内容

单位：%

类别	公布机构基本信息	公布机构开展的活动	招募志愿者	与残疾人及其家长沟通	招募员工	募捐	宣传残疾人政策
使用	85.1	93.4	62.7	72.4	47.8	40.8	55.1
未使用	14.9	6.6	37.3	27.6	52.2	59.2	44.9

资料来源：本课题组，《2016 年助残社会组织基本运行情况抽样调查》。

从助残社会组织对社交媒体的运用来看（见表 3-3），助残社会组织主要运用社交媒体来公布机构基本信息（84.9%）、公布机构开展的活动（94.1%）、与残疾人及其家长沟通（73.1%）、招募志愿者（63.0%）及宣传残疾人政策（56.0%），而在招募员工（48.9%）与募捐（41.1%）

方面运用社交媒体的比例较低。整体上看，社交媒体承担着助残社会组织与外界交流窗口的职责，助残社会组织外部成员可借助社交媒体了解助残社会组织的基本信息、活动动态，助残社会组织可借助社交媒体进行政策宣传、价值倡导以及服务于其日常工作。

表 3-3　助残社会组织对社交媒体的运用

单位：%

项目	比例
公布机构基本信息	84.9
公布机构开展的活动	94.1
招募志愿者	63.0
与残疾人及其家长沟通	73.1
招募员工	48.9
募捐	41.1
宣传残疾人政策	56.0
其他	1.8

资料来源：本课题组，《2016 年助残社会组织基本运行情况抽样调查》。

从社交媒体日常使用效果来看（见表 3-4），88.5%的助残社会组织认可社交媒体在公布机构基本信息与开展的活动方面的效果，86.5%的助残社会组织认为社交媒体有助于家长与老师及时了解学生情况，67.4%的助残社会组织认为社交媒体对招募志愿者有帮助，而对于社交媒体在招募员工、募捐以及宣传残疾人政策方面的功效，持认同态度的助残社会组织分别为 44.8%、43.0%及 55.2%，整体上与助残社会组织对社交媒体的运用情况保持一致（$P<0.05$）。

表 3-4　助残社会组织关于社交媒体使用效果的自我评价

单位：%

项目	比例				
	非常有效	比较有效	一般	没大有效	非常无效
公布机构基本信息与开展的活动	31.8	56.7	11.1	0.0	0.5
家长与老师及时了解学生情况	33.2	53.3	12.6	0.9	0.0

续表

项目	比例				
	非常有效	比较有效	一般	没大有效	非常无效
招募志愿者	20.0	47.4	24.2	7.4	0.9
招募员工	7.5	37.3	41.5	12.7	0.9
募捐	9.8	33.2	40.2	13.1	3.7
宣传残疾人政策	13.6	41.6	38.8	5.6	0.5

资料来源：本课题组，《2016 年助残社会组织基本运行情况抽样调查》。

从社交媒体给助残社会组织带来的影响来看（见表 3-5），69.9%的助残社会组织认为社交媒体有利于加强与其他助残社会组织的联系，实现资源共享、抱团取暖，67.5%的助残社会组织认为社交媒体有利于加强与社会公众的沟通，53.1%的助残社会组织认为社交媒体有利于加强对外宣传，48.3%及 36.5%的助残社会组织认为社交媒体有利于学习治理的新知识、新理念及有利于获取政府政策与法律法规动态，仅有 19.7%的助残社会组织认为社交媒体有利于参与政府政策实施进程，进行政策建议、讨论与监督。

表 3-5　社交媒体给助残社会组织带来的正面影响

单位：%

项目	比例
有利于获取政府政策与法律法规动态	36.5
有利于参与政府政策实施进程，进行政策建议、讨论与监督	19.7
有利于加强与其他助残社会组织的联系，实现资源共享、抱团取暖	69.9
有利于学习治理的新知识、新理念	48.3
有利于加强与社会公众的沟通	67.5
有利于加强对外宣传	53.1
其他	1.4

资料来源：本课题组，《2016 年助残社会组织基本运行情况抽样调查》。

三　助残社会组织使用社交媒体的有效性分析

课题组根据助残社会组织使用社交媒体的内容，测量了其社交媒体使用的有效性，采取“很大、较大、一般、较小、很小”的测度方式，分别赋值“5、4、3、2、1”。从表3-6来看，助残社会组织使用社交媒体公布机构基本信息与开展的活动的有效性得分为4.19分，使用社交媒体与残疾人及其家长沟通的有效性得分为4.19分，使用社交媒体招募志愿者的有效性得分为3.79分，使用社交媒体招募员工的有效性得分为3.38分，使用社交媒体募捐的有效性得分为3.32分，使用社交媒体宣传残疾人政策的有效性得分为3.36分。

表3-6　助残社会组织社交媒体使用的有效性

单位：分

指标	最小值	最大值	均值	标准差
公布机构基本信息与开展的活动	1	5	4.19	0.997
与残疾人及其家长沟通	1	5	4.19	0.999
招募志愿者	1	5	3.79	0.999
招募员工	1	5	3.38	1.044
募捐	1	5	3.32	1.010
宣传残疾人政策	1	5	3.36	0.931

资料来源：本课题组，《2016年助残社会组织基本运行情况抽样调查》。

综上，助残社会组织对社交媒体的运用与社交媒体的作用相匹配，社交媒体的作用主要有：在宣传方面，实现对助残社会组织价值理念及活动动态的宣传；在互动联系方面，社交媒体是助残社会组织保持与服务接收方、其他助残社会组织的联系的一个重要渠道；在招募方面，社交媒体主要用于招募志愿者，而在招募员工、募捐方面表现欠佳。

在宣传与招募方面，助残社会组织要求传播媒介传播面广、传播性强，而对信息的互动性要求低，不要求信息接收者与助残社会组织有联系基础。这一前提整体上与社会媒体平台的特征相匹配；在活动推广与社交互动方面，助残社会组织要求传播媒介目标指向性强，信息即时性强，信息接收者与助残社会组织有较牢固的联系基础，整体上与社交沟通平台的特征相匹配。基于此，课题组提出假设2：微博、微信公众号等社会媒体平台主要用于助残社会组织宣传、招募工作，该类活动时间间隔较长，因此对社会媒体平台的使用率相对较低；微信群、QQ 群等社交沟通平台主要用于助残社会组织活动推广与社交互动等日常操作，因此对社交沟通平台的使用率相对较高。

四 依据需求的差异选用不同类型的社交媒体

（一）助残社会组织在活动推广时主要使用社交沟通平台

为了验证假设 2，课题组进一步探究社交媒体在活动推广方式上的偏好，发现 90.8%的助残社会组织会通过微信推广活动，78.8%的助残社会组织会借助微信公众号推广活动，58.5%的助残社会组织会借助 QQ 推广活动，44.7%的助残社会组织会通过微博推广活动，46.1%的助残社会组织会使用报纸、电视、广播等大众传播媒体推广活动，20.7%的助残社会组织会使用人人网等社交网络推广活动，而借助电话信息以及通过街头宣传、张贴广告和海报推广活动的助残社会组织分别为 22.1%、17.5%（见表 3-7）。课题组通过分析各种推广方式，得出两条结论，一是助残社会组织更倾向于借助网络工具来推广活动，二是在网络工具中，助残社会组织更倾向于使用社交沟通平台。

表 3-7 助残社会组织推广相关活动的社交媒体平台

单位：%

项目	比例
社交网络（人人网等）	20.7
微信	90.8
微信公众号	78.8
微博	44.7
QQ	58.5
大众传播媒体（报纸、电视、广播等）	46.1
街头宣传、张贴广告和海报等	17.5
邮寄	2.8
电话信息	22.1
其他	1.4

资料来源：本课题组，《2016 年助残社会组织基本运行情况抽样调查》。

（二）助残社会组织在互动沟通时主要使用社交沟通平台

进一步验证假设 2 关于助残社会组织在互动沟通方面的偏好，发现 79.8%的助残社会组织通过微信与服务对象及公众进行沟通，61.5%的助残社会组织会借助微信公众号，55.0%的助残社会组织会借助 QQ，34.9%的助残社会组织会借助微博，38.1%的助残社会组织会借助官方网站，32.6%的助残社会组织会借助报纸、电视、广播等大众传播媒体；此外，76.1%的助残社会组织通过面对面的方式进行沟通，59.9%的助残社会组织通过举办的各种活动进行沟通，32.1%的助残社会组织通过刊物及印刷产品的方式与公众沟通（见表 3-8）。综上得出两条结论，一是社交媒体工具是助残社会组织与服务对象及公众沟通的主要方式之一，且在与公众沟通时，助残社会组织更倾向于使用社交沟通平台；二是除社交媒体工具外，助残社会组织对线下沟通方式的使用率也较高。在此基础上，课题组提出假设 3：助残社会组织对线上、线下沟通方式的使用是相辅相成的，线上沟通主要出于关系的拓展、建立及维护等目的，而线下沟通主要是为了关系维护及功能实现，线上沟通作为线下沟通的前期准备及中后期辅助，其最终目的仍旧落在助残社会组织的目标实现上。

表 3-8　助残社会组织同服务对象及公众的沟通渠道

单位：%

项目	比例
面对面	76.1
大众传播媒体（报纸、电视、广播等）	32.6
官方网站	38.1
微信	79.8
微信公众号	61.5
微博	34.9
QQ	55.0
刊物及印刷产品	32.1
举办的各种活动	59.9
其他	1.8

资料来源：本课题组，《2016 年助残社会组织基本运行情况抽样调查》。

（三）助残社会组织主要借助官方网站发布新动态

进一步验证假设 2 关于助残社会组织官方网站的运用，分析助残社会组织在官方网站上发布的内容，93.0%的助残社会组织借助官方网站发布新动态，55.1%的助残社会组织借助官方网站发布通知，43.2%的助残社会组织借助官方网站发布政策新动态，44.3%的助残社会组织借助官方网站发布残疾人及其家属的日常生活知识，31.4%的助残社会组织会在官方网站上发布财务信息通告（见表 3-9）。整体上，官方网站为浏览者了解助残社会组织提供了一个窗口。

表 3-9　助残社会组织在官方网站上发布信息的类型

单位：%

项目	比例
新动态	93.0
政策新动态	43.2
残疾人及其家属的日常生活知识	44.3
通知	55.1
财务信息通告	31.4
其他	2.7

资料来源：本课题组，《2016 年助残社会组织基本运行情况抽样调查》。

（四）大部分助残社会组织对社交媒体的作用及前景持认可态度

前文已经对社交媒体的使用方式进行了分析，然而课题组提出疑问，助残社会组织是否认为社交媒体对其自身发展而言是重要且不可替代的？对此，课题组进一步挖掘得出：56%的助残社会组织已经视社交媒体使用为运作的一个重要组成部分，36%的助残社会组织的社交媒体使用处于起步阶段，却是其未来的发展方向，6%的助残社会组织认为社交媒体使用需要耗费人力、物力，不是其目前发展的重点（见图 3-2）。

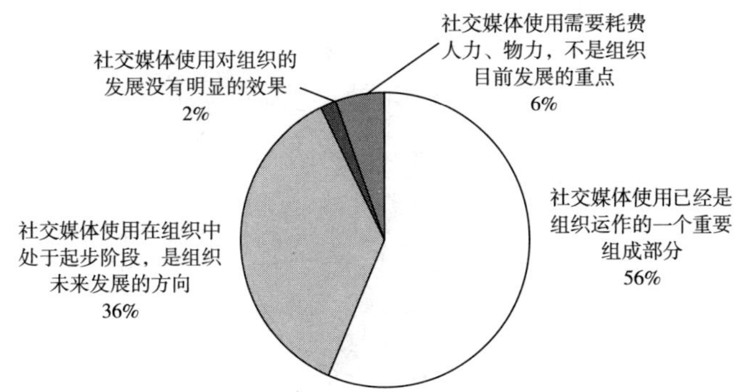

图 3-2　助残社会组织的社交媒体使用情况

资料来源：本课题组，《2016 年助残社会组织基本运行情况抽样调查》。

（五）助残社会组织受运营成本制约不使用社交媒体

目前，大部分助残社会组织认可社交媒体的利好效应，但仍有部分助残社会组织没有使用社交媒体或对社交媒体的使用效率不高。而课题组选用助残社会组织官方网站作为社交媒体的代表，因为考虑到管理运营官方网站存在一定的成本，对各项因素具有放大效应。结果显示，32%的助残社会组织认为当前组织规模小，不需要使用社交媒体，30%的助残社会组织认为没有时间精力管理，19%的助残社会组织认为使用社交媒体费用太高（见图 3-3）。可见，助残社会组织在使用社交媒体时，成本（包括经济成本与时间成本）与效益是其考虑的重要因素，当成本与效益不匹配时，助残社会组织将不使用社交媒体。此结果与 Eimhjellen、Wollebæk、Strømsnes 针对挪威助残社会组织对 SNSs 的使用情况的研究结果一致。①

① I. Eimhjellen, D. Wollebæk, K. Strømsnes, "Associations Online: Barriers for Using Web-based Communication in Voluntary Associations," *Voluntas: International Journal of Voluntary and Nonprofit Organizations*25, 3 (2014), p. 730-753.

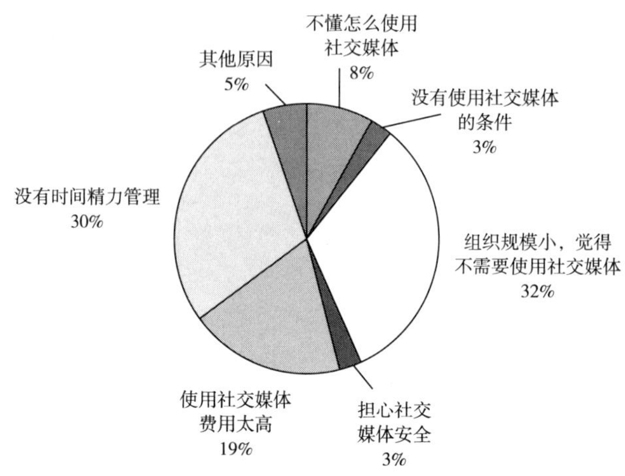

图 3-3 助残社会组织没有官方网站的原因

资料来源：本课题组，《2016 年助残社会组织基本运行情况抽样调查》。

第三节 影响助残社会组织社交媒体运用的因素分析

在前文，课题组已经假设助残社会组织对社交媒体的运用与其目的相匹配，而不同助残社会组织在社交媒体运用上的出发点不尽相同，由此导致不同助残社会组织在社交媒体运用方面是存在差异的，为了探明这种差异，课题组在 2016 年调研的基础上，借鉴国内外已有研究的成功经验，修改调查问卷结构，以深圳与东莞两地的助残社会组织为研究对象，于 2019 年进行了第二次调研，发放调查问卷《2019 年助残社会组织志愿服务管理专项调查》。本部分依托 2019 年调查数据，通过建立社交媒体运用与助残社会组织特征的回归方程，对具有显著相关性的指标进行探究。

一 社交媒体使用指标

对社交媒体既要考虑是否使用，也要考虑如何使用，课题组主要使用三个指标来衡量助残社会组织对社交媒体的使用情况，一是是否使用社交媒体，二是使用何种社交媒体（不同类型社交媒体平台），三是社交媒体的使用频率，具体描述见表 3-10。

表 3-10　分析社交媒体运用情况的指标描述

指标名称	指标内容
是否使用社交媒体	使用社交媒体
	不使用社交媒体
使用何种社交媒体	社会媒体平台
	社交沟通平台
社交媒体的使用频率	每日使用
	经常使用
	有时使用
	很少使用
	几乎不用

资料来源：本课题组，《2019 年助残社会组织志愿服务管理专项调查》。

二　助残社会组织使用社交媒体的影响因素分析

国内学者关于社交媒体为助残社会组织赋能的研究并不多，且多集中在现状描述上，关于社交媒体赋能助残社会组织的归因分析与路径分析的研究数量更是少之又少，而国外研究中不乏有经典的成果。因此，本课题组主要从外文文献中搜索有价值的研究指标。

（一）助残社会组织服务对象

助残社会组织的服务领域不同对其社交媒体使用提出了不同要求。已有研究发现，服务领域影响助残社会组织的透明度。[①] 为青年群体服务的助残社会组织对社交媒体的运用频繁于为老年群体提供服务的助残社会组织。[②] 服务对象的社交媒体运用习惯与运用需求可能通过互动仪式链影响助残社会组织对社交媒体的运用，进而成为助残社会组织运用社交媒体的

① J. T. Boire, A. Prakash, "Accountability. Org: Online Disclosures by US Nonprofits," SSRN Electronic Journal 2, 26 (2013), p. 1-27.

② W. F. Lam, L. Nie, "Online or Offline? Nonprofits' Choice and Use of Social Media in Hong Kong," *International Journal of Voluntary and Nonprofit Organizations*31, 5 (2020), p. 111-128.

动因之一。因此，将其纳入本指标体系进一步探究。

（二）助残社会组织服务内容

助残社会组织行为是助残社会组织目标在各个阶段的映射，助残社会组织行为、运营策略应当为助残社会组织目标服务。Guo 和 Saxton 在研究美国倡导型助残社会组织对社交媒体的运用时指出，助残社会组织是否追求政策倡导会影响其运营策略的制定，进而影响其是否使用社交媒体的考量，从事政策倡导的助残社会组织往往更重视公众关注。[①]“倡导行动”是助残社会组织使用社交媒体的另一个主要功能，助残社会组织在追求自己的事业时，希望呼吁利益相关者参加他们的活动、购买他们的产品或捐款；最终目标是吸引公众的注意和扩大影响力，这对助残社会组织的长期发展是有帮助的。不同助残社会组织目标导向下的策略对其社交媒体参与有不同的呼吁，助残社会组织目标的不同可能带来其在社交媒体运用上的差异，因此纳入本指标体系做进一步验证。

（三）助残社会组织的年龄与规模

研究表明，助残社会组织的年龄与规模会对其能力产生影响。Eimhjellen、Wollebæk、Strømsnes 在研究挪威助残社会组织对 SNSs 网络系统的运用时发现，规模较小、利益相关者结构简单的助残社会组织不太可能使用 SNSs，而更倾向于使用线下的交流互动方式，规模较大、利益相关者结构复杂的助残社会组织则更倾向于使用 SNSs。[②] 利益相关者结构的复杂程度是助残社会组织利用信息媒介的重要动因，而利益相关者结构的复杂程度难以直接量化。助残社会组织的利益相关群体是在助残社会组织发展的过程中逐渐积累建立起来的。因此，助残社会组织的年龄与规模与其

---

① C. Guo, G. D. Saxton, "Tweeting Social Change: How Social Media are Changing Nonprofit Advocacy," *Nonprofit and Voluntary Sector Quarterly*43, 1 (2014), p. 57 - 79; C. Guo, G. D. Saxton, "Speaking and Being Heard: How Nonprofit Advocacy Organizations Gain Attention on Social Media," *Nonprofit and Voluntary Sector Quarterly*47, 1 (2018), p. 5-26.

② I. Eimhjellen, D. Wollebæk, K. Strømsnes, "Associations Online: Barriers for Using Web-based Communication in Voluntary Associations," *Voluntas: International Journal of Voluntary and Nonprofit Organizations*25, 3 (2014), p. 730-753.

关系群体复杂度相关性较强，被纳入本研究指标体系。

（四）助残社会组织资源依赖形式

依据资源依赖理论，以往的研究普遍认为经济收入更多来源于政府的助残社会组织对社交媒体的运用频率更高。然而 Lam 和 Nie 在研究香港助残社会组织对社交媒体的运用时发现，依赖于私人资金支持的助残社会组织更有可能使用社交媒体，而那些依赖于政府资金支持的助残社会组织不太可能出现在网络上。① 这一观点给我们的研究提供了全新的思路，依据 Lam 和 Nie 的研究，助残社会组织对社交媒体的运用与其资源提供对象相关，依赖于政府资金支持的助残社会组织往往具有比较稳定的资金来源，其资源的获取目标明确，不必要的信息披露有时可能不利于助残社会组织对政府资金申请资格的获取，因而部分助残社会组织即使拥有使用社交媒体的资本与能力也不一定使用社交媒体工具；而依赖于私人资金支持的助残社会组织，其资金来源主体往往存在一定的不确定性。一方面，助残社会组织需要通过宣传披露信息而获得资助人的关注与捐赠，另一方面，私人投资者对助残社会组织的透明度与披露程度有一定偏好，因而依赖于私人资金支持的助残社会组织更有可能使用社交媒体。本研究也将资金来源作为变量指标，进一步对此进行验证。

（五）理（董）事会规模及成员背景

助残社会组织行为与运营策略的一个主要影响因素是董事会，理（董）事会的成员通常来自不同背景与不同团体，更广的董事会范围能够更好地容纳具有不同制度背景的成员，从而引导助残社会组织适应外部变化。② 那些拥有更大、更多样化的管理委员会的助残社会组织更渴望通过

① W. F. Lam, L. Nie, "Online or Offline? Nonprofits' Choice and Use of Social Media in Hong Kong," *International Journal of Voluntary and Nonprofit Organizations* 31, 5 (2020), p. 111-128.

② D. Cormier et al., "Web-based Disclosure about Value Creation Processes: A Monitoring Perspective," *A Journal of Accounting, Finance, and Business Studies*46, 3 (2010), p. 320-347.

社交媒体让他们的利益相关者和公众参与进来。① Guo 和 Saxton 指出，社交媒体网站上的关注者数量会影响助残社会组织在网络上的公众关注量。② 本研究假设董事会成员，尤其是有社交媒体相关工作经验的理（董）事会成员的参与对助残社会组织社交媒体的运用是有影响的，因此纳入本指标变量。

三 助残社会组织社交媒体使用的回归模型

对助残社会组织使用社交媒体的研究，本课题组本着循序渐进的研究思路沿着“用不用—用什么—怎么用”的研究路径，逐步挖掘助残社会组织使用社交媒体的有关信息。

（一）是否使用社交媒体的回归分析

首先，我们将研究是哪些因素决定助残社会组织是否使用社交媒体，依据前文的讨论，我们构建回归方程：Y1（是否使用社交媒体）= F（助残社会组织服务对象，助残社会组织服务内容，助残社会组织年龄与助残社会组织规模，资源依赖形式，理（董）事会规模及理（董）事会成员是否有社交媒体工作背景）。关于自变量指标的描述见表 3-11。

表 3-11 回归方程 Y1 自变量指标的描述

序号	指标	选项
1	助残社会组织服务对象	残障者
		残障者家属
		从事残障者事业的专业人员
		公众
		老人
		青年
		妇女
		儿童
		特殊人群（如吸毒、刑满释放人员）

① W. F. Lam, L. Nie, “Online or Offline? Nonprofits' Choice and Use of Social Media in Hong Kong,” *International Journal of Voluntary and Nonprofit Organizations* 31, 5 (2020), p. 111-128.

② C. Guo, G. D. Saxton, “Speaking and Being Heard: How Nonprofit Advocacy Organizations Gain Attention on Social Media,” *Nonprofit and Voluntary Sector Quarterly* 47, 1 (2018), p. 5-26.

续表

序号	指标	选项
2	助残社会组织服务内容	康复服务
		教育服务
		就业服务
		托养服务
		文化体育服务
		法律服务
		社会倡导
		慈善捐赠
3	助残社会组织年龄	16~20 年（成立时间：2000~2004 年）
		11~15 年（成立时间：2005~2009 年）
		6~10 年（成立时间：2010~2014 年）
		1~5 年（成立时间：2015~2019 年）
4	助残社会组织规模	大（员工数大于 100 人）
		中（员工数 50~100 人）
		小（员工数小于 50 人）
5	资源依赖形式	收入中政府和残联补贴占大多数
		收入中社会捐赠占大多数
		收入中服务对象支付占大多数
6	理（董）事会规模	大
		中
		小
7	理（董）事会成员是否有社交媒体工作背景	有
		没有

资料来源：本课题组，《2019 年助残社会组织志愿服务管理专项调查》。

将以上指标纳入回归方程 Y1，通过向后筛选法逐步筛选，确定有效影响指标 9 个，展示结果如表 3-12。

表 3-12　回归方程 Y1 回归结果（有效结果）分析

序号	指标	P	B	SD
1	是否为残障者家属服务	0.35	0.56	1.95
2	是否为青年对象服务	0.45	0.37	1.02
3	提供的服务中是否包含托养服务	0.35	0.96	2.96
4	提供的服务中是否包含社会倡导服务	0.09	1.80	0.62
5	提供的服务中是否包含慈善捐赠服务	0.16	0.58	1.36
6	助残社会组织规模	0.43	0.26	3.33
7	经济来源中对社会捐赠依赖度较高	0.06	1.32	1.36
8	董事会规模	0.43	0.35	2.65
9	理（董）事会成员有社交媒体相关工作经验	0.15	0.80	1.12

资料来源：本课题组，《2019 年助残社会组织志愿服务管理专项调查》。

回归结果显示：

第一，助残社会组织是否使用社交媒体与是否为残障者服务关联度不高，而与是否为残障者家属服务显著相关。与为残障者服务关联度不高的原因在于，助残社会组织基本上都会为残障者提供服务，而不为残障者提供服务的助残社会组织数量极少，因此对是否为残障者提供服务这一指标的分析可能存在系统性差异，即数据未能很好地反映整体情况。而助残社会组织是否使用社交媒体与是否为残障者家属服务呈显著相关，残障问题不仅是残障者的个人问题，更普遍地反映为残障者的家庭问题，尤其是对残障等级较高、残障者年纪较小、不具备自主生存能力的残障者个体，家庭对残障者生活参与度更高，家庭或者说家人其实承受了很多身体压力之外的精神压力、经济压力以及生活质量下降的压力，而大部分助残社会组织在提供服务时未能对残障者家属进行安抚与疏导，通常残障者家属除了要对残障者的日常起居进行照料外，还要作为家庭主要甚至是唯一的收入来源，时间压力、经济压力与生活压力通常导致残障者家属没有足够的时间接受助残社会组织提供的线下服务，因此对于接受助残服务的家属来说，通过网络了解残障者在助残社会组织的实时状况或者接受心理咨询、法律咨询等服务的需求更大，更可能使用社交媒体。

第二，为青年群体提供服务的助残社会组织对社交媒体的运用率更高，而是否为老年群体提供服务对助残社会组织是否运用社交媒体无显著影响。这是一个很有意思的现象，课题组最初判断助残社会组织的社交媒体运用偏好是与服务接受者的年龄结构相关的，网络等新兴事物在青年群体中的接受程度与普及程度明显高于在老年群体中，所以青年群体会影响助残社会组织社交媒体的运用并不意外，然而为何老年群体未影响助残社会组织对社交媒体的运用？在与老年残障者的交谈中，我们了解到老年残障者数量规模庞大，但实际上老年残障者缺乏残障意识，即使有部分老年残障者持有残障证，但仍将残障视为一种“疾病”，或者是适应了残障的生活，或者因为经济问题及担心麻烦子女而忍受残障的不方便，实在忍受不了也选择去医院，较少选择去提供助残服务的助残社会组织，实际上接受助残社会组织服务的老年群体观念通常比较先进，对社交媒体的接受度往往较高。

第三，在前文中，我们已经讨论了助残社会组织行为与经营策略之间的联系，提供的服务项目中包含托养、社会倡导、慈善捐赠等服务的助残社会组织对社交媒体的使用率更高。托养服务主要针对不具有独立生存能力的青少年残障者，借助社交媒体，残障者家长能够实时了解残障者的状况，适当减少陪护，被解放的监护人可以利用所节省的时间去工作以缓解家庭经济压力；以社会倡导为任务的助残社会组织通常倾向于使用社交媒体，借助社交媒体，助残社会组织可以更广泛地推广价值、扩大影响力、号召支持者参与活动，社交媒体打破了助残社会组织在时间、空间上的桎梏；随着网络信息技术的迅速发展与普及，慈善捐赠成为越来越多助残社会组织继政府补贴与服务购买之后的经济来源之一，捐赠者理想的捐赠对象需要综合实力强大或者具备某一专业特色，社交媒体为捐赠者打开了了解助残社会组织的大门，网络形象好、官方网站得到精心管理的助残社会组织往往具备更强的实力，公开度、透明度高的助残社会组织也对捐赠者有更大的吸引力。

第四，规模越大的助残社会组织越倾向于使用社交媒体。助残社会组织的规模越大，其利益相关群体的规模也越大，助残社会组织有保持与利益相关群体联系的需求，而随着利益相关群体规模的扩大，“点对点”联系形式的效率已经不能满足助残社会组织的信息传输需要，对“点对面”及“面对点”的信息传输形式的需求导致助残社会组织对社交媒体运用的需要。

第五，经济来源中对社会捐赠依赖度较高的助残社会组织倾向于使用社交媒体。前文中已经论证获取社会捐赠与助残社会组织社交媒体运用的正相关性，虽然现有助残社会组织中主要的经济来源还是政府补贴与政府服务购买，然而仍有部分助残社会组织，尤其是民办助残社会组织对社会捐赠的需求大于公办助残社会组织，为了在众多助残社会组织中争取更多的社会捐赠，有能力的助残社会组织倾向于更全面地展现自我优势与特色，因而更倾向于使用社交媒体。

第六，理（董）事会规模越大，理（董）事会成员中有社交媒体工作背景的助残社会组织越倾向于使用社交媒体。在前文中，我们讨论了理（董）事会成员对助残社会组织治理与助残社会组织外部运营的关系，助残社会组织有策略地吸纳有不同行业背景的工作者为理（董）事会成员，理（董）事会成员的人力资源在一定程度上可以为助残社会组织的目标服务，理（董）事会规模越大其背后的人力资源网络越复杂，为了维系及运用人力资源的便利，助残社会组织更倾向于使用社交媒体。而当理（董）事会中有社交媒体工作背景的成员存在时，助残社会组织使用社交媒体的频率更高。课题组分析，一方面，当理（董）事会中存在有社交媒体工作背景的成员时，助残社会组织在社交媒体运营方面具有先发优势，利用此优势基础，助残社会组织能在网络社区中不断培养更大的优势；另一方面，理（董）事会中有社交媒体工作背景的成员也会鼓励助残社会组织在制定运营策略时更积极地运用社交媒体。

（二）社交媒体使用偏好的回归分析

我们已经通过回归方程探究了哪些助残社会组织会使用社交媒体，而在实际使用时，助残社会组织对社会媒体平台与社交沟通平台是存在使用偏好的，在上一节我们已经讨论了社交媒体功能与助残社会组织使用偏好的关系，这一节我们将进一步探究社交媒体使用偏好与助残社会组织特征的关系。课题组选取了使用社交媒体的助残社会组织，并在回归方程 Y1 的成果上构建回归方程 Y2 与回归方程 Y3，而为何不直接区分助残社会组织是使用社会媒体平台还是使用社交沟通平台，是因为多数助残社会组织虽对两类社交媒体平台有偏好，但这种偏好远未达到非此即彼的二元对立状态，多数助残社会组织既会使用社会媒体平台，也会使用社交沟通平台。

Y2（是否使用社会媒体平台）= F（助残社会组织服务对象，助残社会组织服务内容，助残社会组织年龄与助残社会组织规模，资源依赖形式，理（董）事会规模及理（董）事会成员是否有社交媒体工作背景）

Y3（是否使用社交沟通平台）= F（助残社会组织服务对象，助残社会组织服务内容，助残社会组织年龄与助残社会组织规模，资源依赖形式，理（董）事会规模及理（董）事会成员是否有社交媒体工作背景）

相关自变量指标描述见表 3-13。

表 3-13　回归方程 Y2、Y3 自变量指标描述

序号	指标	选项
1	助残社会组织服务内容	康复服务
		教育服务
		就业服务
		托养服务
		文化体育服务
		法律服务
		社会倡导
		慈善捐赠
2	助残社会组织与利益相关者联系频率	其他残疾人服务助残社会组织
		残联
		政府部门
		爱心企业
		基金会
		所在社区居委会、工作站
		所在社区居民
		服务对象家庭

续表

序号	指标	选项
3	助残社会组织与利益相关群体的满意度	与其他残疾人服务助残社会组织的关系满意度
		与残联的关系满意度
		与政府部门的关系满意度
		与爱心企业的关系满意度
		与基金会的关系满意度
		与所在社区居委会、工作站的关系满意度
		与所在社区居民的关系满意度
		与服务对象家庭的关系满意度
4	助残社会组织开展活动的频繁程度	高（每周至少 1 次）
		较高（每月 1 次）
		较少（每半年 1 次）
		少（每年 1 次）
		无

资料来源：本课题组，《2019 年助残社会组织志愿服务管理专项调查》。

1. 是否使用社会媒体平台的回归分析

将以上指标纳入回归方程 Y2，通过向后筛选法逐步筛选，确定有效影响指标 5 个，展示结果如表 3-14。

表 3-14　回归方程 Y2 回归结果（有效结果）分析

序号	指标	P	B	SD
1	提供的服务中是否包含托养服务	0.23	0.53	0.89
2	提供的服务中是否包含慈善捐赠服务	0.42	0.23	1.18
3	助残社会组织与政府部门的联系频率	0.45	0.81	1.96
4	助残社会组织与爱心企业的联系频率	0.13	1.50	0.98
5	助残社会组织开展活动的频率	0.08	1.00	1.03

资料来源：本课题组，《2019 年助残社会组织志愿服务管理专项调查》。

助残社会组织对社会媒体平台的使用主要适用于“点对面”及“面对点”的信息流通形式。对社会媒体平台的偏好与助残社会组织提供的服务的类型相关联，其中进行价值倡导与慈善捐赠的助残社会组织倾向于使用社会媒体平台，这两类助残社会组织并未要求有明确的行为实施目标，助残社会组织在进行相关行为时倾向于采取宣传形式，因而更倾向于使用社会媒体平台。

而在与利益相关者联系时，与政府和企业的联系与助残社会组织使用社会媒体平台相关，此现象说明助残社会组织并非通过社会媒体平台与企业和政府取得联系，而是因为政府与企业在了解一个助残社会组织的过程中，会首先通过对助残社会组织官方网站及公众号的浏览而形成对其的初印象，给政府与企业初印象好的助残社会组织更可能获得政府与企业的资助与捐赠。然而，社交媒体只能作为政府、企业与助残社会组织的初步联系渠道，并不具备维系双方联系的桥梁功能。

另外，在上一节已经论证了助残社会组织使用社交媒体的一个主要目的是做活动宣传，活动宣传需号召助残社会组织的支持者及潜在支持者参与，这并不代表助残社会组织不会通过微信、QQ 等社交沟通平台与助残社会组织支持者沟通，如活动的助残社会组织者、积极参与者以及在支持者中有影响力的个人，助残社会组织也会积极沟通，而在活动期间，助残社会组织为了宣传、号召会在短时间内极大提高对社会媒体平台的使用频率，因而助残社会组织活动与社会媒体平台有正向相关关系。

2. 是否使用社交沟通平台的回归分析

将以上指标纳入回归方程 Y3，通过向后筛选法逐步筛选，确定有效影响指标 4 个，展示结果如表 3-15。

表 3-15　回归方程 Y3 回归结果（有效结果）分析

序号	指标	P	B	SD
1	提供的服务中是否包含托养服务	0.08	0.85	0.62
2	助残社会组织与残疾人家庭的联系频率	0.32	0.23	1.20
3	助残社会组织与爱心企业关系的满意度	0.45	0.98	0.96
4	助残社会组织与残疾人家庭关系的满意度	0.13	1.32	0.88

资料来源：本课题组，《2019 年助残社会组织志愿服务管理专项调查》。

助残社会组织对社交沟通平台的使用主要针对明确的通信目标。回归分析发现，助残社会组织在与残疾人家属联系时更倾向于使用社交沟通平台，残疾人家属可借助微信了解残疾人在如精协康复中心的现状，在使用社交沟通平台时，对象指向明确，信息针对性强，内容私密度高，社交沟通平台更适配助残社会组织的需求。与社会媒体平台不同，社交沟通平台对助残社会组织和爱心企业的关系有维护作用，互有好感的双方借助微信、QQ 保持联系，密切的沟通能够进一步加强双方的联系，使用社交沟通平台对促进助残社会组织与利益相关爱心企业的关系的维护有重要作用。

综上，在面对“点对面”及“面对点”的信息传输形式时，助残社会组织倾向于使用社会媒体平台，而在面对“点对点”的信息传输形式时，社交沟通平台更适配助残社会组织的需求。

（三）社交媒体使用频率的回归分析

在分析了助残社会组织是否使用社交媒体以及社交媒体使用偏好以后，一个新的问题摆在了课题组面前，助残社会组织对社交媒体的使用频率如何？或者说助残社会组织会在哪些活动中频繁使用社交媒体？对此我们建立了回归方程 Y4——社交媒体使用频率的回归分析。

回归方程 Y4 自变量指标描述见表 3-16。

表 3-16　回归方程 Y4 自变量指标描述

序号	指标	选项
1	助残社会组织服务对象	残障者
		残障者家属
		从事残障者事业的专业人员
		公众
		老年人
		青年
		妇女
		儿童
		特殊人群（如吸毒、刑满释放人员）

续表

序号	指标	选项
2	助残社会组织服务内容	康复服务
		教育服务
		就业服务
		托养服务
		文化体育服务
		法律服务
		社会倡导
		慈善捐赠
3	助残社会组织规模	大（员工数大于 100 人）
		中（员工数 50~100 人）
		小（员工数小于 50 人）
4	助残社会组织与利益相关者联系频率	其他残疾人服务助残社会组织
		残联
		政府部门
		爱心企业
		基金会
		所在社区居委会、工作站
		所在社区居民
		服务对象家庭
5	助残社会组织开展活动的频繁程度	高（每周至少 1 次）
		较高（每月 1 次）
		较少（每半年 1 次）
		少（每年 1 次）
		无

资料来源：本课题组，《2019 年助残社会组织志愿服务管理专项调查》。

将以上指标纳入回归方程 Y4，通过向后筛选法逐步筛选，确定有效影响指标 5 个，展示结果如表 3-17。

表 3-17 回归方程 Y3 回归结果（有效结果）分析

序号	指标	P	B	SD
1	为残障者家属提供服务	0.21	0.32	1.12
2	助残社会组织服务内容包括托养服务	0.12	0.35	0.86
3	助残社会组织规模	0.50	0.12	0.65
4	助残社会组织与利益相关者联系频率	0.23	1.16	0.86
5	助残社会组织开展活动的频繁程度	0.50	0.38	0.88

资料来源：本课题组，《2019 年助残社会组织志愿服务管理专项调查》。

在社交媒体使用频率方面，社交沟通平台的影响力大于社会媒体平台。在前文的分析中，我们已经讨论过：社交沟通平台多用于日常互动联系，而社会媒体平台多用于活动的宣传与展示。虽然部分助残社会组织会定期开展活动，在活动开展期间，助残社会组织对社会媒体平台的使用频率会有一段短时间的迅速提升，但这种短期的提升仍无法对抗社交沟通平台在日常交往中的长期效应，所以对社交媒体使用频率影响更大的还是与微信、QQ 相关的社交沟通平台。此结果也验证了前文关于助残社会组织社交媒体使用偏好中两类媒体差异的讨论，本部分不再做重复论述。

第四节 助残社会组织应对疫情的社交媒体运用策略

自疫情发生以来，为防止疫情扩散，多地政府实施出行限制管制措施，这客观上为我们研究特殊背景下助残社会组织的运行提供了观察机会。课题组聚焦疫情下，线下接触限制导致的部分服务不能提供，互联网如何为助残社会组织增权赋能的问题，在 2016 年及 2019 年两次问卷调查的基础上开展补充调研——《2020 年疫情下助残社会组织运行状况的补充调查》，本部分主要补充关于社交媒体信息传播与信息反馈关系的研究。

一 疫情下助残社会组织运用社交媒体的基本状况

首先，对本次调查样本的基本情况进行简单的描述。为避免与本章第三节内容重复，本部分主要选取助残社会组织社交媒体运用方面的特征进行分析。

整体上，疫情给助残社会组织的运行带来了一定的冲击，最明显的冲击体现在疫情前后助残社会组织提供服务的人次变动上，课题组选用服务人次变动率这一指标来描述服务人次的变动情况［服务人次变动率=（疫情后服务人次-疫情前服务人次）/疫情前服务人次］，数据显示，受访助残社会组织在疫情后服务人次平均流失 20.72%，受影响最大的机构服务人次平均流失 87.00%。

分析受访助残社会组织的社交媒体运用情况可以发现，大部分助残社会组织在 2015 年及以后普遍开始注册并使用公众号，85%的助残社会组织在 2014 年以后注册公众号，75%的助残社会组织在 2014 年以后在公众号上推送第一篇文章。除自有公众号以外，助残社会组织也会使用其他社交媒体平台，以腾讯 99 公益日平台（公益筹款平台）为例，47.8%的助残社会组织使用过腾讯 99 公益日平台，但在使用过腾讯 99 公益日平台的助残社会组织中，54.6%表示使用效果不佳，45.4%表示使用效果尚佳，会继续使用。

分析助残社会组织自有平台的使用情况，课题组选取对信息的浏览量、点赞量和评论量作为衡量浏览者对助残社会组织所发布信息的关注度及认可度的指标，为避免不同助残社会组织社交媒体平台所发布信息的结构性差异的产生，课题组对浏览量、点赞量、评论量均取了平均值，以浏览量为例，浏览量均值=与疫情相关的报道的浏览总量/与该助残社会组织发布的疫情相关文章的总量，结果如表 3-18 所示。

表 3-18　疫情下助残社会组织社交媒体运用情况分析

单位：篇

	组织公众号发文数量	发文总数中原创文章占比	浏览量均值	点赞量均值	评论量均值
平均值	408.25	0.11	3.68	0.03	0.01
中位数	133.00	0.03	1.00	0.00	0.00
标准差	637.19	0.14	4.70	0.05	0.02
最小值	0	0	0.01	0	0
最大值	2407	0.43	17.27	0.20	0.10

资料来源：本课题组，《2020 年疫情下助残社会组织生存状况专项调查》。

不同助残社会组织对公众号的使用情况并不相同（$P=0.03<0.05$），受访助残社会组织平均发文408.25篇，发文最少的助残社会组织在注册了公众号后并未发布过文章，而发文最多的助残社会组织共发布了2407篇文章。

不同助残社会组织发布的文章中原创文章的占比有显著差异（$P=0.02<0.05$），有的助残社会组织发布的文章均来自对其他文章的转载与引用，而原创率最高的助残社会组织发文总数中原创文章占比达43%。

浏览者对不同助残社会组织公众号所发文章的喜爱程度有差异，这种差异可以通过组织文章的浏览量（$P<0.01$）、点赞量（$P=0.03<0.05$）及评论量（$P=0.04<0.05$）反映，受访助残社会组织文章的浏览量为平均每篇浏览3.68次，浏览量最少的助残社会组织为平均每篇文章浏览0.01次，浏览量最多的助残社会组织为平均每篇文章浏览17.27次；受访助残社会组织文章收获的点赞量为平均每篇0.03次，点赞量最少的助残社会组织未收到过点赞，点赞量最多的助残社会组织为平均每篇文章点赞0.20个；受访助残社会组织文章收获的评论量为平均每篇0.01次，评论量最少的助残社会组织未收到过评论，评论量最多的助残社会组织为平均每篇文章得到评论0.10次。

此外，52.2%的受访助残社会组织表示其在社交媒体使用方面有困难，希望获得社交媒体技能方面的相关培训。

二　残障者及其家属对社交媒体平台的信息偏好

与普通群众不同，残障群体有着特殊的医疗、干预、康养、复健和教育需求，疫情导致的出行受阻在很大程度上限制了残障群体助残服务的获得。因此，课题组提出疑问：疫情期间残障群体关注助残社会组织的社交媒体平台信息，是为了获取疫情相关报道还是为了获取残疾人服务的相关信息？

疫情下助残社会组织社交媒体运用情况分析见表3-19。

表 3-19　疫情下助残社会组织推文发布情况分析

单位：篇

项目	疫情相关推文		非疫情相关推文	
	均值（M）	方差（SD）	均值（M）	方差（SD）
推文数量	11.29	82.32	25.54	121.11
阅读量均值	924.66	13211.56	492.72	8932.32
点赞量均值	0.0100	0.0012	0.3200	0.0123
评论量均值	1.69	1.12	0.68	0.05

资料来源：本课题组，《2020 年疫情下助残社会组织生存状况专项调查》。

（一）浏览者更倾向于关注疫情相关的报道，但对不同助残社会组织的文章有不同偏好

课题组比较了 24 家助残社会组织社交媒体平台发布的疫情相关信息与非疫情相关信息在浏览量、点赞量、评论量上的差异，结果显示：第一，助残社会组织的社交媒体平台可以作为浏览者了解疫情相关信息的来源之一，部分浏览者对疫情相关报道文章的浏览量高于非疫情相关报道文章，并且部分浏览者在浏览后对文章进行了点赞与评论，说明浏览者会通过助残社会组织的社交媒体平台来了解疫情相关信息；第二，虽然相比于社交媒体平台发布的非疫情相关信息，整体上浏览者更倾向于浏览疫情相关信息，但是这种趋势并不明显（P = 0.56>0.05，SD = 121.52），更显著的是浏览者对个别助残社会组织发布信息的类型有偏好，如对于“大米和小米”助残社会组织公众号，浏览者倾向于浏览疫情相关文章，而对于深圳守望协会公众号，浏览者更倾向于浏览非疫情相关文章。

（二）疫情相关信息获得点赞的频率低于非疫情相关信息

对比疫情相关文章与非疫情相关文章获得的点赞量，整体上非疫情相关文章获得点赞的频率较高，然而文章点赞量与浏览量呈负向相关（P = 0.46）。说明在疫情的大环境下，残障者及其家属会关注疫情相关信息，情绪也会受相关报道的调动，但整体上，对于残疾人家庭而言，更能引起其关注与共鸣的仍然是残障类等非疫情相关文章。

（三）疫情相关信息获得评论的频率高于非疫情相关信息

对比疫情相关文章与非疫情相关文章获得的评论量，整体上非疫情相关文章获得评论的频率较高，并且评论量与文章浏览量呈正向相关（P=0.39），评论量与点赞量呈负向相关，说明虽然疫情相关文章更能调动浏览者的情绪，成为残障者及其家属在社交时会讨论的一个话题，但非疫情相关文章与浏览者利益更相关，是浏览者对助残社会组织公众号的主要关注点。

（四）浏览者对信息的关注与反馈主要受优质信息数量的影响

由于在不同助残社会组织发布的信息中，浏览者对疫情相关信息与非疫情相关信息的关注倾向并不一致，课题组进一步探究这一差异产生的相关原因。课题组通过研究对疫情相关信息与非疫情相关信息的关注度差异设置了一个新变量——信息浏览偏好（Y1=更偏好浏览疫情相关信息，Y2=更偏好浏览非疫情相关信息），并选取助残社会组织建立时间、助残社会组织规模、助残社会组织公众号注册时间、助残社会组织创始人背景、观察期内信息发布量、原创信息发布量等一系列变量作为自变量，建立回归方程，结果显示，各类助残社会组织特征与浏览者的信息偏好相关性较弱（或呈显著相关，但相关因子过小），而与原创信息发布量（P=0.02，SD=3.21）这一指标有较强的相关性。课题组分析得出，助残社会组织所发布信息的原创度较高与助残社会组织有社交媒体管理专员（或团队）相关性较强（P=0.03<0.05，数据来源于本课题组，《2019年助残社会组织志愿服务管理专项调查》），通常该类信息的新颖性与专门性较强，多与助残社会组织活动相关。课题组进一步整理了信息浏览量及回馈量较高的助残社会组织名单，发现该类助残社会组织多有较高的媒体曝光度，部分助残社会组织创始人有社交媒体相关工作背景，如“大米”，而这类助残社会组织发布的文章信息质量较高。优质文章对浏览者有更大的吸引力，可以吸引读者持续关注相关平台的文章并自发为助残社会组织公众号推广，而在社交媒体方面建立的优势会吸引助残社会组织对社交媒体建设给予更大的投入，助残社会组织在社交媒体建设方面呈现一种马太效应。

第四章　助残社会组织与政府关系研究

残障群体是处于社会底层的弱势群体，他们对社会服务的需求有别于身体健全的一般公民。因此，助残服务需要政府与社会共同供给。公共部门应当为残疾人提供基础公共服务，社会组织应该着重满足残疾人的多样化和个性化需求。从社会模式的观点来看，残疾人问题是一个社会问题，这要求把提供更多服务的责任交给社会服务部门，政府部门和民办部门两者之间需要密切的合作。[①] 但是，助残社会组织与政府之间的关系仍然存在诸多问题，如两者关系转变不到位、政府刚性粗放扶持助残社会组织成长、社会组织发展行政化、政府与助残社会组织关系定位不明确、政府与助残社会组织职能衔接不到位等。这些问题对助残社会组织成长产生阻碍，不利于政府职能快速转变，不利于助残社会组织与政府之间建立良好的关系，影响了残疾人对社会服务的获得感和满意度。因此，必须重新梳理与界定助残社会组织与政府之间的关系。也就是说，助残社会组织和政府应该建立什么样的关系？助残社会组织如何有效地与政府展开合作才能满足残疾人的多元化、个性化需求？本文试图解答上述问题，尝试以合作治理的理论范式，解析当前助残社会组织与政府的关系，并就当前助残社会组织与政府之间的关系存在的问题提出调适方案，从而促进政府职能转变，提升助残社会组织的生存与发展能力，改善广大残疾人的生存态势。

---

① 〔英〕迈克尔·奥利弗、鲍勃·萨佩：《残疾人社会工作》，高巍、尹明译，中国人民大学出版社，2009，第1~8页。

第一节 引言

从理论意义的层面来看，当前，学者对于社会组织与政府之间的关系的研究，主要从宏观视角出发，分析政社关系的发展历程与发展方向。但是，对于助残社会组织与政府的关系，还缺乏专门的研究。而且，以往的研究重点在于对“应然”的研究，比较缺乏对“实然”的探讨。因此，本文的意义在于，从合作治理的理论视角出发，对助残社会组织与政府的关系进行深入研究，有助于补充助残社会组织与政府关系研究的成果；沿着实证分析的路径，解剖助残社会组织与政府关系存在的问题；以列联表的方法，分析助残社会组织与政府关系存在问题的原因；在合作治理理论的指导下，对助残社会组织与政府关系尝试性地提出调适方案。

就实践意义而言，主要包括：第一，有助于助残社会组织与政府形成良性关系。有效社会治理需要构建良性秩序，实现政府治理与社会自我管理的平衡。传统助残社会组织与政府关系主要体现为政社不分，这一模式已经难以满足国情世情的需要。新形势下，党中央对构建新型政社关系提出了要求。党的十九大报告明确提出，发挥助残社会组织作用，实现政府治理和助残社会组织服务的良性互动。党的二十大报告强调：“引导、支持有意愿有能力的企业、社会组织和个人积极参与公益慈善事业。”因此，对双方关系的研究，有助于助残社会组织与政府明确各自的关系定位，构建新型政社关系，实现政府与助残社会组织的合作共治和良性互动，使双方共同为残疾人提供精准化、多样化、个性化的社会服务。

第二，有助于激发社会活力，精准扶持和培育助残社会组织，促进助残社会组织的健康发展。助残社会组织发展壮大不是一蹴而就的，在初生阶段，政府对助残社会组织的扶持和培育至关重要。但是，现实中，很多助残社会组织离开了政府扶持就无法生存。除此之外，在社会治理新阶段，助残社会组织发展还面临许多问题，如：能力弱；资源获取途径少；数量虽多，质量较差；专业性不强，定位不清晰；发展结构不合理；等等。双方关系的明晰，可以转变合作路径，改进社会资源链接与供给路径，激发社会活力，构建助残社会组织发展的良好生态。

第三，有助于社会治理重心下移，拓宽残疾人公共参与的途径。从西方民主社会进程来看，社会治理重心下移关系到社会治理多元化和居民有效自治。社会治理重心下移的关键在于治理职能承接主体的培育，特别是基层社会组织的发展。国情世情深刻变化，国家治理范式不断革新，这要求社会力量主动承接政府“管不了、管不好、细微难管”的职能，同时要求公民更多地参与社会治理。助残社会组织作为残疾人有效参与公共活动的桥梁与纽带，对残疾人问题的解决有不可忽视的作用。政府为残疾人提供公共服务的职能，需要不断下沉至基层的助残社会组织，让更多残疾人通过助残社会组织表达利益诉求，进行公共活动参与。

一　政社关系模式研究

在古希腊罗马时期，社会组织这一称谓并未被正式提出，这一时期，西方学者往往从宏观层面出发，将社会组织囊括在社会里面，解读社会与政府的关系。最早的政社关系的研究可以追溯到古希腊罗马时期，亚里士多德在《政治学》开篇就提出，城邦就是一类社会团体，[①] 这是一种对国家与社会不加以区分的观点。在亚里士多德看来，个人、社会和政府是一体化的，社会因政府而存在。在政府和社会关系上，古希腊乃至古罗马时期的思想家普遍持有一元论的观点。[②] 中世纪，教会成为与政府抗衡的存在。在政府与教会二元主导的社会体制下，社会与政府日渐分化。马基雅维利在《君王论》中将国家具体化为非个人的实体，君王（政府）在统治时，要保持与民众的友好关系，并想方设法争取民众的支持。[③] 这意味着，国家与社会产生了分化，公众权利意识得到增强。

17 世纪以后，早期的自由主义者进一步将国家与社会加以区分。霍布斯在《利维坦》中肯定了“君权人授”这一提法，按照霍布斯的观点，政府与社会的权力按约建立。在对臣民的政治团体与私人团体进行分析时，霍布斯认为团体分为正式的和非正式的、合法的和非法的、政治的和私人

① 〔古希腊〕亚里士多德：《政治学》，商务印书馆，1965，第 3 页。

② 张澧生：《社会组织治理研究》，北京理工大学出版社，2015，第 22 页。

③ 〔意〕马基雅维利：《君王论》，徐继业译，光明日报出版社，1996，第 53～57 页。

的。这肯定了私人团体在政府主导的管理体制下的作用。[①] 潘恩从概念上对政府与社会进行了明确区分。潘恩认为，“好些人一开始就把社会和政府混为一谈，仿佛这两个概念彼此没有什么大的区别，或甚至于就没有区别，但实际上这二者不但不是一回事，甚至连起源都是不同的”。[②] 他对社会与政府在产生来源、产生目的、承担角色、对人态度、产生时间等方面加以具体区分。[③] 黑格尔在《法哲学原理》中，将市民社会作为一种与国家（政府）相区别的概念提出，本质上是将政府与社会进行了分离。[④]

近现代以来，非营利组织、第三部门等社会组织的称谓开始出现，西方学者逐渐开始关注社会组织与政府关系。奥斯本和盖布勒提出了“企业家政府”概念，认为政府应该“掌舵”而不应该“划桨”。政府的基本作用就是引导社会机构和组织健康发展。这可以减少政府开支、提高效率、满足社会和公众需要。[⑤] 登哈特夫妇认为，政府应该提供服务而不是“划桨”，政府应该为公民、团体、民选代表及包括其他机构在内的治理系统扮演关键角色，促进建立一种集体的、共同的公共利益观念。[⑥] 彼得斯在《政府未来的治理模式》中提出了“参与式国家”的政府治理模式，这种模式要求政府积极培育第三部门，并且指导这些部门符合共有社会的价值要求，解决社会问题。[⑦] 戈登·怀特指出，“公民社会的重要思想是：它是国家和家庭之间的一个中介性的社团领域，这一领域由同国家相分离的组织所占据，这些组织在同国家的关系上享有自主权并由社会成员自愿结合而形成以保护或增进他们的利益或价值”。[⑧] Young 运用经济学的

---

① 〔英〕霍布斯：《利维坦》，黎思复、黎廷弼译，商务印书馆，1985，第 173~175 页。

② 〔美〕托马斯·潘恩：《常识》，何实译，华夏出版社，2004，第 2 页。

③ 李海洋、唐若兰：《西方政府与社会关系理论的历史演变及其启示》，《四川行政学院学报》2014 年第 6 期。

④ 〔德〕黑格尔：《法哲学原理》，范扬、张企泰译，商务印书馆，1961，第 131~161 页。

⑤ 〔美〕戴维·奥斯本、特德·盖布勒：《改革政府：企业家精神如何改革着公共部门》，周敦仁等译，上海译文出版社，2006。

⑥ 〔美〕珍妮特·V. 登哈特、罗伯特·B. 登哈特：《新公共服务：服务，而不是掌舵》，丁煌译，中国人民大学出版社，2004。

⑦ 〔美〕B. 盖伊·彼得斯：《政府未来的治理模式》，吴爱明、夏宏图译，中国人民大学出版社，2001。

⑧ 戈登·怀特：《公民社会、民主化和发展：廓清分析的范围》，《民主化（英国）》1994 年第 1 期。

理论和范式描述了社会组织与政府关系，提出了三种类型的关系：补充型（Supplementary）、互补型（Complementary）和抗衡型（Adversarial）。[①] Ni和Zhan提出了“嵌入性政府控制”（Embedded Government Control）的概念，研究政府嵌入对慈善组织资金获取的影响。他们的研究认为，政府嵌入能使得社会组织在资金获取上处于有利位置，但是外部冲击（自然灾害、丑闻）等因素的影响，会削弱政府嵌入在帮助社会组织获取资金上的作用。[②] 公共政策制定者和社会组织领导人需要提高社会组织治理的质量和透明度，以使社会组织获得公众信任并得以持续发展。

对于我国社会组织与政府关系，部分学者采用历时态的方式开展研究。吴锦良认为，我国政府与社会组织关系经历了从纵向控制到横向互动的转变。传统的单位制是一种“国家—单位—个人”的纵向控制体制，单位制解体后，非政府组织异军突起，政府为良好的社会秩序提供保障，并推进社会自治，从而形成横向互动的关系。[③] 汪锦军认为，我国政府与社会组织关系经历了三个阶段：弱制度化协同、制度化协同和关联嵌入阶段。[④] 不同于此，吴辉将我国政府与社会组织关系经历的三个阶段划分为：第一个阶段，政府控制社会组织发展，国家政治权力对政治、经济、意识形态和一般社会生活实行全面控制和干预；第二个阶段，政府探索放松对社会组织管制，政府在第二次行政机构改革方案中提出了“转变政府职能”的目标，“政社分开”成为各级政府的要求；第三个阶段，政府推动社会组织走向自治，政府支持社会组织成长，不是通过简单地给钱、给物的方式，而是通过“孵化器”的建设，发展支持型社会组织，培育社会组织内部相互支持的力量。[⑤]

另外，我国学者引入西方的理论，对政社关系进行了本土化的研究。

---

① D. R. Young, “Alternative Models of Government-nonprofit Sector Relations: Theoretical and International Perspective,” *Nonprofit and Voluntary Sector Quarterly*29, (2000), p. 149-172.

② N. Ni, X. Y. Zhan, “Embedded Government Control and Nonprofit Revenue Growth,” *Public Administration Review*77, 5 (2017), p. 730-742.

③ 吴锦良：《政府与社会：从纵向控制到横向互动》，《浙江社会科学》2001年第4期。

④ 汪锦军：《公共服务中的政府与非营利组织合作：三种模式分析》，《中国行政管理》2009年第10期。

⑤ 吴辉：《政社关系的探索与前瞻》，《中国党政干部论坛》2013年第5期。

主要有以下三种模式。

民间社会模式。民间社会是国家与社会关系研究中最先流行的解释模式。按照《布莱克维尔政治学百科全书》的解释，民间社会是一种非政治领域中的规则制度，这种规则制度是在国家控制之外的。[①] 也就是说，民间社会的组成，包括正式组织和非正式组织（草根组织）。民间社会理论把社会组织当成社会的主体，人民通过社会组织行使社会管理的权利。[②] 俞可平研究了中国环境下的民间社会。他提出，民间社会是社会组织和民间关系的综合，也是民间公共领域。民间社会的组成要素是各种非政府、非营利组织。[③] 王名提出了我国民间社会发展道路的三种类型，分别为政治精英主导的威权诱导型、知识精英主导的民主倡导型和经济精英主导的财富推进型。[④]

法团主义模式。《布莱克维尔政治学百科全书》中这样描述了“社团主义”（即法团主义），“在两次世界大战之间，社团主义的概念曾长期与法西斯政权联系在一起，而在过去的10年里它又恢复了其在政治理论中的名誉。目前这一概念被广泛用于对民主和独裁社会中有组织的利益所做的研究，从而为根据利益集团介入公共决策过程的程度来对利益集团进行分析做出了重要贡献。它重新解释了自由主义理论中公共和私人领域的分野”。[⑤] 在中国环境下，法团主义对正确处理政府与社会组织关系具有推广价值。[⑥] 范明林认为，在法团主义理论视角下，我国社会组织与政府的互动关系的策略有“强控性”、“依附性”、“梯次性”和“策略性”四种类型。[⑦] 吴建平认为，法团主义可能不适合对于中国环境下政社关系的探讨，

---

① 〔英〕戴维·米勒、韦农·波格丹诺主编《布莱克维尔政治学百科全书》，邓正来译，中国政法大学出版社，1992，第174~176页。

② 〔法〕托克维尔：《论美国的民主》（全两卷），董果良译，商务印书馆，1988，第213~214页。

③ 俞可平：《中国公民社会：概念、分类与制度环境》，《中国社会科学》2006年第1期。

④ 王名：《走向公民社会——我国社会组织发展的历史及趋势》，《吉林大学社会科学学报》2009年第3期。

⑤ 张静：《法团主义及其与多元主义的主要分歧》，中国社会科学出版社，1998，第29页。

⑥ 向阳、陆春萍：《法团主义：社会组织发展的合理路径》，《北华大学学报》（社会科学版）2011年第2期；王新松：《国家法团主义：新加坡基层组织与社区治理的理论启示》，《清华大学学报》（哲学社会科学版）2015年第2期。

⑦ 范明林：《非政府组织与政府的互动关系——基于法团主义和市民社会视角的比较个案研究》，《社会学研究》2010年第3期。

即使20世纪90年代以后，我国的社会空间得到了扩展，社会群体日益活跃，但是并不能认为我国正走向法团主义，因为还缺乏社会组织基础。[①]

行政吸纳社会模式。行政吸纳社会模式是康晓光、韩恒提出的，他们认为，行政吸纳社会模式是一种社会领域，也是一种政社关系结构。行政吸纳社会模式是在“分类控制”体系建立的前提下提出的，这一模式认为，政府主要通过“限制”、“功能替代”和“优先满足强者利益”三种方式将社会组织的力量吸纳到政府体制之中。[②] 蒋金富使用行政吸纳社会的解释范式，以案例研究的方法，研究了行政吸纳社会的解释逻辑，他认为，国家进入社会使得国家有了社会属性，社会也有了国家烙印。[③] 杨君认为，行政吸纳社会模式在基层治理中正式登场，其价值与限度不应只是一种技术治理，更应体现社会公平的价值目标；不应只被当作一种政府管理体制，更应注重“参与式行动”治理；不应只注重基层社会的治理机制创新，还应大力推进基层治理的重大理论创新。[④] 作为一种解释范式，行政吸纳社会模式在我国政府与社会组织关系中的研究尚不多，但是对我国政社关系的解读有很大的参考价值。

还有学者从制度主义的视角研究政府与社会组织关系。这部分学者认为，双方良性关系的建构，是为了更好地促进经济体制改革，改变“全能政府”“保姆政府”对社会事务进行大包大揽的状态。而由于“政府失灵”和“市场失灵”，必须进行制度改革尝试，建设“小政府、大社会”“强政府、强社会”。[⑤] 王浦劬、萨拉蒙等认为，公共物品和公共服务供给应该多元化，企业、非政府组织和个人等社会主体成为“服务生产者”可

① 吴建平：《理解法团主义——兼论其在中国国家与社会关系研究中的适用性》，《社会学研究》2012年第1期。

② 康晓光、韩恒：《行政吸纳社会——当代中国大陆国家与社会关系再研究》，*Social Sciences in China*2007年第2期。

③ 蒋金富：《行政吸纳社会的实践逻辑——基于个案的描述和分析》，《天津行政学院学报》2012年第3期。

④ 杨君：《政府吸纳社会：城市基层治理社会化的新视角》，《城市发展研究》2017年第5期。

⑤ 陈天祥：《善治之道：政府怎样与第三方组织合作》，《人民论坛·学术前沿》2013年第17期；李长文：《我国非营利组织能力建设发展的历史回顾与思考》，《宁夏社会科学》2013年第4期。

以促进政府更好地履行责任，促进公共服务事业发展。[①] 王名、佟磊指出，当前，对于社会组织，政府不仅要提供资源支撑，还要进行监督和评估。[②] 马庆钰认为，“十三五”时期，官办社会组织要改革，准入制度也要不断调整。而且，应该落实税收支持制度、改进政府监管理念和方式、发挥党委和政府的领导作用。[③] 还有学者认为“公益创投”是一种扶持和培育社会组织发展的有效方式。[④]

综上所述，社会组织与政府关系研究有以下特点与不足。首先，社会组织与政府关系研究进展显著，还比较缺乏专门的关于助残社会组织与政府关系的研究。无论是西方还是中国的研究，大部分都是在社会组织这一宏观领域进行的，为社会组织与政府合作寻求合法性与合理性。但在服务领域细分程度加深，在进一步成长的背景下，助残社会组织如何处理好与政府的关系，仍旧缺乏较为深入的探索。专门研究助残社会组织与政府关系是必要的。其次，社会组织与政府关系的研究缺乏合作治理的视角。就我国的实际而言，社会组织与政府在扶残助残领域开展了大量合作，双方存在“实然”的合作。但经文献分析发现，西方学者构建了多种关于社会组织与政府关系的理论，国内学者尝试将西方理论应用于本土化研究，却缺乏对合作治理理论范式的解读。最后，在研究方法上，中西方学者对社会组织与政府关系的研究大多以定性研究为主，比较缺乏定量研究。在以往的实证研究中，多数采用了个案研究的方法，却鲜有沿着定量研究的路径对社会组织特别是助残社会组织与政府关系进行分析的。

---

① 王浦劬、〔美〕L. M. 萨拉蒙等：《政府向社会组织购买公共服务研究——中国与全球经验分析》，北京大学出版社，2010。

② 王名、佟磊：《清华 NGO 研究的观点与展望》，《中国行政管理》2003 年第 3 期。

③ 马庆钰：《“十三五”时期我国社会组织发展思路》，《中共中央党校学报》2015 年第 2 期。

④ 蔡琦海：《公益创投：培育非营利组织的新模式——以“上海社区公益创投大赛”为例》，《中国非营利评论》2011 年第 1 期；李健、唐娟：《政府参与公益创投：模式、机制与政策》，《公共管理与政策评论》2014 年第 1 期；郑钦：《公益创投：政府购买公共服务的新模式——以浙江宁波为例》，《领导科学》2017 年第 32 期。

二　合作治理视野下的政社关系

作为治理理论的一个分支，合作治理要求政府具备平衡能力，促进具有不同目标的社会主体通过建立公私伙伴关系，改变原有的“政府大包大揽”“一元政府”的治理格局，平衡不同社会主体的能力与资源，发挥它们在治理当中的作用。

合作治理理论的倡导者是 Gidron、Kramer、Salamon，他们提出了社会组织与政府的四种关系模式，即政府支配、第三部门支配、双方并存与合作。他们认为，合作模式是由社会组织和政府一起服务，一般而言，政府出钱，社会组织提供服务。他们用“伙伴关系”来形容社会组织和政府间的合作，他们指出社会组织与政府的合作越来越重要。几乎每个地方都存在公共部门和私人部门的混合作用以及广泛的公共部门和私人部门的合作。这种“伙伴关系”是公共部门和私人部门共同参与生产、提供物品和服务的安排，也是一种为改善社会状况而进行的正式合作。[①]

合作治理的基本前提是平等性、自主性和开放性。所谓合作是一种社会形态，在结果上会导致合作各方互惠互利以及社会整体利益的提升。合作具备充分开放性，不设置任何条件，不排除任何人和任何事。虽然在社会发展过程中，社会组织的快速发展也与政府进行社会治理存在一定冲突，甚至成为政府的困扰，但总体而言，社会组织与政府之间并非零和博弈，这恰恰增强了社会组织与政府合作的可能性。从治理的视角来看，“善治之道”在于政府要充分发挥市场、社会组织和公民在解决社会问题、提供公共服务、整合社会资源方面的作用。这要求政府在社会治理中具备开放性，鼓励和支持社会组织在“政府退出”的领域发挥价值。合作治理还要求政府在对待不同主体时充分转变“官僚化”“行政化”“命令化”的治理逻辑，为社会组织平等参与公共生活、提供公共服务创造更好的条件。参与治理活动的每一个治理主体都能够平等地在治理活动中发挥其应有的作用，对于关涉公共利益的每一项公共事务，都能够平等地发表意见

---

① B. Gidron, R. M. Kramer, L. M. Salamon, *Government and the Third Sector: Emerging Relationships in Welfare States* (New York: Jossey-Bass Inc Pub, 1992).

和积极地采取合作行动。社会治理体系的不断完善及治理过程的开放性持续增强使合作治理成为必然。此外，合作治理的前提是不同主体坚持自主性。这就要求社会组织排除外在影响因素，按照组织目标开展服务活动。在治理过程中，“政强社弱”是社会组织与政府合作的一个难以忽视的问题，其造成的结果是，社会组织难以有效表达公民诉求。社会组织的目标和使命之一就是帮助公民进行表达。社会组织是为其使命而存在的，使命和目标的存在是为了改善社会和每个人的生活状况。合作治理理论强调社会组织和政府在开展合作的过程中，要自主坚持目标、使命和价值。只有拥有强的自主性，才能实现有效的合作。

复合性是合作治理的重要特征，这种复合性是指合作主体之间的跨部门、跨专业、跨领域的复合，而并非简单的协作。这种复合包括主体的复合、管理的复合和工具的复合。主体的复合的合作者包括政府主体，也包括不同类型的社会组织；管理的复合主要强调政府管理能力提升、合同管理和社会/市场赋权；工具的复合是指分析工具的复合和行动工具的复合。

在合作治理过程中，政府要解决的是行政治理与外部需求之间的不匹配问题，将社会性的治理资源吸纳进来，丰富公共事务中的交互方式与认同方面，形成复合的治理结构和应对能力。合作治理要求政府改变传统的治理模式，转变“一元管理”模式，建立开放、平等的社会服务模式，将政府不擅长、不专业的管理领域交由社会承担，建立资源整合、信息共享机制和参与机制，引入竞争机制，发挥社会组织的积极作用。同时要求社会组织坚持自主性，将自身的能力和优势全面发挥，补充政府在服务上的不足。由此看来，合作治理理论对分析助残社会组织与政府关系，制定助残社会组织与政府间的调适策略是适用的，主要体现为以下三个方面。

其一，助残社会组织与政府的目标存在一致性，双方存在合作治理的空间。在社会治理过程中，政府力图发展社会经济，优化社会资源配置，为残疾人提供更优质的公共服务，提升公共利益，这是政府在发展残疾人事业中的基本目标。助残社会组织以扶残助残为己任，为处于社会底层的残疾人呐喊，同时提供更加多样化、精细化的服务。本质上而言，助残社会组织与政府都是为残疾人服务，力图解决残疾人问题，发展残疾人事业，双方在目标和使命上有共性，这使得双方达成合作成为可能。

其二，助残社会组织与政府存在功能契合，双方有天然的合作治理基础。实践表明，政府只能提供基本的福利保障和基础的公共服务，无法满足庞大残疾人群体的个性化、专业化和多样化需求。而助残社会组织在技术、能力、资源、专业等方面有其优势，可以为残疾人提供政府无法提供的服务。另外，政府在社会治理中会面临“政府失灵”的状况，需要与助残社会组织合作，加以应对。在合作的过程中，政府可以精简机构、转变职能、提高行政效率、降低行政成本，助残社会组织可以快速获得成长的资源。

其三，助残社会组织与政府可以优势互补，双方有必要的合作治理的条件。政府是社会的“元治理者”，在改善残疾人经济、社会、文化生活状况方面有不可替代的优势，可以有效聚合各类社会资源为残疾人服务。同时应该注意到，助残社会组织与残疾人有更加密切的联系，可以促进残疾人参与公共生活，有专业的人力资源。因此，助残社会组织与政府开展合作治理，可以实现优势互补、资源共享。

第二节　助残社会组织与政府关系的现状

一　助残社会组织与政府关系调查分析

（一）总体关系状况评价

数据表明，在接受调查的224家助残社会组织中，有52.68%认为自身与政府关系好或者非常好，其中有15家助残社会组织认为自身与政府关系非常好，有103家助残社会组织认为自身与政府关系好；有41.52%的助残社会组织表示自身与政府关系一般；有13家助残社会组织认为自身与政府关系差，所占比例为5.80%（见图4-1）。可见，助残社会组织与政府的合作关系水平还有进一步提升的空间。

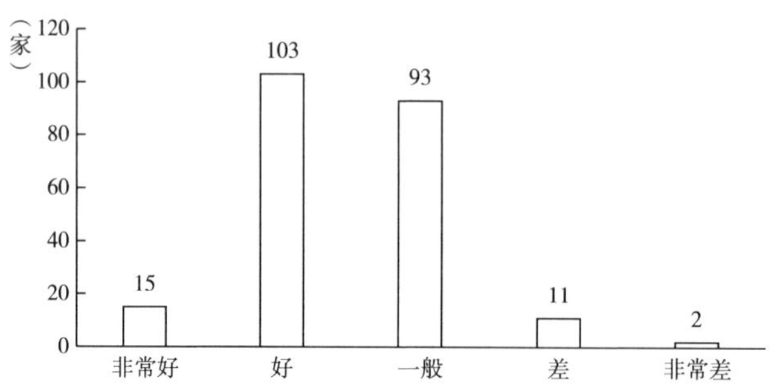

图 4-1　助残社会组织与政府关系

（二）政府对助残社会组织的支持度分析

资金、场地、人员、信息和宣传等方面的政府支持是一种双方合作的方式。分析结果显示，总体上助残社会组织获得政府各项支持的力度较小，未获得过政府各项支持的助残社会组织均占 58%以上，且在场地支持和宣传支持上，获得过该两项支持的均仅占 29.02%；获得政府资金支持的助残社会组织有 92 家，所占比例为 41.07%；获得政府人员支持的助残社会组织有 84 家，所占比例为 37.50%；有 87 家助残社会组织获得过政府信息支持，所占比例为 38.84%（见图 4-2）。

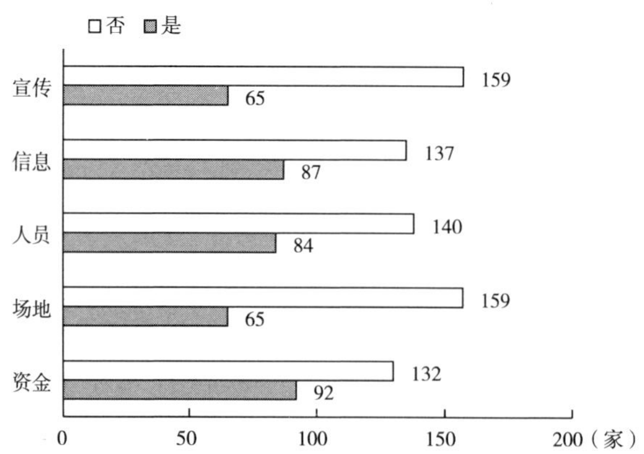

图 4-2　助残社会组织得到政府支持的情况

助残社会组织在日常运营中的自主性反映了其独立性。通过数据分析可知，25.40%的助残社会组织在日常运营中非常自主，62.70%的助残社会组织在日常运营中比较自主，10.10%的助残社会组织在日常运营中一般自主，1.30%的助残社会组织在日常运营中不太自主，日常运营非常不自主的助残社会组织仅占0.40%（见图4-3）。

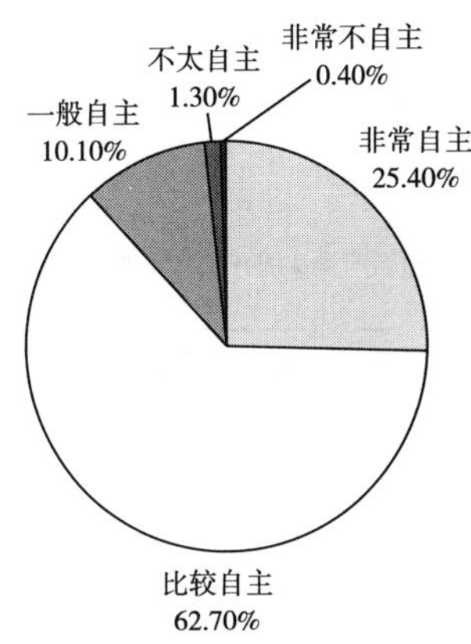

图4-3　助残社会组织在日常运营中的自主性情况

政府对助残社会组织的支持度直观地反映了双方的关系情况。分析结果显示，总体上各助残社会组织认为政府对自身支持度高。163家助残社会组织认为政府对自身是支持的，支持度为72.77%，仅有5家助残社会组织认为政府对自身是不支持的（见图4-4）。

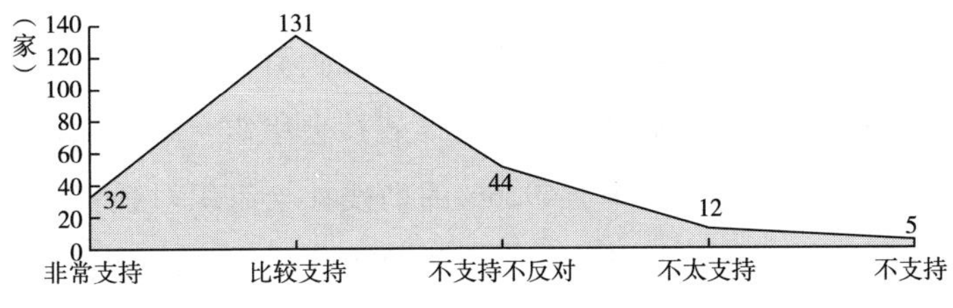

图4-4　政府对助残社会组织的支持度

政府购买服务项目经费收入以及政府补贴是多数助残社会组织的重要收入来源。其中，127家助残社会组织2015年经费来源中没有政府购买服务项目经费收入，144 家助残社会组织 2015 年没有政府补贴；2015 年政府购买服务项目经费收入和政府补贴在 10 万元以下的助残社会组织分别有 36 家和 44 家，在 10 万~30 万元的助残社会组织分别有 24 家和 21 家，在 30 万~60 万元的助残社会组织分别有 12 家和 8 家，在 60 万~100 万元的助残社会组织分别有 9 家和 6 家，政府购买服务项目经费收入在 100 万元以上的助残社会组织有 16 家，政府补贴在 100 万元以上的助残社会组织仅有 1 家（见图 4-5）。整体上看，享有政府补贴的助残社会组织数量较少，且补贴金额多数在 30 万元以下。

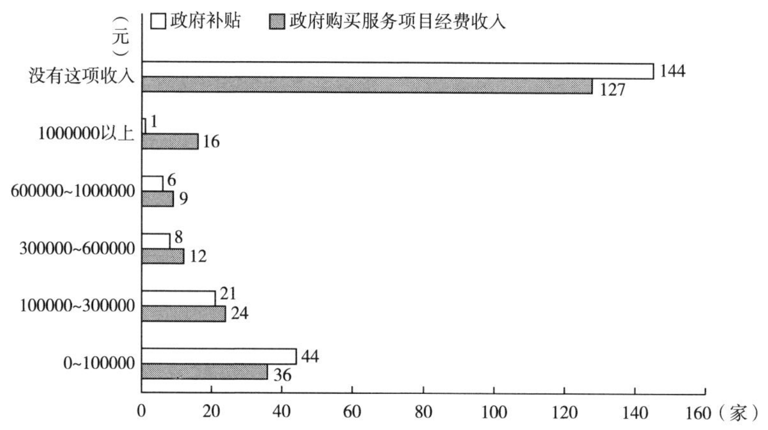

图 4-5　2015 年助残社会组织获得政府购买服务项目经费收入和政府补贴状况

（三）助残社会组织了解公共政策的程度

助残社会组织对公共政策的了解程度与是否有效利用公共政策促进自身发展息息相关。分析结果显示，多数助残社会组织对残疾人政策和社会组织政策了解程度较高。其中，49.6%的助残社会组织对残疾人政策比较了解，50.0%的助残社会组织对社会组织政策比较了解。分别有 24.4%和 31.0%的助残社会组织对相关政策一般了解，仅分别有 1.3%的家助残社会组织对残疾人政策和社会组织政策完全不了解（见图 4-6）。

在公共政策制定过程中，助残社会组织是否参与过相关政策起草活动能够在一定程度上表征其是否具有政策倡导经验。数据表明，助残社会组

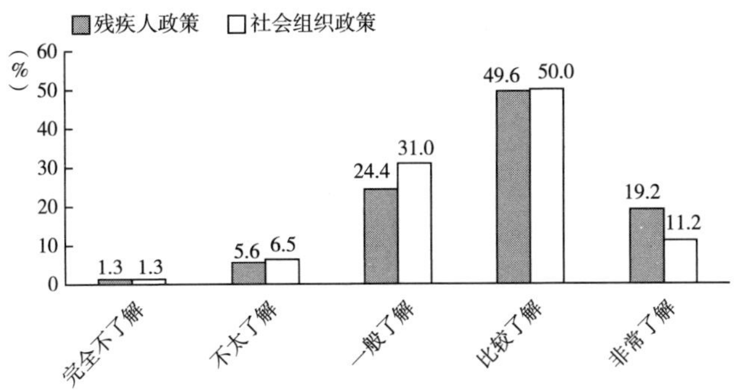

图 4-6　对相关政策的了解程度

织参加残疾人规章和政策起草、制定的活动较少。52 家助残社会组织曾被当地政府邀请参加残疾人规章和政策起草、制定的活动，所占比例为 23.21%；未参加过残疾人规章和政策起草、制定的活动的助残社会组织有 172 家，占比为 76.79%（见图 4-7）。

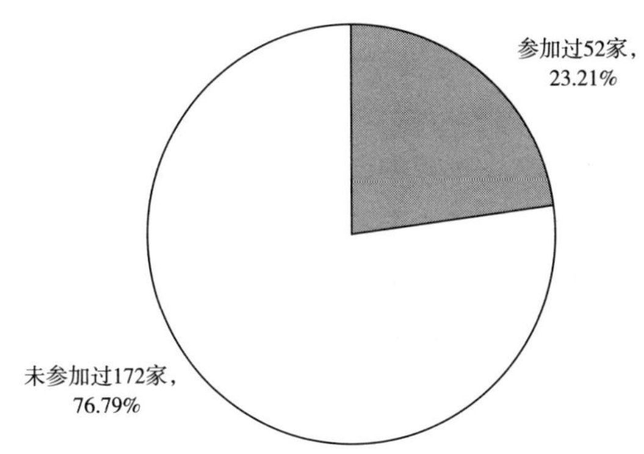

图 4-7　助残社会组织参加残疾人规章和政策起草、制定的活动情况

助残社会组织向政府所提的建议被采纳的情况反映了其在公共政策制定过程中的作用。分析结果显示，助残社会组织向政府及残联提建议的频率较高。有 29 家（占比 12.95%）助残社会组织经常向政府及残联提建议，有 135 家（占比 60.27%）助残社会组织有时向政府及残联提建议（见图 4-8）。然而，数据分析表明，在向政府及残联提的建议中，总体上被采纳的程度很低。仅有 1.4%的建议会被全部采纳；有 14.0%的建议会被大部分采纳；有 17.9%的建议被政府及残联半数采纳；有 66.7%的建议仅仅被政府及残联小部分采纳（见图 4-9）。

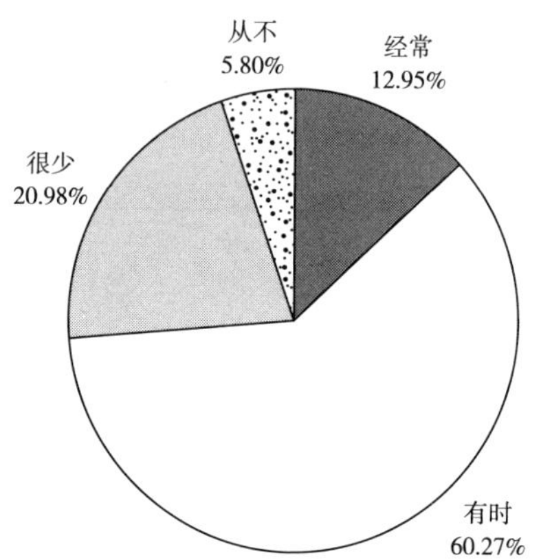

图 4-8　助残社会组织向政府及残联提建议情况

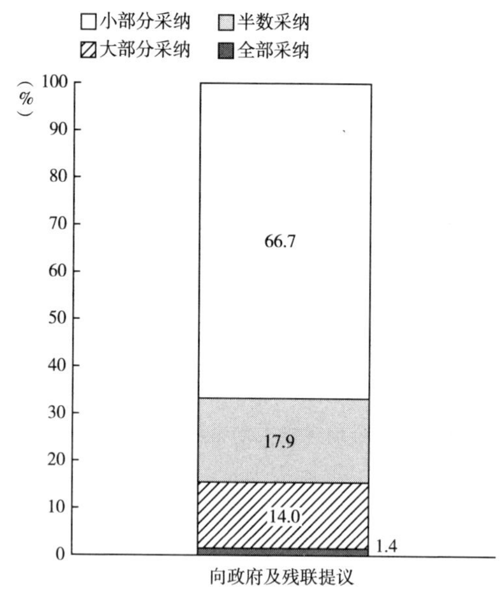

图 4-9　助残社会组织向政府及残联提的建议被采纳的情况

分析结果显示，有 148 家助残社会组织表示没有得到过政府政策的支持，仅有 76 家助残社会组织表示得到过政府政策的支持，所占比例为

33.93%（见图 4-10），这表明政府对助残社会组织政策的支持力度还有待提升。

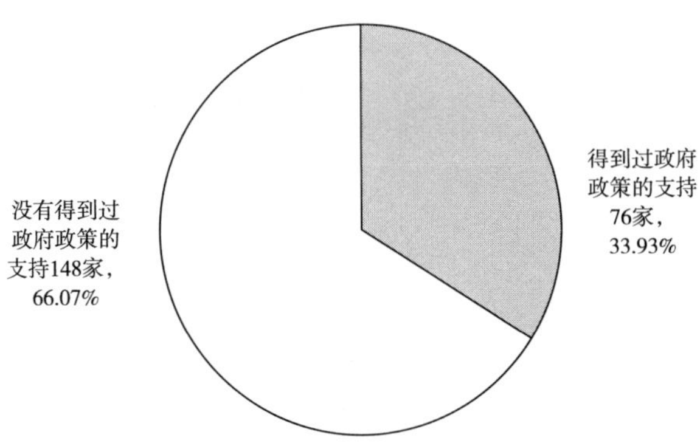

图 4-10　助残社会组织得到政府政策的支持情况

（四）助残社会组织与政府关系的密切程度

助残社会组织与政府关系的密切程度可以说明双方合作关系的深度。分析结果显示，助残社会组织与残联关系的密切程度高于其同民政部门以及卫生、教育部门关系的密切程度。50 家助残社会组织与残联的关系非常密切，103 家助残社会组织与残联的关系比较密切，助残社会组织与残联关系的密切程度为 68%；26 家助残社会组织与民政部门的关系非常密切，83 家助残社会组织与民政部门的关系比较密切，助残社会组织与民政部门关系的密切程度为 49%；9 家助残社会组织与卫生、教育部门的关系非常密切，44 家助残社会组织与卫生、教育部门的关系比较密切，助残社会组织与卫生、教育部门关系的密切程度仅为 24%，共有 92 家助残社会组织表示与卫生、教育部门的关系不太密切和非常不密切，所占比例为 41%（见图 4-11）。

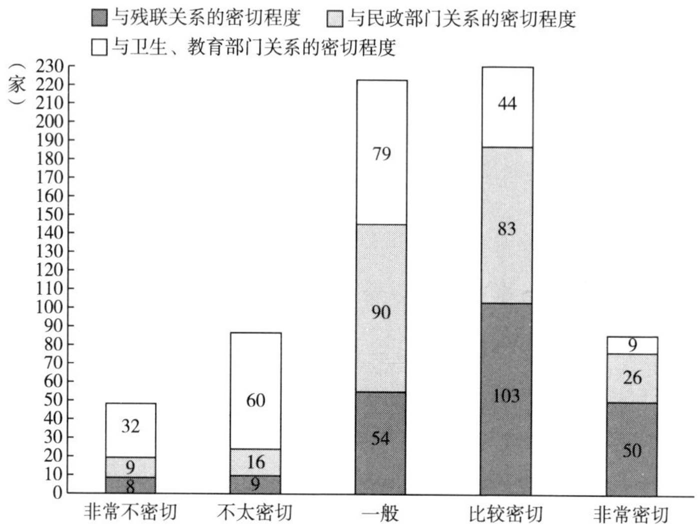

图 4-11　助残社会组织与政府部门关系的密切程度情况

二　助残社会组织与政府合作方式分析

助残社会组织与政府的关系是一种双向的关系。政府通过出台公共政策、配给资源，对助残社会组织进行扶持培育，并与其开展项目合作。同时，助残社会组织通过政策参与的方式，影响政府政策的制定（见图4-12）。在此过程中，双方形成并建立起良好的合作关系。

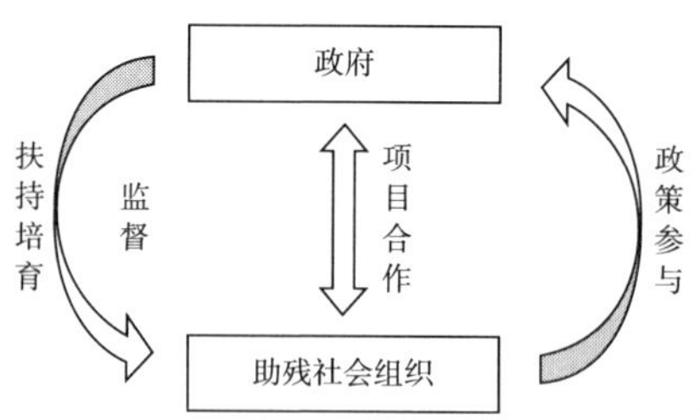

图 4-12　助残社会组织与政府建立合作关系的方式

（一）政府对助残社会组织的扶持培育

我国助残社会组织发展时间比较短，能力还不强。如果说政府在目前对助残社会组织的支持很重要，那么其对早期助残社会组织的支持更加重要。[①] 从合作治理的角度来看，政府通过扶持培育的方式，与助残社会组织建立合作关系。

一方面，孵化培育是双方建立合作关系的渠道。彼得斯认为，政府改革的一个路径就是不断培育和建立社会组织。[②] 我国助残社会组织的发展还存在数量不多、规模不大的问题，因此，助残社会组织若要与政府开展更好的合作，就必须增加组织数量，扩大组织规模。按照服务型政府的理念，政府不仅要为广大公民群体提供服务，还要为组织提供服务。因此，政府通过孵化培育为助残社会组织提供更好的服务。《“十三五”加快残疾人小康进程规划纲要》就明确要求，“积极培育扶持助残社会组织健康发展，支持引导其开展助残活动”。[③] 在实践中，各级地方政府也要打造社会组织孵化器，促进社会组织发展。

另一方面，政府通过提供资金、场地、人员、信息、宣传等扶持助残社会组织发展。资金、场地、人员、信息、宣传等资源是助残社会组织发展的重要因素，也是助残社会组织在发展过程中欠缺的重要内容。我国政府正努力改善政策环境，利用政策优势为助残社会组织提供发展资源。例如，《关于促进助残社会组织发展的指导意见》就系统性地指明了如何整合资金、场地、人员、信息、宣传等资源，扶持助残社会组织发展。调查数据显示，将近50%的助残社会组织获得过政府的扶持。在访谈过程中，有组织负责人谈论道：

在我们组织这么久的运转中，政府购买（公共）服务的资金大概

---

① 〔美〕莱斯特·M. 萨拉蒙：《公共服务中的伙伴——现代福利国家中政府与非营利组织的关系》，田凯译，商务印书馆，2008，第90页。

② 〔美〕B. 盖伊·彼得斯：《政府未来的治理模式》，吴爱明、夏宏图译，中国人民大学出版社，2001，第72页。

③ 《国务院关于印发“十三五”加快残疾人小康进程规划纲要的通知》，2016年8月17日，中国政府网，http://www.gov.cn/zhengce/content/2016-08/17/content_5100132.htm。

能占一半吧。初创型的组织能找到政府支持已经很不错了，如果找不到政府支持就更难了。因为小组织没有资源，所以政府应该思考怎么去扶持，在哪些方面去扶持，其实我觉得政府应该在社会组织成立之初严格地筛选和把握，不能在审核完了之后就不管了（访谈编号：20151206QL）。①

因此，政府对助残社会组织的扶持培育非常重要，关乎助残社会组织能否健康成长。但是另一个方面也说明了，助残社会组织生长发育迟缓，自我造血、独立生存的能力比较弱。助残社会组织的成长离不开政府支持，尤其是对于刚成立的助残社会组织而言，政府资金、场地、人员的支持为组织发展提供了极大的帮助。②

（二）政府对助残社会组织的监督管理

政府不仅对助残社会组织的扶持培育负有责任，还对助残社会组织负有监督管理的责任。很多学者认为，社会组织的快速成长具有两面性，一方面可以弥补政府在社会治理中的缺位，另一方面可以影响社会治理的质量与效率的提升。因此，政府需要对助残社会组织的发展进行监督管理，这也是政府与助残社会组织的关系形态。这种关系形态主要体现为以下几个方面。

第一，多主体监管。政府对助残社会组织的监管一般采取“双重管理”的方式，民政部门负责登记管理，残联负责业务指导。但是，由于助残社会组织的服务人群涉及幼儿、青少年、中老年等不同人群，服务内容具有多样化特征，助残社会组织的监管主体也具有多样性，社会保障、教育、卫生、医疗等政府部门也对助残社会组织负有监管责任。

第二，法律监管与行政监管并举。从监管的方式上来看，公共部门对助残社会组织的监管主要采取法律监管与行政监管的方式。一方面，国家通过完善助残社会组织的相关法律法规，优化助残社会组织发展的法律环

---

① 资料来源：访谈记录。

② 乔东平等：《政府与社会组织的合作：模式、机制和策略》，华夏出版社，2015，第70页。

境，《慈善法》的出台，为助残社会组织的行动提供了更高层次的法律环境。另一方面，各级行政部门通过出台各类政策，充分调动社会参与的积极性，共同推进助残社会组织的行政监管。

（三）助残社会组织与政府开展项目合作

开展服务项目是助残社会组织为残疾人提供服务的重要方式，也是其与政府开展合作的具体形式。就我国的实际情况而言，政府通常以购买公共服务的方式与助残社会组织进行项目上的合作。政府向社会组织购买公共服务是指政府将原本的直接供给服务，变为使用经费购买服务，由社会组织供给服务。我国出台了较多购买助残服务的相关政策文件，财政部和民政部等部门于 2014 年颁布的《关于做好政府购买残疾人服务试点工作的意见》（财社〔2014〕13 号）就以政策形式规范了购买残疾人服务的购买者、承接者、指导目录、服务标准、资金保障、监管机制和绩效评价等内容。[①] 随后，中国残联办公厅印发了《政府购买残疾人服务试点工作实施方案》（残联厅发〔2014〕47 号），细化了购买残疾人服务的相关内容。[②] 由此看来，助残社会组织与政府开展项目合作具有政策基础，具备较为良好的政策环境。从实践层面来看，助残社会组织与政府在康复、医疗、教育、权益保障等方面开展多层次合作，推动了双方关系的加深。在定性调查中，关于助残社会组织与政府开展合作项目的情况，负责人这样说：

> 我前期刚好整理了 2015 年到现在的一个项目（状况），有十几个（项目）吧，政府购买（公共服务）的有 7 个，然后有一些是基金会（资助）的，还有一些是短期的跟政府合作的（访谈编号：20151128LY）。[③]

---

① 《做好政府购买残疾人服务试点意见》，中国政府网，2014 年 4 月 30 日，http：//www.gov.cn/xinwen/2014-04/30/content_2669118.htm。

② 《关于印发〈政府购买残疾人服务试点工作实施方案〉的通知〔残联厅发［2014］47 号〕》，阳光鹿童康复中心网站，2014 年 9 月 9 日，http：//www.deerkids.com/2014/0909/2144.shtml。

③ 资料来源：访谈记录。

由此看来，在助残社会组织与政府开展合作的方式中，合作开展项目的方式较为普遍。这种合作方式充分发挥了助残社会组织和政府的作用，整合了社会资源，是一种更加高效、更加优质的合作方式。

（四）助残社会组织进行政策参与

助残社会组织除了为残疾人提供服务，还为残疾人表达利益诉求、帮助残疾人进行公共参与。助残社会组织进行政策参与的过程也成为其与政府合作的一种方式。政府通常采用单向的、自下而上的政策制定方式，这种方式有可能导致政策制定与实际状况脱节，导致政策无法落地。公共参与提供了改革途径，但是对于社会底层的残疾人而言，他们受制于身体因素和社会因素，“平等参与社会生活还面临不少困难和障碍”。[①] 助残社会组织想要更好地为残疾人表达利益诉求，参与政府的政策议程是必要的。

助残社会组织主要通过政策倡导的方式进行政策参与。就现实状况而言，助残社会组织的参与方式可以分为主动参与和被动参与，也可以分为正式参与和非正式参与。一方面，助残社会组织主动就某个残疾人问题或残疾人政策向政府提出建议，这是主动参与。助残社会组织被政府以通知、命令的方式，邀请参加关于残疾人问题或残疾人政策的座谈会、听证会等，这是被动参与。另一方面，助残社会组织以书面、官方座谈的方式正式向政府提出政策建议，这属于正式参与。而助残社会组织成员与政府官员通过私人途径或非正式渠道，以口头的方式提出政策建议，这属于非正式参与。

就调查数据的分析结果来看，助残社会组织对政府的政策熟悉度总体上较高。只有对政策有深度的了解，才能更好地利用政策获取资源，并提出相关的建议，进行政策参与。而助残社会组织参与政策制定过程的数据显示，超70%的助残社会组织会经常或有时向政府和残联提建议，还有部分助残社会组织曾被当地政府邀请参加关于残疾人规章和政策的起草、制定活动，这说明助残社会组织具有政策参与意愿和经验。

---

① 《国务院关于印发“十三五”加快残疾人小康进程规划纲要的通知》，中国政府网，2016年8月17日，http：//www.gov.cn/zhengce/content/2016-08/17/content_5100132.htm。

第三节　助残社会组织与政府关系的影响因素

一　助残社会组织层面的影响因素分析

从合作治理理论的视角来看，助残社会组织与政府的合作关系是一种平等、开放、互惠的关系。这种合作关系的达成，受助残社会组织能力的影响，因此，必须从助残社会组织的内部层面分析影响因素。

（一）身份合法性对双方关系的影响

作为承担公共责任的组织，助残社会组织开展活动在受法律约束与监管的同时，也被法律赋予享受优惠政策的合法权利。[①] 在我国，助残社会组织身份的合法性确认通常以是否登记注册作为基本依据。这种合法性的认同涉及政府对助残社会组织的看法，从而影响双方的关系。课题组运用列联表分析的方法，检验了这一观点。由表 4-1 可知，身份合法性与双方关系相关（$P<0.05$）。

"双重管理"是政府对社会组织一贯的管理方式，即由民政部门负责登记管理，业务部门负责业务指导。这种管理机制具有一定的弊端。助残社会组织创办早期，通常以草根社会组织的形式呈现，创办者多数是残疾人亲友，成立的缘起是政府无法提供满足需求的公共服务。草根社会组织是指未在民政部门登记注册获得合法身份却从事非营利性、公益性、志愿性事务的组织。[②] 在这一阶段，助残社会组织无法获得官方的合法身份，缺乏政府的信任，这对双方合作关系的建立产生了阻碍。随着不断发展壮大，能力逐渐提升，助残社会组织开始寻求获得合法身份/主体资助残社会组织开始寻求获得合法身份或主体资格，并在残疾人服务领域与政府形成互补，与政府之间建立了信任，关系向好发展。与政府合作时，助残社会组织的能力是决定其能否获得政府支持以及影响合作开展的最重要因素，政府只有看到助

① 王名编著《非营利组织管理概论》（修订版），中国人民大学出版社，2010，第 64 页。

② 孙柏瑛等：《社会管理新机制》，国家行政学院出版社，2015，第 181 页。

残社会组织的能力，才会相信该组织是可以共事的伙伴。[①] 因此，无论是从助残社会组织生命历程还是从合作治理理论来看，助残社会组织是否具有合法身份影响着其与政府的关系。助残社会组织与政府的这种合作关系有待加深，是因为助残社会组织还处于生长发育阶段，能力比较弱，政府需要花费大量的时间和精力，给予更多的资源直接扶持其发展。当前，仍有部分助残社会组织还在寻求合法身份，这不利于政社关系的良性发展。

表 4-1　身份合法性与双方关系的相关性分析（$n=224$）

类别	值	自由度	渐近显著性（双向）
皮尔逊卡方	12.185[a]	4	0.016
似然比（L）	10.210	4	0.140
线性关联	0.980	1	0.322

注：a. 4 个单元格（40.0%），具有的预期计数少于 5。最小预期计数为 0.09。
资料来源：本课题组，《2016 年助残社会组织基本运行情况抽样调查》。

（二）管理层构成对双方关系的影响

管理层负责助残社会组织工作的具体决议，包括管理组织的项目、财务、行政、资源开发、对外联络、宣传推广以及人力资源开发等。[②] 毫无疑问，管理层对助残社会组织的发展有重要影响，也对助残社会组织与政府关系有一定影响。根据对助残社会组织基本状况的调查可知，部分助残社会组织的管理层中有现任政府官员和曾任政府官员，这部分助残社会组织与政府合作更具有优势。从表 4-2 和表 4-3 可知，管理层中有无现任或曾任政府官员，与双方关系具有相关性。作为资源拥有方，政府决定是否与助残社会组织开展合作，而组织间的个人信任占据关键地位。[③] 从合作治理理论角度来看，信任在任何合作关系中都是至关重要的。信任的缺乏，是助残社会组织与政府之间难以形成合作机制的重

① 康晓光等：《NGO 与政府合作策略》，社会科学文献出版社，2010，第 80 页。
② 马庆钰：《中国非政府组织发展与管理》，国家行政学院出版社，2007，第 295 页。
③ 郭圣莉、唐鑫、王玮：《人际信任：草根 NGO 与政府合作的核心要素研究——基于温州的实证分析》，《理论探讨》2017 年第 4 期。

要原因。[①] 管理层含有现任政府官员的助残社会组织，其在与政府开展合作的过程中，可以获得更高的私人资本，获取更多的个人信任。但是，在当前助残社会组织的管理层中，仅有少部分含有现任政府官员或曾任政府官员，这不利于助残社会组织获取更高的私人资本和更多的政府信任。就现阶段而言，这对助残社会组织与政府关系产生了较为不利的影响。但是从长期来看，助残社会组织若想获得政府信任，必须优化管理层结构，提升组织能力，不能仅依靠私人关系获取更多的合作。

表 4-2　管理层中含现任政府官员与双方关系的相关性分析

类别	值	自由度	渐近显著性（双向）
皮尔逊卡方	14.017[a]	4	0.016
似然比（L）	12.290	4	0.140
线性关联	10.733	1	0.322

注：a. 5 个单元格（50.0%）具有的预期计数少于 5。最小预期计数为 0.07。

资料来源：本课题组，《2016 年助残社会组织基本运行情况抽样调查》。

表 4-3　管理层中含曾任政府官员与双方关系的相关性分析

类别	值	自由度	渐近显著性（双向）
皮尔逊卡方	9.762[a]	4	0.045
似然比（L）	9.494	4	0.050
线性关联	8.240	1	0.004

注：a. 5 个单元格（50.0%）具有的预期计数少于 5。最小预期计数为 0.06。

资料来源：本课题组，《2016 年助残社会组织基本运行情况抽样调查》。

（三）员工素质对双方关系的影响

员工不仅仅是助残社会组织的重要人力资源，也是助残社会组织实际工作的承担者。员工的素质对助残社会组织发展具有不可忽视的作用。员工的学历状况是其文化教育素质的体现。人力资源的文化教育素质也称人力资源的文化水平，通常指受教育程度与文化水平的高低。[②] 课题组使用

① 汪锦军：《走向合作治理：政府与非营利组织合作的条件、模式和路径》，浙江大学出版社，2012，第 66 页。

② 文献良、文峰：《人力资源管理社会学》，四川人民出版社，2008，第 125 页。

员工的受教育程度测量员工的文化教育素质。由表 4-4 可知，员工学历与双方关系具有相关性。从合作治理理论角度来看，助残社会组织能否与政府建立良好的关系受到其内部治理能力和治理结构的影响。但正如德鲁克所言，“组织的一切活动都是靠人完成的”。[①] 组织内部治理能力的提升和治理结构的塑造，都与组织员工息息相关。另外，托马斯曾言，合作关系建立的前提条件是政府的认可。[②] 助残社会组织员工的素质越高，该组织越容易获得政府认可，越容易获得政府信任，从而促进双方关系的改善。当前，47.39%的助残社会组织拥有的大专及以上学历的员工人数不足 10 人，这不利于助残社会组织与政府进行良性互动。

表 4-4　员工学历与双方关系的相关性分析

		双方关系程度	大专以上员工人数
与政府的关系	皮尔逊卡方相关性	1	0.028
	显著性（双尾）	—	0.039
	n	224	224
大专以上员工人数	皮尔逊卡方相关性	0.028	1
	显著性（双尾）	0.039	—
	n	224	224

资料来源：本课题组，《2016 年助残社会组织基本运行情况抽样调查》。

（四）使命和目标对双方关系的影响

一个组织的使命乃是其命脉所在。有了明确界定的使命，才会有明确界定的目标。[③] 助残社会组织的使命和目标的完成和实现程度，可以说明该组织完成使命和实现目标的能力，也在一定程度上反映了该组织完成使命和实现目标的自主性。由表 4-5 可知，使命和目标的完成和实现程度与双方关系的相关性的 P 值为 0.000，说明使命和目标的完成和实现程度与双方关系相关。

① 〔美〕彼得·德鲁克：《非营利组织的管理》（珍藏版），吴振阳等译，机械工业出版社，2009，第 112 页。

② 〔美〕约翰·克莱顿·托马斯：《公共决策中的公民参与》，孙柏瑛等译，中国人民大学出版社，2010，第 89 页。

③ 〔美〕詹姆斯·P. 盖勒特：《非营利组织管理》，邓国胜等译，2012，第 11 页。

表 4-5 使命和目标的完成和实现程度与双方关系的相关性分析（$n=224$）

类别	值	自由度	渐近显著性（双向）
皮尔逊卡方	126.802[a]	12	0.000
似然比（L）	91.295	12	0.000
线性关联	43.944	1	0.000

注：a. 11 个单元格（55.0%）具有的预期计数少于 5。最小预期计数为 0.02。

资料来源：本课题组，《2016 年助残社会组织基本运行情况抽样调查》。

一方面，助残社会组织的能力通过使命和目标的完成和实现程度来体现，而合作治理理论认为，助残社会组织的能力是影响双方合作关系的最重要因素。合作始于需求，助残社会组织的使命和目标是满足残疾人的具体需求，为残疾人提供服务。在进行社会治理时，政府在为残疾人提供多样化、个性化和专业化服务时存在“缺位”或“不到位”的情况，但是助残社会组织具备解决政府在为残疾人服务时存在的“缺位”问题的能力。因此，使命和目标的完成和实现程度越高，助残社会组织与政府的关系越好。

另一方面，使命和目标的完成和实现程度反映了助残社会组织的自主性，能否完成和实现使命和目标受制于助残社会组织成员能否自主付出努力。助残社会组织与政府开展合作治理工作，要充分坚持自主性，不设置限制条件。

（五）政策参与能力对双方关系的影响

政策参与是助残社会组织与政府进行合作的重要方式。经过相关性分析发现，助残社会组织对政策的了解度影响了双方关系，其中对助残政策了解度（见表 4-6）和社会组织政策了解度（见表 4-7）分别与双方关系具有相关性。助残社会组织是残疾人进行公共参与的重要渠道，助残社会组织通过提建议的方式为残疾人表达利益诉求，并影响公共政策的制定和实施。这种参与为政府进行政治、经济、社会体制改革提供了“自下而上”的方案。助残社会组织进行政策参与不仅是一个被动行为，还是一个主动行为。而助残社会组织主动还是被动参与公共政策的制定和实施过程，取决于其政策参与意识的强弱。助残社会组织的政策参与意识越强，参与积极性就越强。调查数据表明，绝大部分助残社会组织仅仅是有时进行政策参与。只有进行更多的参与，才能促使政府就残疾人问题及其相关政策进行更多回应。但是，就实际状况而言，助残社会组织提的建议被政府采纳的概率还比较小，这主要是因为助残社会组织的能力还比较弱，在地位上无法与政府相匹配，导致了其提的建议被采纳的程度不高，影响了双方的平等沟通、对话与协商等。助残社会组织只有拥有较强的政策参与能力，才能与政府产生利益交叉点，其提的建议才更容易被采纳。利益交叉点的产生使得合作治理成为可能。助残社会组织政策参与能力不强的现实情况阻碍了政社双方合作关系的发展。

表 4-6　助残政策了解度与双方关系的相关性分析（$n=224$）

类别	值	自由度	渐近显著性（双向）
皮尔逊卡方	39.824[a]	16	0.001
似然比（L）	31.066	16	0.013
线性关联	13.432	1	0.000

注：a. 17 个单元格（68.0%）具有的预期计数少于 5。最小预期计数为 0.01。
资料来源：本课题组，《2016 年助残社会组织基本运行情况抽样调查》。

表 4-7　社会组织政策了解度与双方关系的相关性分析（$n=224$）

类别	值	自由度	渐近显著性（双向）
皮尔逊卡方	33.228[a]	16	0.007
似然比（L）	25.787	16	0.057
线性关联	8.945	1	0.003

注：a. 17 个单元格（68.0%）具有的预期计数少于 5。最小预期计数为 0.01。
资料来源：本课题组，《2016 年助残社会组织基本运行情况抽样调查》。

表 4-8　政策建议被采纳度与双方关系的相关性分析（$n=224$）

类别	值	自由度	渐近显著性（双向）
皮尔逊卡方	27.659[a]	9	0.001
似然比（L）	26.807	9	0.052
线性关联	13.197	1	0.000

注：a. 9 个单元格（56.3%）具有的预期计数少于 5。最小预期计数为 0.10。
资料来源：本课题组，《2016 年助残社会组织基本运行情况抽样调查》。

二　政府层面的因素分析

助残社会组织与政府关系是一种动态的双向关系。助残社会组织与政府开展合作，不仅要求助残社会组织拥有较强的积极性，还要求政府对助残社会组织的合作意向进行回应。

（一）政府扶持力度对双方关系的影响

政府对助残社会组织进行扶持是双方进行合作的方式。由表 4-9 可知，政府扶持力度与助残社会组织目标实现度是具有相关性的。在政府扶持上，助残社会组织获得的扶持越多，双方关系越好。但同时，这说明当前政府对助残社会组织的扶持方式和扶持力度阻碍了助残社会组织与政府合作关系的改善。

表 4-9　政府扶持力度与助残社会组织目标实现度的相关性分析（*n*＝224）

类别	值	自由度	渐近显著性（双向）
皮尔逊卡方	43.239[a]	12	0.000
似然比（L）	34.954	12	0.000
线性关联	18.142	1	0.000

注：a. 12 个单元格（60.0%）具有的预期计数少于 5。最小预期计数为 0.09。
资料来源：本课题组，《2016 年助残社会组织基本运行情况抽样调查》。

一方面，政府的扶持体现了双方地位的不平等。政府是资源的拥有者，政府给予更多的资源供给可以调动助残社会组织的服务功能性。但也正是因为政府拥有大量的资源，这种资源配给的权力使得助残社会组织处于弱势地位，造成了双方地位的不平等，从而影响了双方的关系。从合作治理理论角度来看，助残社会组织平等参与社会治理过程，才能实现“善治”。另一方面，政府对助残社会组织的扶持力度不大。就现阶段而言，助残社会组织获得的政府支持还不够多，这使得助残社会组织与政府合作关系的建立存在难题。

（二）与政府部门联系紧密度对双方关系的影响

在政府与助残社会组织的合作中，无论是在权力上还是在资源上，政府始终处于主导地位。因此，助残社会组织能否与政府进行良性合作，更多地受到政府的主导和支配。良性合作能够促进助残社会组织目标的实现，从而促进助残社会组织发展。也就是说，助残社会组织与政府的联系是否紧密，会对组织目标的实现产生影响。故此，课题组加入了与政府联系紧密度的变量，试图探究与政府联系紧密度对双方合作关系的影响。

由表 4-10 可知，与民政部门联系紧密度与组织目标实现度具有相关性。民政部门是助残社会组织的登记主管单位，助残社会组织在寻求身份的合法性时，必须经过民政部门的批准，在此过程中，民政部门要具有较强的合作意识。由表 4-11 可知，与残联联系紧密度与组织目标实现度具有相关性。在现实中，残联作为助残社会组织的业务指导单位，与助残社会组织建立了更加良好的关系。残联还肩负着广大残疾人群体的基本社会保障、教育、医疗、住房、辅具、扶贫、无障碍建设、权益保障的使命，在服务供给中，与助残社会组织进行了较为良好的合作，因此助残社会组织与残联联系紧密度与其目标实现度是有关联的。

但是，从表 4-12 中可知，助残社会组织的目标实现度和其与教育、卫生部门联系紧密度没有相关性。从制度安排上来看，教育、卫生部门并非助残社会组织的业务指导单位，因此双方并没有产生过多联系，也就无法形成良好的合作关系。但是，从职能上来看，助残社会组织也需要为残疾人提供特殊教育、康复、医疗等方面的服务，这可以解决教育、卫生部门在服务职能上可能存在的“缺位”或“不到位”的问题，因此，双方应当加强联系，建立更加良性的合作关系。

表 4-10　与民政部门联系紧密度与组织目标实现度的相关性分析（$n=224$）

类别	值	自由度	渐近显著性（双向）
皮尔逊卡方	23.584[a]	12	0.023
似然比（L）	26.824	12	0.008
线性关联	9.688	1	0.002

注：a. 10 个单元格（50.0%）具有的预期计数少于 5。最小预期计数为 0.18。

资料来源：本课题组，《2016 年助残社会组织基本运行情况抽样调查》。

表 4-11　与残联联系紧密度与组织目标实现度的相关性分析（$n = 224$）

类别	值	自由度	渐近显著性（双向）
皮尔逊卡方	26.878[a]	12	0.008
似然比（L）	26.899	12	0.008
线性关联	4.674	1	0.031

注：a.12 个单元格（60.0%）具有的预期计数少于 5。最小预期计数为 0.14。
资料来源：本课题组，《2016 年助残社会组织基本运行情况抽样调查》。

表 4-12　与教育、卫生部门联系紧密度与组织目标实现度的相关性分析（$n = 224$）

类别	值	自由度	渐近显著性（双向）
皮尔逊卡方	15.607[a]	12	0.210
似然比（L）	14.876	12	0.248
线性关联	6.499	1	0.011

注：a.9 个单元格（45.0%）具有的预期计数少于 5。最小预期计数为 0.16。
资料来源：本课题组，《2016 年助残社会组织基本运行情况抽样调查》。

三　社交媒体层面的影响因素分析

社交媒体环境下，助残社会组织与政府合作的沟通方式、交流方式发生了改变，越来越多的助残社会组织开始尝试使用社交媒体提高与政府合作的效率。从注意力理论来看，助残社会组织使用社交媒体可以获得更多的公众支持和政府支持，这在一定程度上可以使其与政府有更多合作的可能，让政府更加了解其能力与专业性。但是，研究结果显示，助残社会组织使用 QQ 群、微博、微信（群）、微信公众号以及 App 客户端对于与政府合作的关系并没有显著影响（见表4-13至表 4-17）。这从侧面反映了助残社会组织使用社交媒体的能力还不够强，无法形成对于与政府合作的正向影响。

表 4-13 助残社会组织使用 QQ 群的频率对双方关系的影响

			与政府的关系	使用 QQ 群的频率
斯皮尔曼 Rho	与政府的关系	相关性 显著性（双尾） n	1 — 224	0.090 0.180 224
	使用 QQ 群的频率	相关性 显著性（双尾） n	0.090 0.180 224	1 — 224

资料来源：本课题组，《2016 年助残社会组织基本运行情况抽样调查》。

表 4-14 助残社会组织使用微博的频率对双方关系的影响

			与政府的关系	使用微博的频率
斯皮尔曼 Rho	与政府的关系	相关性 显著性（双尾） n	1 — 224	0.006 0.924 224
	使用微博的频率	相关性 显著性（双尾） n	0.006 0.924 224	1 — 224

资料来源：本课题组，《2016 年助残社会组织基本运行情况抽样调查》。

表 4-15 助残社会组织使用微信（群）的频率对双方关系的影响

			与政府的关系	使用微信（群）的频率
斯皮尔曼 Rho	与政府的关系	相关性 显著性（双尾） n	1 — 224	0.099 0.141 224
	使用微信（群）的频率	相关性 显著性（双尾） n	0.099 0.141 224	1 — 224

资料来源：本课题组，《2016 年助残社会组织基本运行情况抽样调查》。

表 4-16　助残社会组织使用微信公众号的频率对双方关系的影响

			与政府的关系	使用微信公众号的频率
斯皮尔曼 Rho	与政府的关系	相关性 显著性（双尾） n	1 — 224	0.050 0.455 224
	使用微信公众号的频率	相关性 显著性（双尾） n	0.050 0.455 224	1 — 224

资料来源：本课题组，《2016 年助残社会组织基本运行情况抽样调查》。

表 4-17　助残社会组织使用 App 客户端的频率对双方关系的影响

			与政府的关系	使用 App 客户端的频率
斯皮尔曼 Rho	与政府的关系	相关性 显著性（双尾） n	1 — 224	-0.018 0.787 224
	使用 App 客户端的频率	相关性 显著性（双尾） n	-0.018 0.787 224	1 — 224

资料来源：本课题组，《2016 年助残社会组织基本运行情况抽样调查》。

第四节　小结

助残社会组织发展迅猛，与政府在扶残助残领域开展多方面合作。在新时代、新形势下，党中央对助残社会组织的发展提出了更高的要求。因此，准确界定助残社会组织与政府的关系，梳理并分析双方关系中存在的问题，对于双方开展有效合作非常重要。本章运用合作治理的范式，采用文献分析法、调查法和归纳法，对助残社会组织与政府关系的现状进行了梳理，分析了其中的问题及其影响因素，提出了双方关系的优化路径，得出以下结论。

助残社会组织与政府之间的合作协同关系需要进一步改进。当前，助残社会组织与政府关系是一种双向关系，政府通过扶持培育、项目合作的方式与助残社会组织建立关系，助残社会组织则采用政策参与的方式与政府建立关系。从合作治理的角度来看，助残社会组织与政府之间还存在关系有待优化、合作方式匮乏、合作内容粗放等问题。之所以产生这些问题，一方面是受到助残社会组织身份合法性、管理结构、员工素质、目标使命、政策参与能力的影响，另一方面是受到政府的扶持力度和政府联系紧密度的影响。社交媒体对助残社会组织与政府合作关系尚没有造成显著影响。

第五章　社交媒体环境下残障权利倡导研究

残障权利倡导是指通过叙述、写作等方式向残障人士及公众普及残障相关的知识和资讯、增强残障平等意识、消除对残障人士的偏见及歧视，形成积极、正确的对残障及残障人士的认知，从而保护残障人士的各项权利。

在很长一段历史时期中，残障人士的权利保障得不到重视。20 世纪 70 年代起，西方尤其是英、美两国兴起残障社会运动及权利倡导，其倡导的核心是残障人士应当在与他人平等的基础上居住在社区中，并享有各项权利。

西方社会中，自残障社会运动兴起以来形成的残障权利倡导主要有以下六种类型：自倡导，即残障人士本人代表自己或自己所在的群体提出观点、主张、意见或诉求，自倡导者的培育是残障权利发展及为残障人士赋能的重要方式；个案倡导，即由专业倡导者、残障者的亲友或志愿者，针对个案中特定的与残障或残障人士相关的问题而展开的游说等行动；团体倡导，即一群残障人士为了共同的目标和诉求而共同发声，倡导团体的成员之间通常也有一定的共同点，如处在相似的困难状态或是居住在同一个社区中；公民倡导，即社区中的志愿者为了维护残障人士的权益而代表残障人士发声，提出诉求，实践中，公民倡导最常见于智能障碍群体中，即社区中的志愿者为了维护智能障碍群体的权益，代表他们发声；结构性倡导，即以维护残障人士作为一个群体所享有的集体权益为目标，深耕于特定的残障相关议题，通过实践、立法、政策制定等多种方式长期致力于推动与这一议题相关的社会变革；法律倡导，即专业法律人为残障人士提供法律意见、建议和服务或推动残障相关法律的修订。

西方社会中的残障权利倡导在很大程度上改变了残障人士的生存状态，并改变了漫长的历史中形成的对残障的误解、偏见及制度性歧视。我国没有残障社会运动的背景，在传统的社会文化语境中，残障及残障人士始终是社会救助、福利、慈善范畴方面的议题。在西方社会中，残障社会运动及权利倡导强调的是残障人士自主发声，主导残障相关知识和资讯的生产，而非由他人定义或代言。相比之下，我国的残障人士仍在很大程度上是他者叙事中的客体，在残障相关的知识和资讯生产中处在静默、不可见的状态。与残障人士权益和福祉相关的论述更接近福利国家自上而下的建构、宣传、关怀和教化，而非西方社会中基于个人权利的"倡导"。

但近年来，已可观察到一定的改变，其中有两个重要的因素。一个是中国于 2008 年通过联合国《残疾人权利公约》，这在理念层面上对我国的残障权利倡导具有深远的影响。残障的社会模式以及残障人士的主体性、自主权等缘起于西方残障社会运动，并在《残疾人权利公约》中被肯认，其理念和价值以不同的方式与我国传统福利视角下的残障论述产生互动。另一个是各类社交媒体形成的多元媒介形式，这在主体视角、方法和策略等方面对我国的残障权利倡导具有重要影响，尤其为自倡导者和草根残障组织参与残障资讯的生产提供了多元、有效的空间。

基于上述背景，本章探究的核心问题是社交媒体的广泛运用以何种路径对残障权利倡导产生影响，在何种程度上推动了对残障刻板印象及偏见的消除。

第一节　残障权利倡导范式

残障权利倡导的核心目标之一在于消除当前存在的结构性、制度性的对残障及残障人士的刻板印象和偏见，重构积极、正确的对残障及残障人士的认知。但公众对残障及残障人士的认知在很大程度上是媒介及其背后的权力所形塑的。

一　传播学视角下的"媒介真实"

Lippmann 认为，大众媒介是人们认识外在世界或"他者"的通道。[①]

① W. Lippmann, *Public Opinion* (New York: Penguin Books, 1946), p. 87.

随着媒介形式日渐多元，传播手段日渐丰富，通过各种媒介获得对客观世界的感知占有越来越大的比例。

对于媒介在何种程度上反映客观、真实的世界，传播学视角下的论述已从“镜像的再现观”转变为“建构的再现观”。[①] 即媒介并非始终如镜像一般反映客观、真实的世界，而是依照某种既定的框架，在人的脑海中建构出一种感知意义上的真实世界，即“媒介真实”。[②]

大众媒介无法剥离其所在的经济、政治、社会和文化语境。因此，无论以何种形式呈现外部世界或“他者”，必然包含一系列根植于其所在语境的选择和排除的过程。媒介并非直接呈现全部的客观事实，而是对客观事实进行筛选、解释和重构，并将其“意义化”。[③] 这一过程反映的是特定的权力、意图和利益。

大众媒介对各类社会群体，尤其是少数边缘群体的呈现同样包含选择和排除的过程。公众对特定社会群体，尤其是自己不熟悉的群体的认知和想象在很大程度上依赖于大众媒介对这一群体的形塑。因此，大众媒介对社会群体形象的塑造有着相当的影响力。公众对某个群体是否存在刻板印象、偏见或污名，在很大程度上取决于大众媒介在呈现这一群体时进行了怎样的选择。

“媒介真实”反映的是其背后的权力博弈和利益逻辑，谁参与“媒介真实”的生产在很大程度上决定了真实世界如何被建构和再现。对于特定群体，如残障群体而言，唯有残障人士参与“媒介真实”的生产，并在这个过程中体现群体自身的权力、权利和主体性，一个符合这个群体自我认知的图像才有可能“再现”。

二 残障人士在大众媒介上的再现

在很长一段时间里，大众媒介中的残障人士的形象都难以跳脱两种叙

---

① 倪炎元：《再现的政治：解读媒介对他者负面建构的策略》，《新闻学研究》1999 年第 58 期。

② 陆晔：《作为现代社会文化情境的“媒介真实”——试论电视传播对社会现实的建构》，《社会科学》1995 年第 2 期。

③ 张锦华：《媒介文化、意识形态与女性：理论与实例》，台北正中书局出版社，1994，第 94 页。

事的框架。一种是污名化的，对障碍的刻板印象——可怜的、丑陋的、无法自我照顾与生存的、可怕的。另一种是浪漫化的，对身残志坚、自强不息的隐喻。

Barnes 分析的英国传统的大众媒介中的残障人士的形象，或是可怜的、受害的，或是邪恶的、危险的，或是“超能”的，唯鲜有作为“普通人”存在的残障人士。[①] Shakespeare 指出，从慈善视角主导的媒介中，媒介希望传达的信息是善和关怀，未必存在显性的污名与偏见。[②] 但慈善视角下的传播本身是通过“他者化”残障人士，并构建出“可怜他者”的形象，而让“正常人”感受到认同或优越感。因此，即便媒介呈现出残障人士和主流社会的和谐关系，触发的也是公众较为积极的感受，如感动，其在效果上仍是加深了对残障人士的刻板印象，形成了“社会传播污名化”的管道。[③]

有学者分析我国台湾地区的新闻媒介对残障人士的形塑，指出了“污名化”和“浪漫化”两种典型的叙事框架。以家长为主的慈善团体的论述通常是“浪漫化”的，不论年龄大小的自闭症人士都被形塑为“像小孩一样”，智能障碍者也常常被塑造成需要帮助和被肯定的形象。而新闻媒介对精神障碍者的论述通常是“污名化”的，尤其是以负面形象夸大精神障碍者的异常行为，特别是暴力行为。

大多数公众和残障人士接触的机会十分有限，因此，大众媒介对残障人士形象的“再现”就成为重要的印象来源。当大众媒介对残障人士形象的构建带有偏见和刻板印象的时候，公众对这一群体的理解和想象自然也是不全的、扭曲的。残障人士能够在何种程度上参与到大众媒介中的残障形象的“生产过程”中，并“再现”符合群体认知的残障形象，将在多个方面影响公众对残障人士的认知。

---

① C. Barnes, *Theories of Disability and the Origin S of the Oppression of Disabled People in Western Society' Barton L* (Disability and Society: Emerging Issues and Insights, Routledge, 1996).

② T. Shakespeare, "Choices and Rights: Eugenics, Genetics and Disability Equality," *Disability & Society*13, 5 (1998), p. 665-681.

③ P. Corrigan, R. Lundin, *Don't Call Me Nuts!: Coping with the Stigma of Mental Illness* (Recovery Press, 2001).

三　残障人士社交媒体运用情况

早年的残障研究学者对新兴技术的发展抱有较高的期待，认为这些新兴技术的普及和运用能够在很大程度上消除残障人士所面临的社会障碍，支持残障人士更好地融入主流社会。[①] 这样的期待中，也应当包括残障人士得以运用社交媒体、互联网等技术更好地在大众媒介中呈现或再现残障人士的形象和主体叙事。

现有研究中呈现出的残障人士与社交媒体、互联网等技术的关系是相对复杂的。一方面，合理、有效地使用社交媒体、互联网等技术能够在一定程度上扩大残障人士的社交范围、使残障人士保持自立和自信。[②] 这些研究中，主要将残障人士作为社交媒体技术、平台和资讯的被动接收者，重点关注社交媒体对于残障人士而言是否可及，以及社交媒体带来的便利是否能够覆盖残障群体。Trevisan 明确提出了残障人士的能动性，关注残障人士与社交媒体及其形成的空间之间的互动作用，并探讨了残障人士在何种程度上将社交媒体和互联网空间作为交流和倡导的工具，通过个人故事、文字、图片、影像等方式呈现、构建和重构与残障相关的叙事框架。[③]

另一方面，有研究指出，虽然社交媒体等的普及的确极大程度上推动了大部分公众的社交和社会参与，但对于部分残障人士而言，起到的却是相反的作用。因为获取知识的障碍、社交媒体平台和工具的设计局限以及对隐私和安全的顾虑等多种原因，日益数字化的主流社会本身成为一种新的障碍，加深了对部分残障人士的隔离。[④] 魏寿洪等人的研究中较为具体地指出了不同类别的残障人士在使用社交媒体时可能面临的问题，如视力

① V. Finkelstein, "Attitudes and Disabled People: Issues for Discussion International," *Exchange of Information in Rehabilitation*, (1980).

② P. T. Jaeger, *Disability and the Internet: Confronting a Digital Divide* (Lynne Rienner Publishers, 2011).

③ F. Trevisan, *Disability Rights Advocacy Online: Voice, Empowerment and Global Connectivity* (Routledge, 2017).

④ F. Scholz, B. Yalcin, M. Priestley, "Internet Access for Disabled People: Understanding Socio-relational Factors in Europe," *Cyberpsychology: Journal of Psychosocial Research on Cyberspace* 11, 1 (2017).

障碍者难以使用图形验证码、智力障碍者较难理解不直观的信息等。[①]

社交媒体一方面促进了外来务工人员共同体意识增强、资源共享和互信互助，但另一方面固化甚至加剧了群体内部的紧缩以及自我认同和情感状况的内卷化，进而加剧了外来务工人员独立又孤立的状态。社交媒体的使用是否会导致相似的内卷化出现在残障群体中，这是残障研究中应当关注和探索的。[②]

第二节 社交媒体对残障权利倡导的影响

近年来，包括微博、微信公众号等在内的社交媒体在我国兴起和发展，在一定程度上形成了不同于传统大众媒介的新媒介。这一发展趋势对残障权利倡导的影响体现在以下几个方面。

一 残障人士从被叙述的客体转向叙事的主体

社交媒体对残障权利倡导最为显著的影响在于残障人士可以在多元的社交媒体上获得自主发声的机会和空间，从而从被动的、被叙述的客体转向叙事的主体。换言之，社交媒体在一定程度上赋予了残障人士参与残障的社会形象形塑的机会。这种机会在传统大众媒介中即便存在，也是极其有限的。

2009~2010年，微博的盛行以及其设定的140字的篇幅，让普通公众得以以非常便捷的方式在大众媒介上表达个人观点。同时，微博平台也在一定程度上缩短了不同背景的人之间的沟通距离——任何一个普通人都可以通过“@”的功能与使用同一个微博平台的明星、学者、企业家等进行交流，尽管这种交流通常是单向的。

得益于此，一些原本小众、边缘的、难以在传统大众媒介中获得“版面”的议题以及与议题相关的群体得以通过微博出现在大众视线中，“被精神病”议题就是典型的例子。

---

① 魏寿洪等：《残疾人社交媒体使用研究进展》，《残疾人研究》2018年第2期。

② 高传智：《共同体与“内卷化”悖论：新生代农民工城市融入中的社交媒体赋权》，《现代传播（中国传媒大学学报）》2018年第8期。

在传统大众媒介中，精神病及精神障碍者都是非常边缘的，而大众媒介对其的形塑也是早已固化的——可悲的、危险的，并通常与“肇事肇祸”捆绑出现，认为其应当被治疗和管控。当微博平台上开始出现一些自认为是“被精神病”的受害者的叙事和求助时，其产生的效果使“另一种建构”得以萌生。

2011~2013年，《精神卫生法》完成了三审意见征集，出台并生效。在2011年以前，《精神卫生法》作为典型的部门立法，完全处于医学专业话语的权威之下，几乎没有进入公众讨论范围。《精神卫生法》的利益强相关群体——精神障碍者及其亲友也几乎没有机会参与这部法律的讨论，甚至对其全然不知。

但在2011~2013年，微博成为关注《精神卫生法》修订，进行精神障碍者权利倡导的主要阵地。精神障碍者及其亲友得以在微博上叙述精神障碍对个人及其家庭的影响；“被精神病”的受害者得以在微博上讲述自己被强制送入医院的经历和认为自己“没有病”的理由；关注精神障碍的社会组织、社工和律师也得以在微博上从自身专业角度对精神障碍者的权利展开讨论，从而在一定程度上打破生物医学专业对精神障碍议题的话语霸权现状。所有认为自己与精神障碍议题相关的人都有机会在微博上发表对《精神卫生法》的建议或是直接“@”当时在立法中处于关键位置的医学专家。

即便当时在微博这个媒介上进行的讨论并没有取得太多可以被量化的成效，一些讨论逐渐演变为“自言自语”或“骂战”，远不足以打破长久形成的对精神障碍的刻板印象，也没有对《精神卫生法》的修订和出台产生实质的影响。但这个媒介上出现的“另一种建构”，尤其是精神障碍者本人的叙事，至少印证了传统大众媒介中对精神障碍的呈现是“建构的再现”而非“镜像的再现”。

社交媒体使身处边缘的残障人士得以从被凝视、被叙述的客体转向讲述自己故事的主体，从残障权利倡导的长远发展来看，2011~2013年微博上出现的“另一种建构”所产生的积极影响是难以否认的。

二　“自娱自乐”中助残社会组织社交媒体能力建设

在微博开启“长微博”功能和微信开启公众号功能初期，一些残障人士因关注共同的议题而自发形成小组，并以小组或社群的名义，通过发表长微博或公众号文章的方式就相关议题展开讨论，发表观点和主张。初期，由残障社群运营微博或微信公众号并未受到太多关注，因而只被视为残障社群内部“自娱自乐”的行为。

但这一阶段的“自娱自乐”对于残障社群以及其后以各种形式出现的草根残障组织的能力建设有着不容忽视的影响。

与不超过140字的普通微博相比，长微博或公众号对观点梳理、语言表达和逻辑自洽的要求更高。残障社群需要逐步学会区分主观的经验和客观的现实，并将激烈的情绪、感受和个人化的经历转化为平和的观点和能够引起他人共情的论述，并进一步将个人需求转化为公共议题。在这个过程中，以微博为代表的社交媒体为残障社群提供了在重要公共平台上的话语实践的机会。

在这个过程中，一些原本管理松散的残障社群和小团体内部产生了更强的联结，有一些在后来成为更为稳定的、深耕于特定议题的倡导小组，或是经正式登记注册后成立了社会组织。残障社群也不再局限于自身残障者的身份和经验，不再受制于传统媒介中形成的对残障叙事的框架，而是更积极地反思自身与其他群体的异同以及自身内部的多样性，并逐步以残障人士为主体视角去构建和塑造与残障相关的认知及形象。

同样是在这个时期，不同障碍类别的残障社群之间开始产生更多的联结；残障社群开始关注与其他社群相关的议题，并与其他社群建立联系。同时，得益于微博、微信等社交媒体的便利性，草根残障组织也有机会与“在云端”的研究者和“在远处”的专业人士交流甚至合作。

新的社交媒介为残障人士提供了更为广阔的叙事空间和成为叙事主体的机会。这在一定程度上触发并催化了残障社群多方面、多层次的能力建设：从理论学习能力、议题企划能力到表达能力、写作能力再到公关能力、游说能力，以及更为基础的图文设计、排版、传播等工作技能。相较于新型社交媒体，我们很难想象，传统大众媒介能在何种情形下为“草根”的残障权利倡导者提供此种能力建设的契机。

三　在公共议题讨论中进行残障权利倡导

2014~2016 年，微博仍是一个可以进行公共议题讨论的场域，但讨论的议题已不及早前多元，微信公众号则正值其到目前为止发展最为蓬勃的时期，主流媒体纷纷开通了微信公众号，传统媒介中的新闻和资讯进入社交媒体的范畴；各类以不同形式注册的社会组织、基金会以及未经正式登记注册的团体，都以微信公众号为平台开展宣传、倡导、筹款等工作。

经过前一阶段的积累和能力建设，一些草根残障组织或议题倡导小组已经具备了较为敏锐的议题洞察力，同时与研究者和专业人士建立了一定的合作关系。

社交媒体环境整体多元、开放，残障社群自身也具备了一定的优势，在这个阶段，残障相关的社会组织得以打破之前“自娱自乐”的局面，以更积极和主动的姿态在公共议题中进行残障权利倡导。

2015 年两会期间，有代表提出应当加强孕期检查，通过将孕期检查纳入医保等方式为家庭提供支持，让可能的出生缺陷更早地被发现，让个人有更多的机会选择是否要因为存在缺陷而终止妊娠。[①] 这一提案经传统大

---

① 新华网北京 3 月 12 日电（记者陈春园、徐庆松）今年两会期间，全国人大代表、江西省儿童医院小儿心脏病治疗中心护士长胡梅英提交了一份关于加强出生缺陷防治的建议书，她提交这份建议书源自一次难忘的经历。胡梅英说：“一次，一位步履蹒跚的老人怀里抱着一名婴儿来到医院求治，我感到非常好奇，过去一问才知道，这是境况悲惨的一家人！”爷爷腿脚不便，儿子智力不如常人，第一个孙女患了脑瘫，抱在手上的这个孙儿一生下来就患有先天性心脏病。因为有着多年的工作经历、长期的调查研究经验，胡梅英深知出生缺陷会给家庭和社会造成沉重的经济负担，给患儿造成巨大痛苦，给家庭带来难以摆脱的精神痛苦和心理负担。胡梅英介绍说，目前我国出生缺陷总发生率约为 5.6%，与世界中等收入国家的平均水平接近，但由于人口基数大，我国每年新增出生缺陷约 90 万例。近年来，我国出生缺陷预防工作已取得良好进展，但存在很多亟须解决的问题：一是免费基本服务政策尚未完全涵盖孕前、孕期和新生儿等阶段；二是中央财政支持的免费基本服务政策尚未覆盖城镇居民；三是部分免费基本服务政策结算标准偏低；四是出生缺陷婴儿治疗不力。“我建议，国家深入实施出生缺陷综合防治工程，以中央和地方财政为保障，将出生缺陷基本防治服务作为公共产品向全体生育夫妇提供，建立完善覆盖城乡居民的免费服务制度，强化孕前检查，加强孕期干预，完善新生儿筛查等。此外，国家还需加大经费投入，建议参照国家重大公共卫生服务项目，确定出生缺陷防治免费服务资金由中央和地方财政共同负担，其中恳请对中西部地区予以倾斜，由中央财政负担 60%以上。”

众媒介报道后，形成了以“缺陷婴儿”和“养育负担”为核心的热点话题，该话题的热度持续了近两周。

在为期两周的公共讨论中，传统的主流媒体主要呈现的是专家和媒体特约评论员的观点，他们都旗帜鲜明地表示不能忽视“缺陷婴儿”，“普及缺陷婴儿的产前诊断是对压迫、歧视残疾人的观念助纣为虐”，并列举了国际公约和诸多社会正义理论对这一观点予以佐证。

而残障社群中的倡导小组在两周内动员了残障自倡导者、残障人士的家长和残障权利研究者，完成了数篇稿件的组稿，将其刊发在由残障社群运营的公众号上。与主流媒体中的旗帜鲜明地“反对”和“批判”形成对照的是，残障社群对于“出生缺陷阻断”的问题并无十分鲜明的立场，也几乎没有用“人人生而平等”这类价值和理念讨论这一具体的议题。主流媒体在这一公共议题的讨论中呈现的是立场，而残障社群在其运营的社交媒体中提出了问题。

残障者的家长：“我活着他/她可能还有饭吃，饿不死，等有一天我去世了，这孩子可怎么办啊?”

残障自倡导者：“如此悲壮的生活，你敢选择吗?”

残障议题的参与，让公共议题的讨论有了更为多元的视角，也让更多的公众意识到主流媒体对残障的呈现并非“镜像的再现”，而是“建构的再现”。同时，这进一步反映出，主流媒体对残障权利的理解、对残障人士的需求和态度的想象是不完整的，唯有残障人士自主参与到相关公共议题的讨论中，才有可能推动公众讨论朝真正符合残障人士需求的方向进行。

四　从先锋、对抗到常态、温和的残障权利倡导

在社交媒体蓬勃发展之前，包括残障人士在内的少数群体难以在主流的大众媒介上获得发声的机会。因此，当其产生权利诉求或是获得了在大众媒介上发声的机会时，通常会采用较为先锋的、对抗的方法，以期在较短的时间里产生较大的影响力。

但是，这种策略下产生的影响力未必能对长期的权利倡导产生积极作用。在微博兴起初期，一些精神障碍者权利的倡导团体借鉴西方残障社会

运动中采用的行为艺术方式，在精神障碍医疗机构门口开展倡导行动。通过宣传被医用纱布捆绑的个体，试图探讨强制精神障碍者住院与治疗的合理性。但这类先锋的倡导行动并未真正达成其试图推动的讨论和反思的目的。一些看到了这一倡导行动的公众反而认为“这些人看起来就是有病该治啊”，进而加深了对精神障碍者的刻板印象与偏见。

除了残障社群，致力于宣传性别平等的社会组织也曾尝试以与主流媒体对抗的姿态，通过线下发传单、给有关部门寄信等形式进行议题倡导。这种先锋的、对抗的倡导策略即便能够在短期内产生一定的影响力，这种影响力通常也并不具有可持续性。

同时，这种短期的、带有一定对抗性的倡导行动与相关社群的生活和相关社会组织的日常业务较为疏离，本身无法成为常态化的倡导行动。受到社会、政治和文化环境的影响，这种倡导方式的存在空间也日益被压缩，不再具有很强的可复制性。

当社交媒体为残障社群和残障社会组织提供了较为稳定的自主发声平台，让残障社群确信可以在较长的一段时间里持续地作为叙事主体发表自己的观点和主张的时候，残障权利倡导也就可以向更为温和与常态化的模式发展。

倡导行动不再是短暂的、为了回应某个公共议题或社会事件的“一过性”行动，而是残障社群及残障社会组织长期发展规划中的一个常规业务，并且可以被嵌入残障社群及残障社会组织的其他业务中。残障社群及残障社会组织有更大的空间思考如何将自己提供的服务与残障权利倡导进行更紧密的结合，如何与潜在的受众产生更为深远和稳固的联结关系。

2015 年，S 市的一家心智障碍人士康复机构 K 通过众筹获得了资金，在 S 市筹办并运营了一家为心智障碍青年提供就业岗位的餐厅。在众筹阶段，该机构不仅说明了筹办餐厅的具体规划、资金需求、预算等众筹基本内容，也详细说明了职业重建对于心智障碍青年职业生涯发展的重要性、心智障碍青年通过在餐厅就职实现职业重建的具体目标，以及机构基于自身的康复服务经验可以提供的配套资源。借助众筹的契机以及众筹平台本身的社交属性，与心智障碍人士平等就业权相关的倡导内容在社交媒体上得到了一次较为广泛的传播。

众筹成功后，该机构通过微信、微博等社交媒体平台定期公开和更新餐厅从选址、装修到开业、岗前培训、日常经营等各个环节的进程，以及在餐厅中接受职业重建服务的心智障碍青年的工作状态和心得体会。稳定的更新频率及多元的内容让这个项目的潜在关注者得以持续接收与“心智障碍青年的平等就业权”这一议题相关的、非常具体的、及时并带有残障人士主体视角的资讯。

借助众筹的契机、众筹平台本身的社交媒体属性，以及微博、微信等社交媒体平台的低门槛、易传播、近乎免费的特征，这家机构得以在社交媒体上对心智障碍青年的平等就业权展开温和、持续的议题倡导，并在当地产生了一定的影响力。

同时，借助“餐厅”及“工作体验、心得”这样的载体，这家餐厅得以将“平等就业权”这个较为抽象的概念转化为具体、生动、贴近生活并具有心智障碍青年主体视角的内容在社交媒体上进行呈现和持续传播。这样的传播模式不仅加强了议题与关注者之间的联结，也更容易唤起关注者的共情。通过转发微博和微信公众号文章等方式，潜在的关注者已逐步参与到了议题倡导的过程中。

因为该议题与机构的业务和发展方向具有很高的契合度，所以这项议题倡导并没有成为该机构额外的工作负担，从而具有较强的可持续性。尽管该餐厅因盈利困难于 2018 年暂停营业，但该机构并没有停止平等就业权的议题倡导，而是将其嵌入机构的其他业务模块中，并持续更新其社交媒体平台上与平等就业权有关的资讯和内容。

第三节　社交媒体环境下残障权利倡导的反思

综合对近年来残障社群在以微博、微信为代表的社交环境中所进行的权利倡导的观察以及对典型个案的分析，可以发现社交媒体为残障社群提供了更多进行主体叙事的空间。残障人士得以从传统媒体环境中被凝视的客体逐步转向叙事的主体，参与到残障资讯的生产和残障人士形象的构建过程中。以微博、微信为代表的社交媒体平台为残障社群链接了更多元的倡导资源，提供了在重要的公共平台上的话语实践的机会，也在一定程度上影响了残障权利倡导的模式。

残障社群在社交媒体的环境中，通过对社交媒体的策略性使用，参与公共议题的讨论，在一定程度上让更多的公众意识到传统媒体对残障的的呈现并非“镜像的再现”，而是“建构的再现”，主流媒体对残障权利的理解、对残障人士的需求和态度的想象是不完整的。残障人士的自主参与能够推动残障相关的公众讨论朝真正符合残障人士需求的方向进行。

虽然当前的实践表明社交媒体环境在多个方面对残障权利倡导起到推动作用，但从长远发展来看，仍有以下三点需要反思。

一　社交媒体作为倡导平台的脆弱性

微博在兴起后快速地发展成公共话语平台，在最初的几年里呈现出一定的独立性和极强的对多元价值的包容性。但随着资本的进入以及社会政治环境的微妙变化，微博逐渐朝着商业化、娱乐化的方向发展。明星、网红等开始成为微博上主要的活跃群体和“流量”中心。虽然在每年的自闭症日等特殊日期，微博平台也会主导发起相关的倡导活动，部分明星、名人、基金会也会在出现相关热点的时候在微博上为包括残障社群在内的少数群体发声，但是，这一类由平台主导和作为“他者”的明星推动的倡导和早年完全去中心化的、残障社群的自主发声有着很大的区别。早期的微博为包括残障社群在内的少数群体提供了主体叙事的空间，但随着微博本身的发展和定位的变化，这一空间又逐步被商业化、娱乐化的流量和资讯所缩限甚至取代。在这个过程中，残障社群自身并没有表现出较强的能动性，也没有对这样的变化采取因应之策。

微信在推出公众号功能的初期也呈现出“百花齐放”的图景，但同样受到社会环境的影响，公众号作为公共话语平台所具有的多样性、弹性和可持续性也在逐渐被缩限。公众号的运营方处在权力极度不对等的弱势地位。与那些幕后有资本及强大的公关、运营团队的“网红”公众号相比，包括残障社群在内的少数群体的公众号通常由只有几人组成的、较为松散的小团队运营，有少量的甚至没有固定资金的支持。其抵御风险的经验较少、能力较弱。

微博和微信的转变在一定程度上反映了社交媒体基于技术的自主性和

来自现实社会的权力管控之间的博弈。[①] 基于目前的发展，社交媒体作为倡导平台的功能在逐步弱化，这受到经济、资本、文化、社会政治环境等多重因素的影响。对于残障社群而言，这些潜在的影响因素都是不可控的。因此，残障社群需要思考如何因应社交媒体作为倡导平台的脆弱性，在社交媒体的使用中更好地发挥自身的主动性和能动性。

二　倡导内容及方式的主流化

社交媒体逐渐商业化、娱乐化的趋势本身是值得批判和反思的，但当商业化、娱乐化也是主流社会当前的样态时，残障社群仍需思考，其在社交媒体上的倡导内容及方式应当在何种程度上拥抱主流化。

已有研究显示，社交媒体存在加深特定弱势群体孤立状态的可能。目前，残障社群中尚未出现显著的社交媒体使用导致的“内卷化”。相反，社交媒体为残障社群链接了更多元的资源和关注者，尤其在草根残障组织与学者的合作中发挥了重要且积极的作用。

但是，就残障权利倡导的内容而言，目前大部分的倡导内容运用的依然是比较单一的残障语境和视角，其所引发的认同和情感共鸣存在“内卷化”的趋势。对于暂时不在残障状态，没有残障经历的人而言，其未必能直接感受残障权利倡导的内容与自己的关联。残障权利视角下的理念认为残障并非少数人口的体验，而是一种普遍体验。社交媒体的使用为残障社群搭建了一个与主流社会产生联结的通道，但残障社群仍需思考，在不削减残障人士主体视角的情况下，如何经由这个通道，呈现出残障这一议题的普遍性，并引起主流社会的共情和共鸣。

三　避免形成社群内部的压力

残障社群本身是一个内部非常多元的群体。在共同的经验、诉求和利益之外，处在不同障碍状态、年龄和生活境遇中的残障人士也有各自的不同，甚至拥有存在一定对立性的诉求或利益。社交媒体的使用在一定程度

---

① P. Howard, “Can Technology Enhance Democracy? The Doubters’ Answer,” *Journal of Politics*63, 3 (2001), p. 949-955.

上使得残障社群作为一个整体的联合行动和发声变得更为便利，并且能够产生更大的影响力。但在社交媒体的环境中，也需反思和检讨，避免社交媒体的使用在残障社群内部形成新的压力。

基于目前的经验，这种潜在的压力有两个可能的来源。

一是某一类残障社群在社交媒体上进行倡导时客观上造成或加深了对另一类残障社群的偏见和污名。例如，一些自闭症家长在倡导自闭症儿童权利的时候，会提出“自闭症不是精神病，是没有危险的”或者“自闭症不是智障，我们孩子是不笨的”。即使这样的倡导内容能够在特定的时间里为自闭症儿童争取到一定的利益，但对其他类别的残障人士所造成的负面影响也是不容忽视的。从长远来看，它有可能加深了部分人群对残障社群的污名和刻板印象。

二是在肯认残障社群使用社交媒体的能动性的同时，也不能忽略基于类别障碍、技术限制、经济条件以及社会文化环境等多重因素的影响，仍有很大一部分残障人士没有较多的机会使用社交媒体，被排斥在信息技术和互联网以外。因此，目前社交媒体上呈现出的“残障形象”、“残障经验”和“残障知识”仍只是部分残障人士参与生产的，无法代表残障社群的全貌，尤其是那些在残障状态之外，还受到性别不平等、贫困、文化及技术普及程度低等多重因素影响的，处在多重弱势状态的残障人士。

第六章　助残社会组织志愿服务管理研究

《“十四五”残疾人保障和发展规划》指出，深入开展“青年志愿者助残阳光行动”、“关心我的残疾人邻居”、“牵着蜗牛去散步”和“集善优品”消费助残等志愿服务关爱行动。培育“集善工程”“通向明天”等残疾人慈善事业品牌。随着社会经济文化的发展，我国残疾人个性化、专业化服务需求日益增长，助残社会组织和助残志愿服务是满足残疾人需求的重要保障。因此，课题组以助残社会组织和助残志愿者为研究对象，探究了助残社会组织的志愿服务现状和管理志愿者工作中存在的问题，并分析了影响助残志愿者续留意愿的相关因素。

2019 年，课题组从资源依赖的视角出发，为全面摸清助残社会组织的志愿服务资源及管理状况，采用配额抽样和分层抽样方法进行研究，深圳是志愿者之城，因此课题组选取深圳为调研点，对 76 家助残社会组织、103 位助残社会组织的志愿者进行了问卷调查。同时，选取了 15 位助残社会组织负责人和志愿者进行深度访谈。

第一节　引言

自古以来，人类就有利他主义和帮助弱势群体的行为。西方的志愿服务源自罗马时期的博爱精神和基督教教义，并在二战后福利主义国家建设中逐渐确立志愿者制度。早在 2001 年，Salamon 和 Sokolowski 就研究发现，志愿者在 24 个国家提供了相当于 1100 万个全职员工工作量的服务。[①] 截至 2014 年，全美有超过 1/4 的成年人为非营利组织提供了 87 亿个小时，总价值达 1.79 万亿美元的志愿服务。[②] 我国的志愿精神源自尊老爱幼、帮贫扶弱的传统文化价值观。受佛教理念影响，魏晋时期就有人开展慈善活动。现代志愿服务事业始于 20 世纪 80 年代民众的自我探索，随后在共青团和义工联领导下蓬勃发展。2008 年被誉为“志愿者元年”，2008 年以来，我国全民参与志愿服务活动的热情逐渐高涨。在平台建设上，全国志愿服务信息系统正式上线；在法律保护上，《志愿服务条例》颁布并实施；在组织规模上，全国已登记注册的社会组织超过 49 万个；在发展规划上，“十三五”提出了 2020 年志愿服务参与率达到 20%的要求。目前，我国实名注册的志愿者总人数高达 1.39 亿人，志愿团体总数达 68.53 万个，完成了 323.94 万个志愿项目，提供了共计 17.97 亿个小时的志愿服务。[③] 志愿者的身影不仅活跃在大型赛事、灾区救援等重大活动中，还出现在社区助残扶弱、维护治安环保等日常生活中，他们更将“奉献、友爱、互助、进步”的志愿精神带到了西部文化建设和援外服务项目中。志愿服务已成为“国家战略”。[④] 日益增长的志愿者人数和日渐复杂多样的志愿服务活动凸显了志愿服务管理的重要性。

志愿者尽管已普遍成为我国社会组织的重要组成部分，在不同助残社会组织中的服务和管理状况却存在较大差异。根据高克祥、蔡庭花、丁丽丽的研究，甘肃省社会组织从业人员队伍中有 22%为志愿者，但助残社会组织存在志愿者缺乏的问题。[⑤] 龙妮娜等人使用问卷调查法调查了广西 14 所院校的 432 名助残志愿者，发现 74.5%的大学生在提供助残服务前没有

---

① L. M. Salamon, W. Sokolowski, *Volunteering in Cross-national Perspective: Evidence from 24 Countries* (Baltimore: Johns Hopkins Center for Civil Society Studies, 2001).

② B. S. McKeever, S. L. Pettjohn, “The Nonprofit Sector in Brief 2015: Public Charities, Giving, and Volunteering,” 2020, https://www.urban.org/sites/default/files/publication/72536/2000497-The-Nonprofit-Sector-in-Brief-2015-Public-Charities-Giving-and-Volunteering.pdf.

③ 中国志愿服务网，https://chinavolunteer.mca.gov.cn/site/home。

④ 谭建光：《中国志愿服务发展的十大趋势——兼论“十三五”规划与志愿服务新常态》，《青年探索》2016 年第 2 期。

⑤ 高克祥、蔡庭花、丁丽丽：《甘肃省助残社会组织研究——监管与发展》，《现代经济信息》2019 年第 17 期。

经过培训，接受了残联机构（3.6%）、社会相关部门（6.2%）或社会非政府组织（2.2%）培训的学生非常少。[①] 助残志愿者还出现了短期性、功利化、服务质量难以保证等问题，[②] 龙妮娜等发现，广西的大学生志愿者中，有67.5%提供助残服务“不超过半年”。[③] 此外，研究者在前期对多家助残社会组织的负责人进行了访谈，负责人普遍反映，服务对象对于志愿者能够长期稳定服务有较高的要求。志愿者流动性强，这不仅增加了培养志愿者的成本，给本就欠缺资金和人手的助残社会组织增加了额外负担，也不利于服务对象和志愿者建立信任关系。某些类别的残疾人，如残疾儿童和精神残疾人，对志愿者稳定续留的要求更高。一些对志愿者采取了积极管理措施的助残社会组织形成了高效的志愿服务机制。例如，广州市的“志愿在康园”计划，通过成立专门的助残志愿者督导团队，成功地带动了12支助残服务队伍，共2.8万名助残志愿者，为市内的智力残疾和精神残疾人提供了常态化、社区化、专业化的助残志愿服务。[④] 该督导团队不仅负责志愿者的招募和培训，还制定了服务计划和考核标准，并跟踪和监督助残志愿者的工作。诚然，广州处于沿海发达地区，其经济文化条件和其他地区相比存在差异。但广州的案例显示，动员和维系一支能够提供常态化助残志愿服务的队伍，离不开规范化的志愿者管理。早在2010年，我国助残志愿者就已达530万名。[⑤] 如何带领这一支庞大的志愿者团队更加有效地为残疾人服务，是值得研究的问题。

本章在社交媒体广泛运用的背景下，以深圳市助残社会组织及其志愿者为研究对象，基于2019年的调查数据，分析助残社会组织的志愿者管理策略与成效，探究影响志愿者续留意愿的系列因素，以期为助残社会组织完善志愿者管理策略提供理论与现实参考。

---

① 龙妮娜等：《广西大学生助残志愿服务活动现状及问题对策》，《广西青年干部学院学报》2013年第2期。

② 李鹏、王娟：《大学生志愿助残服务常态化机制探索》，《现代特殊教育》2016年第20期。

③ 龙妮娜等：《广西大学生助残志愿服务活动现状及问题对策》，《广西青年干部学院学报》2013年第2期。

④ 张莉萍：《助残志愿服务督导的角色、特点及问题——以广州市“志愿在康园”志愿服务督导为例》，《中国社会工作》2017年第16期。

⑤ 《全国助残志愿者人数已达530万　民间组织不断壮大》，中国政府网，2010年7月7日，http://www.gov.cn/jrzg/2010-07/07/content_1647241.htm。

一 志愿者续留服务的理论流派

（一）功能主义论

动机是志愿者开展服务工作的基础。Clary 等从功能主义的角度出发，提出了六种志愿者动机：价值表达、知识理解、社会交往、职业规划、自我保护和自我增强。[①] 郭静运用问卷调查法分析了助残志愿者的动机和影响因素。她指出，在服务前，表达价值的动机在所有动机中最重要；在服务过程中，不同角色和活跃程度的志愿者的动机存在显著差异，志愿者动机的满足程度和组织承诺高低会影响志愿行为的满意度；在服务结束后，组织承诺能够预测志愿者继续提供服务的意愿。[②]

（二）自我决定论

Millette 和 Gagné 基于自我决定论，提出志愿者的动机来源于志愿服务活动对志愿者心理需求和发展取向的满足。[③] Van 等对瑞士 2222 名志愿者的调查印证了志愿者的动机与工作投入程度和组织公民行为存在联系，[④] 也印证了其他学者得出的志愿者的动机与志愿者行为的激发、维持和努力程度有关的结论。[⑤] 陆海燕通过梳理国外志愿者激励的相关研究，强调了国外志愿者激励工作的三个特点：强调自主性、与动机相匹配和贯穿服务的各个流程。[⑥]

---

① E. G. Clary et al., "Understanding and Assessing the Motivations of Volunteers: A Functional Approach," *Journal of Personality and Social Psychology*74, 6 (1998), p. 1516-1530.

② 郭静：《助残志愿者志愿行为研究》，硕士学位论文，华东师范大学，2011。

③ V. Millette, M. Gagné, "Designing Volunteers' Tasks to Maximize Motivation, Satisfaction and Performance: The Impact of Job Characteristics on Volunteer Engagement," *Motivation and Emotion*32, 1 (2008), p. 11-22.

④ S. S. Van et al., "How the Organizational Context Impacts Volunteers: A Differentiated Perspective on Self-determined Motivation," *Voluntas*26, 4 (2015), p. 1570-1590.

⑤ J. C. Mowen, H. Sujan, "Volunteer Behavior: A Hierarchical Model Approach for Investigating its Trait and Functional Motive Antecedents," *Journal of Consumer Psychology*15, 2 (2005), p. 170-182; J. Bidee et al., "Autonomous Motivation Stimulates Volunteers' Work Effort: A Self-determination Theory Approach to Volunteerism," *Voluntas International Journal of Voluntary & Nonprofit Organizations*24, 1 (2013), p. 32-47.

⑥ 陆海燕：《国外关于志愿者激励的研究及其启示》，《武汉理工大学学报》（社会科学版）2014 年第 3 期。

（三）集体/个人主义论

吕晓俊基于集体/个人主义视角，对214名志愿者进行了问卷调查。他发现集体主义精神和各类志愿者动机显著相关，并强调引导集体主义价值观和使用多种激励手段的重要性。[①] 高金金等运用半开放式访谈法进行调查，发现对参与奥运会志愿服务活动的大学生而言，个人动机（如满足好奇心和自我提升）比社会动机（如回报社会）更重要，并指出在招募和管理时应考虑志愿者的个人动机。[②]

（四）文化影响论

李婷从文化视角出发总结了宗教、财富分配观、志愿者精神和个人价值实现对美国慈善文化的影响。她提出，应从发展慈善文化和建立健全法治保障体系入手，发展中国的慈善事业。[③]

二　关系质量影响指标的选取

基于前人的研究，本书将组织承诺和满意度作为影响志愿者与志愿者管理组织关系质量的指标。满意度是志愿者继续服务的重要因素。工作满意度与员工健康、流动、组织承诺和服务质量相关。[④] 志愿者满意度还与志愿者动机有关系。Jiménez 等对比了同一非营利组织中130名服务超过8年和110名在一年内脱离的志愿者，发现他们的满意度在价值动机、课程培训动机、知识动机和服务任务上有显著差异，前者明显高于后者。[⑤] Johnson 等调查了

---

① 吕晓俊：《非营利组织志愿者动机的考察——基于文化价值取向的视角》，《上海交通大学学报》（哲学社会科学版）2012年第1期。

② 高金金等：《2008北京奥运会大学生志愿者志愿动机研究》，《中国健康心理学杂志》2009年第12期。

③ 李婷：《美国现代慈善兴盛的原因及启示研究——基于文化的视角》，《理论界》2016年第5期。

④ N. Khamisa et al., "Work Related Stress, Burnout, Job Satisfaction and General Health of Nurses," *International Journal of Environmental Research and Public Health* 12, 1 (2015), p. 652 - 666; V. Tarigan, D. W. Ariani, "Empirical Study Relations Job Satisfaction, Organizational Commitment, and Turnover Intention," *Advances in Management and Applied Economics*5, 2 (2015), p. 21-42.

⑤ M. L. V. Jiménez, F. C. Fuertes, M. J. S. Abad, "Differences and Similarities among Volunteers Who Drop Out During the First Year and Volunteers Who Continue after Eight Years," *The Spanish Journal of Psychology*13, 1 (2010), p. 343-352.

322名大学生，发现志愿者动机显著预测志愿者满意度，而且志愿者满意度显著预测志愿者续留，① Vecina 等对 245 名志愿者的研究也证实了这一结论。② Stirling 等则发现了满足志愿者关系性期待的管理措施和充足志愿者人数的联系。③ 依据心灵契约理论，④ Stirling 等提出志愿组织在选择管理措施时应注重对志愿者进行情感和社会性回馈。⑤ 诸多其他学者也倡导在志愿活动中要注重志愿者的满意度。⑥ 以往的研究说明，志愿者满意度一方面受管理措施和志愿者动机影响，另一方面对志愿者续留意愿有预测作用。

组织承诺是个人对组织情感的联系、理念的认同和参与。⑦ 组织承诺显著预测员工的工作绩效、缺勤和离职情况。组织承诺越弱，志愿者离职的可能性越大；⑧ 组织承诺越强，志愿者续留意愿越强。⑨ 组织承诺与志愿

---

① J. E. Johnson et al., "Motivation, Satisfaction, and Retention of Sport Management Student Volunteers," *Journal of Applied Sport Management*; *Urbana*9, 1 (2017), p. 1-26.

② M. L. Vecina et al., "Volunteer Engagement: Does Engagement Predict the Degree of Satisfaction among New Volunteers and the Commitment of Those Who have been Active Longer?" *Applied Psychology*61, 1 (2012), p. 130-148.

③ C. Stirling, S. Kilpatrick, P. Orpin, "A Psychological Contract Perspective to the Link between Non-profit Organizations' Management Practices and Volunteer Sustainability," *Human Resource Development International*14, 3 (2011), p. 321-336.

④ D. M. Rousseau, "Normative Beliefs in Fund-raising Organizations: Linking Culture to Organizational Performance and Individual Responses," *Group & Organization Studies*15, 4 (1990), p. 448-460.

⑤ C. Stirling, S. Kilpatrick, P. Orpin, "A Psychological Contract Perspective to the Link between Non-profit Organizations' Management Practices and Volunteer Sustainability," *Human Resource Development International*14, 3 (2011), p. 321-336.

⑥ K. B. Jensen, K. K. McKeage, "Fostering Volunteer Satisfaction: Enhancing Collaboration through Structure," *The Journal of Nonprofit Education and Leadership*5, 3 (2015), p. 174; M. R. Ferreira, T. Proença, J. F. Proença, "Motivation among Hospital Volunteers: An Empirical Analysis in Portugal," *International Review on Public and Nonprofit Marketing*9, 2 (2012), p. 137-152.

⑦ J. P. Meyer, N. J. Allen, "A Three-component Conceptualization of Organizational Commitment," *Human Resource Management Review*1, 1 (1991), p. 61-89.

⑧ G. Cuskelly, A. Boag, "Organisational Commitment as a Predictor of Committee Member Turnover among Volunteer Sport Administrators: Results of a Time-lagged Study," *Sport Management Review*4, 1 (2001), p. 65-86.

⑨ A. C. Henderson, J. E. Sowa, "Retaining Critical Human Capital: Volunteer Firefighters in the Commonwealth of Pennsylvania," *Voluntas: International Journal of Voluntary and Nonprofit Organizations*29, 1 (2018), p. 43-58; M. L. Vecina et al., "Volunteer Engagement: Does Engagement Predict the Degree of Satisfaction among New Volunteers and the Commitment of Those Who have been Active Longer?" *Applied Psychology*61, 1 (2012), p. 130-148.

者服务动机和满意度相关联。[①] 加强对志愿者的管理能够促进志愿者对角色的把握，进而增强志愿者的组织承诺。[②] Newman、Reinert 发现，组织认同中介了人力资源管理措施和员工组织公民行为之间的关系。[③] Bang、Ross、Reio 发现，志愿者价值动机显著预测组织承诺，且工作满意度中介了志愿者价值动机和组织承诺之间的关系。[④] Fairley 等发现人际交往、体育爱好和个人成长类志愿者动机对体育志愿者工作承诺有显著作用，而且志愿者动机和承诺也显著预测志愿者续留意愿。[⑤] 另有研究者从文化角度探究志愿者的组织承诺，在集体主义文化盛行的韩国志愿者群体中，社群意识而非参与服务获得的兴奋体验和职业发展价值，显著预测志愿者的组织承诺。[⑥] 以上这些研究说明，志愿者组织承诺受管理措施、志愿者动机和志愿者满意度影响，并对志愿者续留意愿有预测作用，管理志愿者也需要考虑文化因素。

三 研究问题和假设

本章为全面客观描述深圳助残社会组织的基本状况，便于分析深圳助残社会组织管理志愿者的基本背景条件，凝练提出了需要解决的主要问

---

① G. Cuskelly, N. McIntyre, A. Boag, "A Longitudinal Study of the Development of Organizational Commitment amongst Volunteer Sport Administrators," *Journal of Sport Management*12, 3 (1998), p. 181-202; G. Zappalà, T. Burrell, "What Makes a Frequent Volunteer? Predicting Volunteer Commitment in a Community Services Organisation," *Australian Journal on Volunteering*7, 2 (2002), p. 45 - 58; G. Güleryüz et al., "The Mediating Effect of Job Satisfaction between Emotional Intelligence and Organisational Commitment of Nurses: A Questionnaire Survey," *International Journal of Nursing Studies*45, 11 (2008), p. 1625-1635.

② T. Saksida, K. Alfes, A. Shantz, "Volunteer Role Mastery and Commitment: Can HRM Make a Difference?" *The International Journal of Human Resource Management*28, 14 (2017), p. 2062-2084.

③ M. E. J. Newman, G. Reinert, "Estimating the Number of Communities in a Network," *Physical Review Letters*117, 7 (2016), p. 301.

④ H. Bang, S. Ross, T. G. Reio, "From Motivation to Organizational Commitment of Volunteers in Non-profit Sport Organizations," *Journal of Management Development* 32, 1 (2013), p. 96 - 112.

⑤ S. Fairley et al., "Considering Cultural Influences in Volunteer Satisfaction and Commitment," *Event Management*17, 4 (2013) p. 337-348.

⑥ S. Fairley, P. Kellett, B. C. Green, "Volunteering Abroad: Motives for Travel to Volunteer at the Athens Olympic Games," *Journal of Sport Management*21, 1 (2007), p. 41-57.

题，并基于已有研究，提出了假设，探究了深圳助残社会组织志愿者管理措施、志愿者动机、志愿者满意度、志愿者组织承诺、志愿者家庭年收入和志愿者续留意愿之间的关系。

（一）研究问题

从组织的视角看，助残社会组织关于志愿服务管理措施和组织承诺等因素是如何影响到志愿者续留意愿？从个体视角看，志愿者的经济地位、志服务动机及满意度等因素，与志愿者续留之间究竟有着怎样的关系？

（二）研究假设

1. 志愿者关系质量中介了志愿者管理措施和志愿者续留意愿之间的关系。

（1）志愿者满意度中介了志愿者管理措施和志愿者续留意愿之间的关系。

（2）志愿者组织承诺中介了志愿者管理措施和志愿者续留意愿之间的关系。

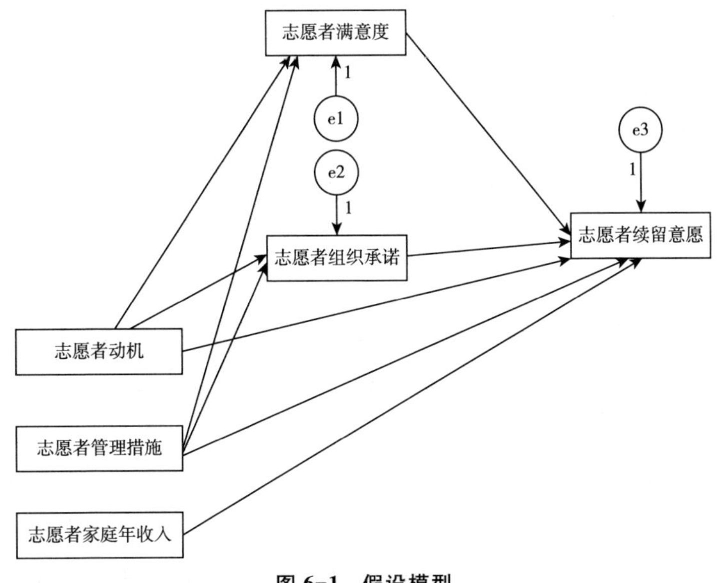

图 6-1　假设模型

2. 志愿者关系质量中介了志愿者动机和志愿者续留意愿之间的关系。

(1) 志愿者满意度中介了志愿者动机和志愿者续留意愿之间的关系。

(2) 志愿者组织承诺中介了志愿者动机和志愿者续留意愿之间的关系。

3. 志愿者家庭年收入显著预测志愿者续留意愿。

四　资料收集与分析

(一) 研究设计

课题组使用问卷调查法和描述性统计、结构方程模型的数据分析方法分两个阶段展开研究。在第一个研究阶段，使用问卷调查法，通过方便抽样方法收集到了来自深圳市 76 家助残社会组织的有效问卷；在第二个研究阶段，通过参与了第一个研究阶段调研的助残社会组织负责人，收集到了来自这些组织的 103 名志愿者的有效问卷。基于所收集到的数据，用 SPSS19.0 进行描述性统计分析和皮尔逊相关分析，并使用 MPlus6.0 进行结构方程模型分析，探明变量之间的关系。

(二) 数据收集流程

课题组在问卷星上设置了组织问卷，并通过电子海报的方式将问卷二维码发放给组织负责人。组织问卷只能通过微信登录进行填写，且每个微信用户仅能填写一次。为尽可能地收集到各类深圳助残社会组织的问卷，课题组通过四个方式发放了组织问卷：邀请参与了第一个研究阶段调研的深圳助残社会组织（共 26 家，实际参与 9 家，参与率 34.6%）参加调研；通过深圳市残联，邀请各街道职康中心（共 67 家，实际参与 47 家，参与率 70.1%）和市残联的定点康复机构（共 89 家，实际参与 17 家，参与率 19.1%）参加调研；通过深圳残疾人服务机构负责人微信群，邀请各机构（共 41 家，实际参与 8 家，参与率 19.5%）参加调研；通过课题组成员的社会关系，邀请熟悉的助残社会组织（共 7 家）参与调研。其中重复邀请的有 12 家。对于完成了问卷的组织，课题组进行了问卷质量检查，并对问卷存在问题的组织逐一进行了回访。对未完成问卷的组织，课题组也逐一通知组织负责人跟进。

课题组在问卷星上设置了志愿者问卷，通过电子海报的方式将问卷二维码发放给组织负责人，并由组织负责人转发给志愿者。与组织问卷一样，志愿者问卷只能通过微信登录，且每个微信用户仅能填写一次。填写完并成功提交问卷的志愿者可获得一份电子版的感谢状。

（三）研究参与者

第一个研究阶段的研究对象为广义上的助残社会组织，即包括民办和公办的各类残疾人服务组织，如街道和残联兴办的残疾人职业康复机构、登记注册的民办助残社会组织、尚未注册的草根助残组织和社工机构。参与本次调研的76家组织均来自深圳，其中来自福田（$n=14$，18.4%）和罗湖区（$n=13$，17.1%）的组织最多。这些组织大多数属于残联系统或街道兴办的服务机构（$n=47$，61.8%），其次属于民办专业助残机构（$n=17$，22.4%）、民办综合服务型机构（$n=19$，11.8%），最少的为其他机构（$n=3$，3.9%）。

第二个研究阶段的研究对象为助残志愿者，即为残疾人提供志愿服务的人员。第二个研究阶段的103名助残志愿者分别来自50家助残社会组织，而这50家助残社会组织均为第一个研究阶段的调研对象。他们大部分为女性（$n=59$，57.3%）、已婚（$n=61$，59.2%）、专科学历（$n=27$，26.2%）、家庭年收入在10001元至50000元（$n=26$，25.2%）、以办事人员和有关人员（$n=25$，24.3%）为主。

（四）数据清理和初步分析

数据分析前，研究者进行了数据清理和缺失值处理。针对组织问卷，研究者与研究助理逐一浏览了每份问卷，并记录了问卷中存在的问题。研究者共收集到了85份深圳市助残社会组织的问卷，其中错填和重复填写的为9份，实际有效问卷为76份。有效问卷中，共有74家社会组织的问卷存在需要回访的问题。研究者和研究助理采用微信、电话等方式联系了这74家助残社会组织的负责人，并对他们就问卷的疑问进行回访。共有51家助残社会组织的负责人回答了问题，回复率为

68.92%。研究者共收集到了341份深圳志愿者问卷。为保证志愿者均来自上述76家深圳市助残社会组织，研究者首先删除了未正确填写组织名称或填写的组织名称不在76家助残社会组织名单之内的问卷，删除后剩余326份志愿者问卷。然后，研究者对志愿者问卷答题质量进行了初步检阅。为保证答题质量，研究者在设置问卷时收集了参与者的姓名和联系方式。[①] 但初步检阅结果显示，问卷的答题情况不理想。许多志愿者填写了一连串相同的答案，例如，志愿者管理措施量表题目都填写4（经常）或5（总是）。此外，以往的研究者提出应检验答题者是否存在随意填写答案的问题，即检验相似内容的题目的答案缺乏一致性。[②] 因此，研究者采用了Longstring和Even-odd Consistency的方法对志愿者问卷进行了清理。[③] 研究者删除了连续填写12个及以上相同答案的问卷，剩余124份志愿者问卷。Even-odd Consistency方法显示志愿者答题的稳定性较强，没有多余的志愿者问卷需要删除。此外，有21名志愿者未报告他们的家庭年收入，因此研究者删除了这21名志愿者的数据，最终的样本为103名志愿者。其中多数人为女性（$n=59$，57.3%），年龄为20~56岁（$M=36.48$；$SD=9.55$），大多数人上一次服务时间为几个月内（$n=85$，82.5%），大多数人有规律地、持续地为组织提供服务（$n=53$，51.5%）。详情见表6-1和表6-2。

表6-1 志愿者基本情况的描述性统计（$n=103$）

单位：%

婚姻状况	比例	社会阶层	比例
未婚	30.1	上层	1.9
已婚（有配偶）	59.2	中上层	5.8
离异	10.7	中层	22.3

① A. W. Meade, S. B. Craig, "Identifying Careless Responses in Survey Data," *Psychological Methods*17, 3, (2012), p. 437.

② J. A. Johnson, "Ascertaining the Validity of Individual Protocols from Web-based Personality Inventories," *Journal of Research in Personality* 39, 1 (2005), p. 103-129.

③ A. W. Meade, S. B. Craig, "Identifying Careless Responses in Survey Data," *Psychological Methods*17, 3 (2012), p. 437.

续表

学历		中下层	35
未上过学	1.0	底层	35
小学	2.9	**社会阶层满意度**	
初中	11.7	非常不满意	9.7
中职	5.8	不满意	18.4
学历	比例	**社会阶层满意度**	比例
普通高中	15.5	一般	41.7
专科	26.2	满意	27.2
非全日制本科（电大、函授等）	15.5	非常满意	2.9
全日制本科	16.5	户籍类型	
硕士研究生	3.9	农业	26.2
博士研究生	1.0	非农	73.8
就业状况		**宗教信仰**	
学生	4.9	佛教	17.5
失业或无业	11.7	基督教	2.9
在业	78.6	无宗教信仰	72.8
退休	4.9	其他	3.9
职业		缺失	2.9
国家机关、党群组织、企事业单位负责人	6.8	**家庭年收入**	
		无收入	1.9
专业技术人员	13.6	0至5000元	10.7
办事人员和有关人员	24.3	5000至10000元	16.5
商业、服务业人员	21.4	10000至50000元	25.2
农、林、牧、渔业等生产人员	3.9	50000至100000元	16.5
生产、运输设备操作人员	2.9	100000至200000元	20.4
其他	10.7	200000至500000元	7.8
缺失	16.5	500000至800000元	1.0

资料来源：本课题组，《2019年助残社会组织志愿服务管理专项调查数据》。

表 6-2 志愿者所属助残社会组织

单位：%

组织名称	比例
深圳市龙岗区残疾人综合（康复）服务指导中心	1.0
深圳市守望心智障碍者家庭关爱协会	1.0
深圳市特儿康复服务有限公司	9.7
深圳市信息无障碍研究会	2.9
深圳市残友无障碍出行服务中心	1.0
深圳市龙岗区蓝天社特殊儿童康复中心	1.0
深圳市罗湖区卫宁社区服务中心	1.0
南山区残疾人家属资源与心理健康服务中心	1.0
深圳市南山区金色年华特殊儿童干预中心	1.0
深圳市自闭症研究会	1.0
深圳市龙岗区智康特殊儿童康复中心	1.9
深圳市南山区关爱特殊儿童中心	1.0
深圳市蒙恩教育咨询有限公司龙岗分公司	1.9
深圳市龙华区思奇特殊儿童发展中心	1.0
深圳市福田区紫飞语特殊儿童康复中心	1.0
南头街道综合（职业）康复服务中心	1.0
粤海街道综合（职业）康复服务中心	1.0
招商街道残疾人综合（职业）康复服务中心	1.0
宝安区新安街道综合（职业）康复服务中心	2.9
南园街道职业康复服务中心	2.9
华富街道综合（职业）康复服务中心	1.0
桃源街道综合（职业）康复服务中心	1.0
深圳市盐田区海山残疾人综合服务中心	1.9
深圳市大鹏新区南澳办事处综合职业康复服务中心	1.9
翠竹街道综合（职业）康复服务中心	1.9
园山街道综合（职业）康复服务中心	1.9
坂田街道综合（职业）康复服务中心	2.9
深圳市南山区蛇口街道综合（职业）康复中心	1.0

续表

组织名称	比例
残疾人综合职业康复服务中心（罗湖区黄贝街道）	4.9
罗湖区东门街道综合（职业）康复服务中心	1.9
深圳市大鹏新区大鹏办事处综合（职业）康复服务中心	3.9
深圳市罗湖区清水河街道职业康复服务中心	1.0
玉塘街道职康中心	1.0
龙城街道综合（职业）康复服务中心	1.9
深圳市罗湖区南湖街道综合职业康复服务中心	1.0
东湖街道残疾人综合职业康复服务中心	1.0
深圳市盐田区盐港残疾人综合服务中心	1.0
深圳市龙岗区坪地街道综合职业康复服务中心	1.0
深圳市光明区马田街道职业康复服务中心	1.0
罗湖区桂园职康服务中心	1.9
坪山区龙田街道残疾人综合（职业）康复服务中心	1.0
新湖街道综合（职业）康复服务中心	1.9
大鹏新区葵涌办事处综合（职业康复服务中心）	2.9
深圳市光明区公明街道综合职业康复（服务）中心	2.9
坪山街道办事处残疾人综合（职业）康复服务中心	2.9
深圳市坪山区坑梓街道办综合（职业）康复服务中心	1.9
光明区凤凰街道职康中心	5.8
深圳市坪山区马峦街道残疾人综合（职业）康复服务中心	1.9
深圳市坪山区大同社会组织服务中心	3.9
深圳市福田现代社工事务所	3.9

资料来源：本课题组，《2019 年助残社会组织志愿服务管理专项调查》。

在对志愿者问卷数据进行统计分析之前，研究者对数据进行了初步分析。通过使用散点图，研究者验证了自变量和因变量间的线性关系。研究者使用了变量偏度和峰度 z 分数验证了变量的正态分布情况（见表 6-3）。研究者对各变量出现的极端值也进行了检验，这些极端值均在合理范围内，因此研究者没有删除更多的数值。此外，各变量数据完整，没有缺失值。

表 6-3 变量偏度和峰度 z 分数

变量名称	偏度 z 分数	非正态分布程度	峰度 z 分数	非正态分布程度
志愿者管理措施	-1.64	轻微	-.016	轻微
志愿者动机	0.60	轻微	-.169	轻微
志愿者满意度	0.27	轻微	-.627	轻微
志愿者组织承诺	1.79	轻微	.072	轻微
志愿者续留意愿	-1.63	轻微	-.780	轻微

资料来源：本课题组，《2019 年助残社会组织志愿服务管理专项调查》。

（五）数据分析

家庭年收入为类别型变量，研究者使用了单因素方差分析探究志愿者管理措施、志愿者动机、志愿者满意度、志愿者组织承诺和志愿者续留意愿在不同家庭年收入等级中的差异。各变量的 Levene's Test for Homogeneity of Variance 结果为不显著（$p>.05$）。

研究者使用了多种指标检验模型拟合指数。Chi-square Values of the Goodness of Fit 检验被用于检测模型整体的拟合程度，Chi-square 数值越小越好。Hu 和 Bentler 指出，Chi-square 检验容易受到样本量的影响。[①] 因此，研究者检测了其他的拟合指标，如 Comparative Fit Index[②]，Tucker

① L. Hu，P. M. Bentler，"Cutoff Criteria for Fit Indexes in Covariance Structure Analysis：Conventional Criteria Versus New Alternatives，" *Structural Equation Modeling：A Multidisciplinary Journal*6，1（1999），p. 1-55.

② P. M. Bentler，"Comparative Fit Indexes in Structural Models，" *Psychological Bulletin*107，2（1990），p. 238.

Lewis Index[①]。CFI 和 TLI 大于或等于 0.90 为拟合达标，[②] 大于或等于 0.95 为拟合良好。[③]

（六）检定力分析

研究者使用了 G * Power 进行先验样本量计算。通过使用 Linear Multiple Regression：Fixed Model，R2 Deviation from Zero 检验，当有 5 个自变量，显著水平为 .05，统计功效为 .08，效应量为中等（f=.15）时，样本量应达到 92 个。因而，103 个样本能够满足需求。有学者认为，进行结构方程模型分析，样本量应达到 100 个或 200 个。Bentler 和 Chou 指出，使用结构方程模型分析的方法，样本量应达到每个参数 5～10 个数据点。[④] 103 个样本量达到了要求。

第二节　助残社会组织志愿服务管理状况

一　助残社会组织志愿服务与志愿者管理情况

大部分助残社会组织没有设置专职志愿者管理人员（$n=42$，55.3%），兼任志愿者管理人员的大多数为助残社会组织负责人（$n=12$，15.8%），同时，有 11 家助残社会组织（14.5%）表示没有负责志愿者管理的人员（见表 6-4）。

---

① L. R. Tucker, C. Lewis, "A Reliability Coefficient for Maximum Likelihood Factor Analysis," *Psychometrika*38, 1 (1973).

② P. M. Bentler, "Comparative Fit Indexes in Structural Models," *Psychological Bulletin*107, 2 (1990), p. 238.

③ L. Hu, P. M. Bentler, "Cutoff Criteria for Fit Indexes in Covariance Structure Analysis: Conventional Criteria Versus New Alternatives," *Structural Equation Modeling: A Multidisciplinary Journal*6, 1 (1999).

④ P. M. Bentler, C. P. Chou, "Practical Issues in Structural Modeling," *Sociological Methods & Research*16, 1 (1987), p. 78-117.

表 6-4 助残社会组织志愿者管理人员情况（$n=76$）

单位：%

分类	比例
有专职志愿者管理人员	44.7
无专职志愿者管理人员	55.3
组织负责人兼任	15.8
人力资源管理专员兼任	2.6
核心志愿者兼任	1.3
其他人员（如社工）兼任	6.6
没有负责志愿者管理的人员	14.5
不了解	14.5

资料来源：本课题组，《2019 年助残社会组织志愿服务管理专项调查》。

与此同时，样本中的助残社会组织较少采取管理志愿者的措施（$M=2.59$，$SD=1.03$）。其中，负责人认为助残社会组织的入岗介绍（$M=2.37$，$SD=1.21$）、督导（$M=2.38$，$SD=1.11$）和培训与支持（$M=2.48$，$SD=1.11$）措施采取频率最低，采取频率较高的管理措施为规划（$M=2.98$，$SD=1.20$）和认可（$M=2.73$，$SD=1.02$）（见表 6-5）。

表 6-5 助残社会组织志愿者管理措施评分（$n=76$）

变量名称	最小值	最大值	均值	标准差
志愿者管理措施	1.00	5.00	2.59	1.03
规划	1.00	5.00	2.98	1.20
招募	1.00	5.00	2.60	1.11
筛选	1.00	5.00	2.49	1.12
入岗介绍	1.00	5.00	2.37	1.21
培训与支持	1.00	5.00	2.48	1.11
督导	1.00	5.00	2.38	1.11

续表

变量名称	最小值	最大值	均值	标准差
绩效管理	1.00	5.00	2.57	1.15
认可	1.00	5.00	2.73	1.02

资料来源：本课题组，《2019年助残社会组织志愿服务管理专项调查》。

大部分助残社会组织在志愿者管理工作中对社交媒体和科技手段的使用率较低，从不使用专业志愿者管理软件、微信小程序、本组织的微信公众号、本组织的官方微博和本组织的官方网站的助残社会组织数量均超过参与调查助残社会组织数量的一半，对社交媒体和科技手段的使用率整体偏低（见表6-6）。

表6-6　助残社会组织社交媒体和科技手段的使用率

单位：%

类别	从不	很少	有时	经常	总是
专业志愿者管理软件（如灵析、i志愿）	59.2	18.4	17.1	3.9	1.3
微信小程序（如爱拓邦公益地图、小水滴行动）	60.5	25.0	11.8	1.3	1.3
本组织的微信公众号	59.2	7.9	17.1	9.2	6.6
本组织的助残志愿者微信或QQ群	35.5	14.5	18.4	18.4	13.2
社会或高校的志愿者微信或QQ群	44.7	27.6	14.5	9.2	3.9
本组织的官方微博	60.5	17.1	17.1	2.6	2.6
本组织的官方网站	56.6	17.1	13.2	6.6	6.6

资料来源：本课题组，《2019年助残社会组织志愿服务管理专项调查》。

总体来看，助残社会组织当前所感知到的志愿者所带来的收益水平还不太高，且在不同收益感知（$M=10.88$，$SD=4.75$）上存在较大差异。其中，志愿者在增进公众对残疾人的认识度和接纳度（$M=1.54$，$SD=0.66$）以及丰富残疾人的社交生活（$M=1.51$，$SD=0.66$）方面作用最大。对这些助残社会组织来说，志愿者在提供专业技能支持上的积极作用最小（$M=0.97$，$SD=0.71$）。与之相对应的，志愿者给助残社会组织带来了一些挑战（*M*=7.28，*SD*=5.01）。其中，助残社会组织在缺少志愿者管理专项经费（*M*=1.00，*SD*=0.71）以及招募不到有合适技能的志愿者（*M*=0.91，*SD*=0.70）方面问题最突出。对这些助残社会组织来说，在志愿者的情绪管理（*M*=0.53，*SD*=0.62）方面所感知到的支出最小（见表6-7）。

表 6-7　助残志愿者带来的总收益与总支出（*n*=76）

类别	最小值	最大值	均值	标准差
总收益	0	16	10.88	4.75
节约了开支	0	2	1.17	0.76
补充了服务人手，为专职人员节约了时间	0	2	1.43	0.72
为服务对象提供了细致的照顾	0	2	1.38	0.71
提供专业技能支持（如法律、医疗、计算机）	0	2	0.97	0.71
使组织的服务更多样	0	2	1.42	0.66
丰富残疾人的社交生活	0	2	1.51	0.66
提高组织的公众支持度，加强和社区的联系	0	2	1.45	0.66
增进公众对残疾人的认识度和接纳度	0	2	1.54	0.66
总支出	0	20	7.28	5.01
缺乏有效管理	0	2	0.80	0.65
缺乏管理志愿者的人手或时间	0	2	0.74	0.64
招募不到足够的志愿者	0	2	0.74	0.72
招募不到有合适技能的志愿者	0	2	0.91	0.70
志愿者缺勤或不稳定	0	2	0.64	0.67
志愿者工作习惯不良或工作质量低	0	2	0.62	0.63
缺少志愿者管理专项经费	0	2	1.00	0.71
志愿者到服务点的交通不便	0	2	0.75	0.66
志愿者人身伤害和财产损失	0	2	0.55	0.70
志愿者的情绪管理	0	2	0.53	0.62

资料来源：本课题组，《2019 年助残社会组织志愿服务管理专项调查》。

本样本中的助残社会组织现有的志愿者人数较多，但不同助残社会组织之间差异大（$M=47.64$，$SD=115.51$）。类似的，登记在册的志愿者人数较多，且数量差异大（$M=36.95$，$SD=111.87$）。新增的志愿者人数较少，且数量差异较大（$M=10.97$，$SD=29.56$）。流失的志愿者人数较少，且数量存在一定差异（$M=4.00$，$SD=12.47$）。大部分助残社会组织负责人不了解本组织志愿者在其他单位的注册情况（48.7%），已注册的志愿者大部分在共青团、义工联注册（23.7%）。志愿者来源多是残疾人家长（52.6%），其次是企业工作人员（34.2%）和政府部门工作人员（32.9%）（见表6-8）。

表6-8 助残社会组织志愿者注册情况及来源

单位：%

变量名称	比例
志愿者注册情况	
民政局	7.9
精神文明办	1.3
共青团、义工联	23.7
残联	13.2
其他社会组织	14.5
未在其他单位注册	10.5
不了解	48.7
志愿者来源	
在校大学生	27.6
在校中学生	11.8
残疾人家长	52.6
退休人员	30.3
企业工作人员	34.2
政府部门工作人员	32.9
其他（如社区居民、其他残疾人）	18.4

资料来源：本课题组，《2019年助残社会组织志愿服务管理专项调查》。

总的来说，志愿者在残疾人参与的专题活动（$M=3.17$，$SD=1.11$）和日常陪护与协助活动（$M=2.96$，$SD=1.25$）中的参与率较高。对这些社会组织来说，志愿者在办公助理的活动（$M=2.05$，$SD=1.12$）、专业培训与分享活动（$M=2.54$，$SD=1.29$）以及其他活动（$M=1.84$，$SD=1.18$）中的参与率较低（见表 6-9）。

表 6-9　志愿服务活动情况

类别	均值	标准差
残疾人参与的专题活动（如手工、绘画、体育和歌舞小组）	3.17	1.11
日常陪护与协助活动（如协助外出、卫生清洁）	2.96	1.25
获取资金的活动（如举办义卖会、99 公益等筹资活动）	2.62	1.30
营造社会影响力的活动（如撰写宣传稿件、协助拍摄短片）	2.63	1.25
办公助理的活动（如翻译、网站建设、设备维护）	2.05	1.12
专业培训与分享活动（如分享康复、特殊教育、法律专业知识）	2.54	1.29
其他活动（如大型活动协助）	1.84	1.18

资料来源：本课题组，《2019 年助残社会组织志愿服务管理专项调查》。

当前来看，志愿者在助残社会组织中的重要性尚未得到充分体现，且在不同的助残社会组织之间存在较大差异（$M=65.03$，$SD=29.16$）。助残社会组织对志愿者的满意度为中等，且差异很大（$M=73.34$，$SD=29.69$）。2019 年 6 月至 9 月，样本中的助残社会组织平均开展了 9 场活动，其中 6 场有志愿者参加，志愿者参与人数达 33 人次。

二　助残社会组织负责人的背景信息

样本中的助残社会组织负责人大多数为非全日制本科（31.6%）或专科（30.3%）学历，专业背景为管理类（25.0%），政治面貌为群众（53.9%），在本领域工作经验有 10 年以上（36.8%），并且无宗教信仰（80.3%）（见表 6-10）。

表 6-10　助残社会组织负责人的背景信息

单位：%

<table>
<tr><td>学历</td><td>比例</td><td>政治面貌</td><td>比例</td></tr>
<tr><td>初中</td><td>1.3</td><td>中共党员</td><td>34.2</td></tr>
<tr><td>普通高中</td><td>5.3</td><td>共青团员</td><td>10.5</td></tr>
<tr><td>专科</td><td>30.3</td><td>群众</td><td>53.9</td></tr>
<tr><td rowspan="2">非全日制本科（夜大、电大、函授等）</td><td rowspan="2">31.6</td><td>其他（民建）</td><td>1.3</td></tr>
<tr><td>本领域工作经验</td><td>比例</td></tr>
<tr><td>全日制本科</td><td>28.9</td><td>1 年及以下</td><td>7.9</td></tr>
<tr><td>硕士研究生</td><td>2.6</td><td>1~3 年</td><td>19.7</td></tr>
<tr><td>专业</td><td>比例</td><td>3~5 年</td><td>13.2</td></tr>
<tr><td>社会工作</td><td>17.1</td><td>5~10 年</td><td>22.4</td></tr>
<tr><td>社会学</td><td>0</td><td>10 年以上</td><td>36.8</td></tr>
<tr><td rowspan="2">管理类（工商管理、公共管理、人力资源管理等）</td><td rowspan="2">25.0</td><td>宗教信仰</td><td>比例</td></tr>
<tr><td>佛教</td><td>11.8</td></tr>
<tr><td>心理学类</td><td>5.3</td><td>基督教</td><td>5.3</td></tr>
<tr><td>康复</td><td>17.1</td><td>伊斯兰教</td><td>0</td></tr>
<tr><td>教育类（如特殊教育、幼教等）</td><td>15.8</td><td>天主教</td><td>0</td></tr>
<tr><td rowspan="2">其他（如物流管理、艺术设计、材料科学等）</td><td rowspan="2">19.7</td><td>其他</td><td>2.6</td></tr>
<tr><td>无宗教信仰</td><td>80.3</td></tr>
</table>

资料来源：本课题组，《2019 年助残社会组织志愿服务管理专项调查》。

三　深圳助残社会组织基本特征

第一，深圳助残社会组织已初具规模，但各组织的服务能力差异较大。总体来说，大部分组织（$n=44$，57.9%）已注册，其中 18 家组织（23.7%）为 3A 及以上的社会组织。除个别组织（1.3%）使用个人住所兼做办公场所以外，其他组织都有专门的办公场所。大部分社会组织（63.2%）未搬迁过，但有 1 家社会组织搬迁了 9 次。全职员工人数为 1~301 人（$M=17.75$，$SD=39.16$），且大部分员工具有社会工作（$M=2.55$，$SD=10.11$）和康复（$M=2.51$，$SD=4.82$）的专业背景。2018 年离职员工数量为 0~56 人（$M=3.13$，$SD=7.34$）。2018 年的总收入（$M=409.85$，

$SD=985.1$）和总支出（$M=341.09$，$SD=717.64$）都比较高，且差异很大。从服务提供情况上来说，这些组织的服务范围已覆盖所有残障类型，且每种残障类型覆盖率达60%以上。这些组织月均服务人数非常多，差异很大（$M=570.35$，$SD=804.52$）。这些组织也提供了全面的服务项目，包括但不限于康复、文体、教育、托养、慈善捐助、法律和政策倡导等。同样，各类服务项目的月均服务人数差异较大。其中，基础的康复、文体、教育和托养月均服务人数较多，但慈善捐助、法律和政策倡导服务的月均服务人数比较少。助残社会组织传统康复技能以外的专业技术技能和资源调动能力仍有发展空间。这些结果一方面显示深圳助残社会组织总体服务能力强，另一方面显示各个组织的服务能力存在较大的差异。这印证了负责人前期研究得出的助残社会组织发展存在差异的结论。[①] 这种差异可能来自组织发展能力的不同，也可能是受到环境因素影响，例如，组织所在社区对残疾人服务的需求。样本中的深圳助残社会组织大部分对政府资源的依赖性较强，但这些组织也呈现出自主性发展增强的趋向。虽然办公场所大多为政府部门免费提供（$n=38$，50%），但也有许多组织（$n=29$，38.2%）自行租赁了办公场所，少数组织（7.9%）甚至购买了办公场所，大部分组织（15.8%）为自身发展租赁了更好的场所。2018年政府和残联补贴（$M=148.14$，$SD=412.5$）为组织主要收入来源，但社会捐赠资助（$M=151.22$，$SD=900.95$）的金额已经超过了政府和残联补贴。一些组织还采取了多种增加收入的方式，例如，义卖、理财存款。这些举措在政府逐步缩减直接资助、助残社会组织普遍缺乏资金的背景下十分具有现实意义。

第二，深圳助残社会组织管理志愿者的能力普遍较弱。大部分组织（55.3%）没有专职的志愿者管理人员，兼任志愿者管理人员的大多数（15.8%）是组织负责人，有的组织（14.5%）甚至没有负责志愿者管理的人员。与此同时，样本中的组织较少采取管理志愿者的措施（$M=2.59$，$SD=1.03$）。其中，入岗介绍（$M=2.37$，$SD=1.21$）、督导（$M=2.38$，

① 周林刚、黄亮：《从无权到增权：社会服务组织成长问题探讨——以深圳S助残组织为个案》，《学习与实践》2012年第5期。

$SD=1.11$）和培训与支持（$M=2.48$，$SD=1.11$）措施采取频率最低，规划（$M=2.98$，$SD=1.20$）和认可（$M=2.73$，$SD=1.02$）措施采取频率最高。这显示助残社会组织对招募的准备工作和给予志愿者评价的结尾工作比较重视。志愿者进行入岗介绍、培训、督导的中间环节较为薄弱，这可能是由于大部分助残社会组织没有专职的志愿者管理人员，因此兼职志愿者管理人员将重点放在了志愿者管理工作的开头和结尾，这些工作相对简单。管理志愿者服务的中间环节需要细致的统筹安排和对个体服务情况的追踪，需要更多的时间和精力，更为复杂。Hager 和 Brudney 则发现助残社会组织最常用的志愿者管理措施是督导、筛选和认可。[①] 其中，督导措施的采取与国内大相径庭。大部分助残社会组织负责人甚至不了解本组织志愿者在其他单位的注册情况（48.7%）。与之相对应，仅有极少数组织总是使用本组织的微信或 QQ 群（13.2%）、微信公众号（6.6%）和官方网站（6.6%）等社交媒体和科技手段。这显示助残社会组织管理志愿者的手段仍然比较传统，对科技手段的使用率很低。

第三，志愿者服务的内容较为简单，能够发挥志愿者专业技能的活动较少，以残疾人参与的专题活动和日常陪护与协助活动为主。对这些助残组织来说，志愿者在专业培训与分享活动以及办公助理等常设职位中的参与度较低。这显示能够发挥志愿者专业技能的活动机会较少，助残社会组织更注重发挥志愿者与残疾人进行交流和陪护的作用。而在调查开展的 2016 年 6 月至 9 月，样本中的助残社会组织平均开展了 9 场活动，其中 6 场有志愿者参加，志愿者参与人数达 33 人次，志愿者的助残活动参与度比较高，这可能与志愿者的来源多为残疾人家长有关。

第四，志愿者在助残社会组织中体现出的重要程度普遍较低。助残社会组织对志愿者的满意度为中等，且差异很大（$M=73.34$，$SD=29.69$）。这显示不同助残社会组织对志愿者的定位和价值发挥情况可能存在差异。志愿者给助残社会组织带来的积极作用体现得尚不明显，且存在较大差异（$M=10.88$，$SD=4.75$）。与之相对应，助残社会组织也面临志愿者管理中

---

① M. A. Hager, J. L. Brudner, "Volunteer Management Practices and Retention of Volunteers," 2020, https: //www. urban. org/sites/default/files/publication/58001/411005-Volunteer-Management-Practices-and-Retention-of-Volunteers. pdf.

的一些挑战。同时，本样本中的助残社会组织现有的志愿者人数较多，且数量差异大（*M*=47.64，*SD*=115.51）。因此，不同助残社会组织管理志愿者的工作量有很大差异，这可能也解释了助残社会组织对志愿者的评价存在差异的原因。在志愿者所提供的支持上，以增进公众对残疾人的认识度和接纳度、丰富残疾人的社交生活为主。对这些助残社会组织来说，志愿者在提供专业技能支持上发挥的积极作用最小，助残社会组织还面临缺少志愿者管理专项经费以及招募不到有合适技能的志愿者等方面的突出问题。以上这些，显示了志愿服务专业化建设的迫切性。

第三节　志愿者管理模型分析

一　志愿者管理模型探索

从数据分析结果来看，志愿者认为助残社会组织采取规划（*M*=3.61，*SD*=0.86）和招募（*M*=3.50，*SD*=0.80）措施的频率最高，而采取督导（*M*=3.17，*SD*=0.94）、培训与支持（*M*=3.24，*SD*=0.81）和筛选（*M*=3.28，*SD*=0.90）措施的频率最低。在志愿服务动机中，价值表达（*M*=4.13，*SD*=0.61）和自我增强（*M*=3.93，*SD*=0.57）的认可度最高，职业生涯（*M*=3.39，*SD*=0.76）的认可度最低。志愿者对团体融合（*M*=3.86，*SD*=0.61）的满意度最高，而对组织支持（*M*=3.74，*SD*=0.64）的满意度最低（见表6-11）。

表6-11　志愿者管理措施、动机、满意度、组织承诺和续留意愿（*n*=103）

变量名称	最小值	最大值	均值	标准差
志愿者管理措施	1.44	4.68	3.36	0.68
规划	1.33	5.00	3.61	0.86
招募	1.00	5.00	3.50	0.80
筛选	1.00	5.00	3.28	0.90
入岗介绍	1.00	5.00	3.37	0.88
培训与支持	1.33	4.67	3.24	0.81

续表

变量名称	最小值	最大值	均值	标准差
督导	1.00	5.00	3.17	0.94
绩效管理	1.50	5.00	3.48	0.88
认可	1.50	5.00	3.36	0.72
志愿者动机	2.67	4.83	3.82	0.46
价值表达	2.00	5.00	4.13	0.61
社会交往	1.67	5.00	3.86	0.65
自我保护	1.67	5.00	3.83	0.66
职业生涯	1.00	5.00	3.39	0.76
知识理解	2.00	5.00	3.77	0.65
自我增强	2.33	5.00	3.93	0.57
志愿者满意度	2.42	4.83	3.79	0.52
组织支持	2.00	5.00	3.74	0.64
参与效能感	2.25	5.00	3.81	0.58
权能感	2.00	5.00	3.78	0.63
团体融合	2.50	5.00	3.86	0.61
志愿者组织承诺	2.78	5.00	3.73	0.51
志愿者续留意愿	2.50	5.00	4.12	0.69

资料来源：本课题组，《2019 年助残社会组织志愿服务管理专项调查》。

皮尔逊相关分析的结果显示，志愿者管理措施、志愿者动机、志愿者满意度、志愿者组织承诺和志愿者续留意愿间均存在显著正相关关系。志愿者管理措施和志愿者动机存在中度正相关关系（$r=.347$，$p<.001$），志愿者管理措施和志愿者满意度存在中度正相关关系（$r=.467$，$p<.001$），志愿者管理措施和志愿者组织承诺存在中度正相关关系（$r=.370$，$p<.001$），志愿者管理措施和志愿者续留意愿存在弱正相关关系（$r=.196$，$p<.05$），志愿者动机和志愿者满意度存在中度正相关关系（$r=.519$，$p<.001$），志愿者动机和志愿者组织承诺存在中度正相关关系（$r=.484$，$p<.001$），志愿者动机和志愿者续留意愿存在中度正相关关系（$r=.382$，$p<.001$），志

愿者满意度和志愿者组织承诺存在强正相关关系（r=.626，p<.001），志愿者满意度和志愿者续留意愿存在中度正相关关系（r=.499，p<.001），志愿者组织承诺和志愿者续留意愿存在中度正相关关系（r=.592，p<.001）（见表6-12）。

表6-12 各变量间的皮尔逊相关

类别	1	2	3	4	5
志愿者管理措施	1	.347**	.467**	.370**	.196*
志愿者动机	—	1	.519**	.484**	.382**
志愿者满意度	—	—	1	.626**	.499**
志愿者组织承诺	—	—	—	1	.592**
志愿者续留意愿	—	—	—	—	1

注：* p<.05（2-tailed）；** p<.001（2-tailed）。
资料来源：本课题组，《2019年助残社会组织志愿服务管理专项调查》。

单因素方差分析被用以检测志愿者管理措施、志愿者动机、志愿者满意度、志愿者组织承诺和志愿者续留意愿在不同志愿者家庭年收入等级上是否存在显著差异。结果显示，各变量在不同志愿者家庭年收入等级上不存在显著差异：志愿者管理措施 F（7，95）=1.96，p=.07；志愿者动机 F（7，95）=0.79，p=.60；志愿者满意度 F（7，95）=0.41，p=.90；志愿者组织承诺 F（7，95）=0.60，p=.75；志愿者续留意愿 F（7，95）=0.99，p=.44。尽管志愿者续留意愿在不同志愿者家庭年收入等级上不存在显著差异，但家庭年收入等级越高的志愿者续留意愿越强。

（一）假设模型

使用 Maximum Likelihood 的结构方程模型结果显示，假设模型与数据的整体拟合程度不高。Chi-square 模型拟合检验结果为显著，Chi-square=25.33，df=3，p<.05。RMSEA 为 0.269，大于 0.06。SRMR 为 0.073，小于 0.08。CFI 和 TLI 均小于 0.9 的拟合达标指数（CFI=0.86，TLI=0.43）。因此，研究者检查了 Modification Index（MI）。其中，志愿者满意度和志愿者组织承诺残差相关的修正指数最高（MI=21.46）。根据关系质量理论，

两者残差相关是合理的。因此，研究者对模型进行了修正。

（二）修正模型

使用 Maximum Likelihood 的结构方程模型结果显示，修正模型与数据的整体拟合程度较高。Chi-square 模型拟合检验结果为不显著，Chi-square = 1.27，$df=2$，$p>.05$。RMSEA 为 0，小于 0.06。SRMR 为 0.02，小于 0.08。CFI 和 TLI 均大于 0.95 的拟合达标指数（CFI = 1，TLI = 1）。该修正模型解释了志愿者续留意愿 46.5%的变异量（R-square = .465），解释了志愿者满意度 36.4%的变异量（R-square = .364），解释了志愿者组织承诺 28%的变异量（R-square = .28）。修正模型结果见表 6-13。

表 6-13　修正模型结果

类别	Estimate	S. E.	Est. /S. E.	Two-tailed p
志愿者满意度 ON	—	—	—	—
志愿者管理措施	0.251	0.072	3.508	0.000
志愿者动机	0.462	0.106	4.350	0.000
志愿者组织承诺 ON	—	—	—	—
志愿者管理措施	0.172	0.069	2.490	0.013
志愿者满意度	0.445	0.104	4.274	0.000
志愿者续留意愿 ON	—	—	—	—
志愿者满意度	0.252	0.124	2.028	0.043
志愿者组织承诺	0.665	0.117	5.677	0.000
志愿者动机	0.091	0.140	0.651	0.515
志愿者管理措施	-0.053	0.085	-0.619	0.536
志愿者家庭年收入	0.119	0.032	3.755	0.000
志愿者满意度 WITH	—	—	—	—
志愿者组织承诺	0.082	0.019	4.389	0.000
截距	—	—	—	—
志愿者满意度	1.183	0.347	3.411	0.001
志愿者组织承诺	1.453	0.345	4.210	0.000
志愿者续留意愿	-0.016	0.491	-0.033	0.974

续表

类别	Estimate	S. E.	Est. /S. E.	Two-tailed p
残差	—	—	—	—
志愿者满意度	0. 173	0. 023	7. 554	0. 000
志愿者组织承诺	0. 184	0. 026	6. 999	0. 000
志愿者续留意愿	0. 259	0. 029	8. 816	0. 000

资料来源：本课题组，《2019 年助残社会组织志愿服务管理专项调查》。

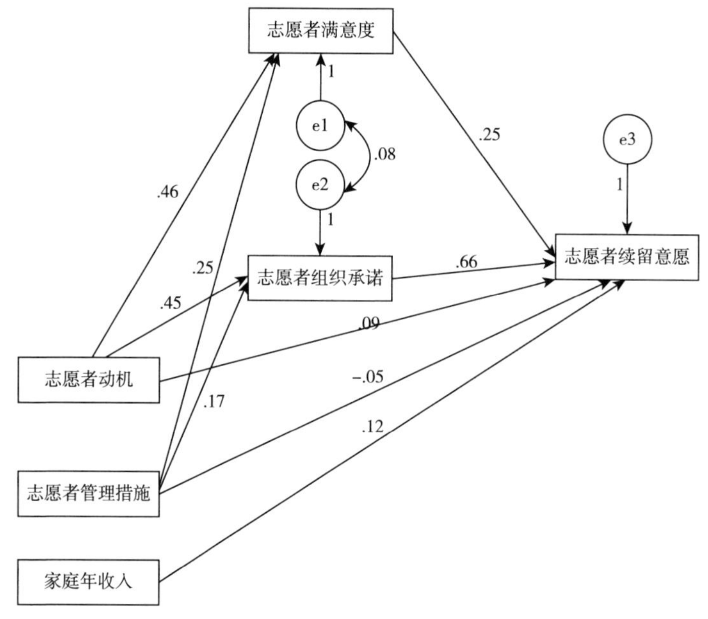

图 6-2　修正模型

为检验志愿者关系质量是否中介了志愿者管理措施和志愿者续留意愿之间的关系，研究者使用 Mplus6. 0[①] 进行了路径分析。结果显示，志愿者满意度中介了志愿者管理措施和志愿者续留意愿之间的关系。志愿者管理措施显著预测志愿者满意度 β=. 251，*SE*=. 072，*p*<. 001，志愿者满意度显著预测志愿者续留意愿 β=. 252，*SE*=. 124，*p*<. 05。志愿者组织承诺中介

① L. K. Muthen, *Muthén B O. Mplus User's Guide（Sixth Edition）*（Los Angeles, CA: Muthén & Muthén, 1998）.

了志愿者管理措施和志愿者续留意愿之间的关系。志愿者管理措施显著预测志愿者组织承诺 $\beta=.172$，$SE=.069$，$p<.05$，志愿者组织承诺显著预测志愿者续留意愿 $\beta=.665$，$SE=.117$，$p<.001$。通过使用 Bootstrap 法，研究者验证了志愿者管理措施到志愿者续留意愿的间接效应是显著的，$\beta=.178$，95% CI［.054，.312］。

为检验志愿者关系质量是否中介了志愿者动机和志愿者续留意愿之间的关系，研究者使用 Mplus6.0 进行了路径分析。结果显示，志愿者满意度中介了志愿者动机和志愿者续留意愿之间的关系。志愿者动机显著预测志愿者满意度 $\beta=.462$，$SE=.106$，$p<.001$，志愿者满意度显著预测志愿者续留意愿 $\beta=.252$，$SE=.124$，$p<.05$。志愿者组织承诺中介了志愿者动机和志愿者续留意愿之间的关系。志愿者动机显著预测志愿者组织承诺 $\beta=.445$，$SE=.104$，$p<.001$，志愿者组织承诺显著预测志愿者续留意愿 $\beta=.665$，$SE=.117$，$p<.001$。通过使用 Bootstrap 法，研究者验证了志愿者动机到志愿者续留意愿的间接效应是显著的，$\beta=.413$，95% CI［.231，.639］。

该模型中，志愿者家庭年收入显著预测志愿者组织承诺 $\beta=.119$，$SE=.032$，$p<.001$。

二　讨论

研究结果显示，志愿者对各项动机、满意度、组织承诺和续留意愿的认可度普遍较高，而且差异不大。这呼应了前人的研究结果。[①] 就志愿者管理措施的整体情况而言，他们认为助残社会组织经常采取各项管理措施，且差异不

① J. E. Johnson et al., "Motivation, Satisfaction, and Retention of Sport Management Student Volunteers," Journal of Applied Sport Management; Urbana 9, (2017), p. 1-26; S. S. Van et al., "How the Organizational Context Impacts Volunteers: A Differentiated Perspective on Self-determined Motivation," *Voluntas: International Journal of Voluntary and Nonprofit Organizations*26, 4 (2015), p. 1570-1590; T. Saksida, K. Alfes, A. Shantz, "Volunteer Role Mastery and Commitment: Can HRM Make a Difference?" *The International Journal of Human Resource Management*28, 14 (2017), p. 2062-2084.

大。Traeger 和 Alfes 使用七点量表①对组织管理措施进行评价，也得出了类似的结果（$M=4.98$，$SD=1.18$）。其中，志愿者认为助残社会组织的规划（$M=3.61$，$SD=0.86$）和招募（$M=3.50$，$SD=0.80$）措施采取频率最高，督导（$M=3.17$，$SD=0.94$）和培训与支持（$M=3.24$，$SD=0.81$）措施采取频率最低。其中督导措施的采取频率低与 Hager 和 Brudney 的研究结果②不一致。与第一个研究阶段的结果相似，助残社会组织能够较好地规划志愿者需求并招募到志愿者，但督导志愿者、在服务过程中提供培训与支持，仍是这些组织工作中的薄弱环节，这也解释了组织支持（$M=3.74$，$SD=0.64$）满意度最低的原因。助残志愿者的价值表达（$M=4.13$，$SD=0.61$）和自我增强（$M=3.93$，$SD=0.57$）服务动机最高，职业生涯（$M=3.39$，$SD=0.76$）服务动机最低。这有可能是因为样本中的志愿者大部分是中年人，已经稳定就业，通过志愿服务促进职业发展的意愿并不强。而且，许多志愿者的亲人（$n=38$，36.9%）、朋友（$n=47$，45.6%）或本人（$n=28$，27.2%）是残疾人。因而，他们的服务动机更多来源于他们对价值观的表达。志愿者的团体融合（$M=3.86$，$SD=0.61$）满意度最高也印证了这一点。根据第一个研究阶段的结果，志愿者动机、满意度、组织承诺和续留意愿情况，也可能与志愿者的来源多为残疾人家庭有关。大部分的志愿者家庭年收入处于 10001～50000 元（25.2%）和 100001～200000 元（20.4%）。收入更高的志愿者人数占总人数比例并不更高，这和 Monga 的研究结果③一致，但和其他研究者的研究结果④有区别。这一发

① C. Traeger, K. Alfes, "High-performance Human Resource Practices and Volunteer Engagement: the Role of Empowerment and Organizational Identification," *Voluntas: International Journal of Voluntary and Nonprofit Organizations* 30, 5 (2019), p. 1022-1035.

② M. A. Hager, J. L. Brudner, "Volunteer Management Practices and Retention of Volunteers," 2020, https://www.urban.org/sites/default/files/publication/58001/411005-Volunteer-Management-Practices-and-Retention-of-Volunteers.pdf.

③ M. Monga, "Measuring Motivation to Volunteer for Special Events," *Event Management*, (2006), p. 47-61.

④ D. H. Coursey et al., "Psychometric Verification of Perry's Public Service Motivation Instrument: Results for Volunteer Exemplars," *Review of Public Personnel Administration* 28, 1 (2008), p. 79-90; R. Cox, "Early Volunteers Forged Friendship in Bush Alaska," *Anchorage Daily News (AK)*, (2000).

现呼应了 Brennan 的发现：志愿者个人特征对志愿行为的影响在不同地区作用不同。[①] 深圳属于东部沿海的发达地区，工作压力大、工作强度高，已工作的人群可能为了得到更高的收入付出了大量的时间，因此没有参与助残志愿服务。本样本中已工作的志愿者占 78.6%也印证了这一点。

与以往研究结果一致，志愿者管理措施、志愿者动机、志愿者满意度、志愿者组织承诺和志愿者续留意愿存在显著正相关关系。[②] 其中，志愿者组织承诺和志愿者满意度与志愿者续留意愿的相关性最强。这印证了关系质量对志愿者续留意愿的重要意义。[③] 同时，志愿者组织承诺和志愿者满意度有显著的正相关关系（$r=.626$，$p<.001$）。志愿者管理措施和志愿者续留意愿存在显著的正相关关系，虽然相关性较弱（$r=.196$，$p<.05$），但该结果显示，助残社会组织的管理者也应重视本组织的志愿者管理措施，并加强对志愿者的管理。志愿者管理措施、志愿者动机、志愿者满意度、志愿者组织承诺和志愿者续留意愿在不同志愿者家庭年收入等级上不存在显著差异。在模型中，志愿者家庭年收入显著预测志愿者续留意

① M. A. Brennan, "Volunteerism and Community Development: A Comparison of Factors Shaping Volunteer Behavior in Irish and American Communities," *Journal of Volunteer Administration*23, 2 (2005), p. 20.

② J. Bidee et al., "Autonomous Motivation Stimulates Volunteers' Work Effort: A Self-determination Theory Approach to Volunteerism," *Voluntas: International Journal of Voluntary and Nonprofit Organizations* 24, 1 (2013), p. 32-47; M. A. Hager, J. L. Brudney, "In Search of Strategy: Universalistic, Contingent, and Configurational Adoption of Volunteer Management Practices," *Nonprofit Management and Leadership* 25, 3 (2015) p. 235-254; J. C. Mowen, H. Sujan, "Volunteer Behavior: A Hierarchical Model Approach for Investigating its Trait and Functional Motive Antecedents," *Journal of Consumer Psychology*15, 2 (2005), p. 170-182; T. Saksida, K. Alfes, A. Shantz, "Volunteer Role Mastery and Commitment: Can HRM Make a Difference?" *The International Journal of Human Resource Management* 28, 14 (2017), p. 2062-2084; V. Tarigan, D. W. Ariani, "Empirical Study Relations Job Satisfaction, Organizational Commitment, and Turnover Intention," *Advances in Management and Applied Economics*5, 2 (2015).

③ T. Saksida, K. Alfes, A. Shantz, "Volunteer Role Mastery and Commitment: Can HRM Make a Difference?" *The International Journal of Human Resource Management*28, 14 (2017), p. 2062-2084; M. L. Vecina et al., "Volunteer Engagement: Does Engagement Predict the Degree of Satisfaction among New Volunteers and the Commitment of those Who have been Active Longer?" *Applied Psychology* 61, 1 (2012), p. 130-148.

愿，这和 Brennan 的发现[①]一致。总体而言，志愿者家庭年收入显著预测志愿者续留意愿，符合志愿者消费动机的理论。尽管收入最高的志愿者并不占全体志愿者的多数，但已经参与志愿服务的高收入志愿者，更有继续服务的动力。本样本中志愿者价值表达动机在各类动机中的分数最高印证了这一点。

志愿者管理修正模型显示，志愿者关系质量中介了志愿者管理措施与志愿者续留意愿之间的关系以及志愿者动机与志愿者续留意愿之间的关系。志愿者家庭年收入显著预测了志愿者续留意愿，志愿者关系质量因素间有相关关系。志愿者与助残社会组织的关系质量一部分来自志愿者管理措施，另一部分来自志愿者动机，从理论上来说是合理的。家庭年收入更高的志愿者可能有更多参与服务的条件，如有更多可选的交通方式，更牢固的支付活动费用的基础。关系质量因素间应存在相关关系。本研究中该模型解释了志愿者续留意愿 46.5%的变异量（R-square =.465）。志愿者管理措施到志愿者续留意愿的间接效应为 β=.178，95% CI［.054，.312］。志愿者动机到志愿者续留意愿的间接效应是显著的，β=.413，95% CI［.231，.639］。

三　启示

第二个研究阶段的结果建立了志愿者管理措施和志愿者续留意愿之间的联系，显示志愿者管理措施的采取有助于增强志愿者继续为组织服务的意愿。妥善管理志愿者是维持一支能够长期稳定提供助残志愿服务队伍的基础。助残社会组织应该关注管理措施的整体性，而不应该仅仅聚焦于某一类措施。即使一个助残社会组织有很完善的认可类体系，志愿者也可能因为在服务过程中缺乏督导和培训，不能高质量完成助残服务任务，对服务体验不满意，从而丧失继续服务的意愿。与前人研究结果一致，志愿者动机是影响志愿者续留意愿的重要因素。助残社会组织在筛选志愿者时，

① M. A. Brennan, "Volunteerism and Community Development: A Comparison of Factors Shaping Volunteer Behavior in Irish and American Communities," *Journal of Volunteer Administration* 23, 2 (2005), p. 20.

应重点考察志愿者动机。许多助残志愿者是残疾人亲友，他们更看重志愿服务的价值表达和自我增强，助残社会组织应在招募志愿者活动中加强对组织理念和志愿者个人成长积极作用的建设与倡导。

根据关系质量理论，研究中提出了志愿者管理措施、志愿者动机影响志愿者续留意愿的中介变量：志愿者满意度和志愿者组织承诺。一方面，志愿者管理措施采取得更多的助残社会组织，与志愿者进行了更多规范、细致、全面、高质量的互动，及时解决志愿者服务过程中出现的问题，改善了助残志愿者服务的体验，增强了志愿者组织承诺。另一方面，动机更强的志愿者更能享受助残服务的过程，也对助残社会组织有更高的组织承诺。研究表明，志愿者管理措施和志愿者动机对增强志愿者续留意愿具有重要作用，该作用可以提高志愿者满意度和实现他们的组织承诺。志愿者家庭年收入对预测志愿者续留意愿有显著作用，但家庭年收入高的志愿者并不占多数。这说明助残社会组织在活动安排上，一方面要设置适合不同收入水平的志愿者参与的项目，另一方面也要继续加强对组织价值理念的宣传，吸引更多家庭年收入高的志愿者持续参与志愿服务。助残社会组织也应在设置管理措施时考虑当地的社会经济文化背景，以更有效地管理志愿者。

四　局限性与未来研究方向

与第一个研究阶段类似，问卷的质量可能受到社会称许性答案和填答人不认真回答的影响。为保证填答质量，我们请助残社会组织负责人转发志愿者问卷，并为完成问卷的志愿者提供了电子版的感谢状。这样做虽然提高了问卷的回收率，但参与者可能提交了社会称许性答案。因此，我们在问卷的导语中特别提醒参与者如实回答问卷题目。为保证问卷质量，我们逐一清理了组织问卷，并就问卷出现的问题对助残社会组织负责人进行回访。对于志愿者问卷，研究者使用 Longstring 和 Even-odd Consistency 的方法进行了数据清理。

同样，另一方面的局限性来自我们使用的测量工具。未来的研究者需要对测量工具的有效性做进一步分析，例如，研究者可在其他样本中使用现有的测量工具，验证现有测量工具的有效性，也可以改用其他心理测量指标更优异的工具。

未来可以改进抽样方法，以获得更具有代表性的样本。通过扩大样本量，可在现有模型中加入测量模型，并具体分析不同类别管理措施对续留意愿的影响。通过在模型中加入组织特征变量，可以更全面地探究各类因素对志愿者的影响。下一步可以结合服务效果（如服务接受者的满意度），全面地描述志愿者管理措施对志愿者和服务对象的影响机制。还可以选取有代表性的助残志愿者进行访谈。通过这种方式，可以了解志愿者的服务体验，进一步加强对现有数据分析结果的理解。

第四节 小结

残疾是一个社会中常见的现象。社会对残疾人的开放、残疾人权利的保障，离不开助残社会组织和助残志愿者的支持。推动社会广泛关注、参与残疾人服务、营造对残疾人友好的社会环境，是落实残疾人工作、切实保障残疾人权利的基础。

根据第一个研究阶段的结果得出如下结论。第一，目前深圳助残社会组织发展已初具规模，但组织之间的服务能力差异很大。组织应进一步提升服务能力，并持续跟踪本地区助残服务需求的现状。第二，深圳助残社会组织管理志愿者的能力普遍较弱。其中，入岗介绍、督导、培训与支持类别的管理能力尤其弱，建议大力提高。助残社会组织中的专职志愿者管理人员严重欠缺，建议尽快设置，可邀请资深的志愿者对新进志愿者进行引导性管理。研究结果还显示，助残社会组织在管理方式上较少使用科技手段，建议组织更多地借助科技手段。此外，志愿者服务内容目前仍然比较简单，集中在与残疾人进行交流和陪护上，缺少发挥志愿者专业技术的活动，建议组织鼓励志愿者更多地分享专业知识、发挥创造性优势，组织更丰富和吸引人的活动。在观念上，助残社会组织应提高对志愿者的重视程度。缺乏管理专项经费和招募不到有合适技能的志愿者的组织可以与志愿者团体之间建立合作机制，并逐步培养本组织的助残志愿者团队。未来，建议通过更完善的抽样方式，在其他地区开展调查，形成对比研究。可以验证现有测量工具的有效性，或者使用更好的工具。还可以使用定性的研究方法推进现有的研究，深入了解助残社会组织的经验和教训。

根据第二个研究阶段的结果得出如下结论。第一，整体性的志愿者管理措施能够通过提升关系质量，显著增强志愿者续留意愿。建议组织从整体出发，采取更多志愿者管理措施。与第一个研究阶段的结果一致，督导志愿者是管理流程中的薄弱环节，建议组织引起重视。第二，志愿者关系质量中介了志愿者管理措施、志愿者动机和志愿者续留意愿之间的关系。该模型展示了组织层面的管理措施和志愿者层面的动机对志愿者续留意愿的影响机制。关系质量是联系组织和志愿者的重要因素，建议组织重点关注。志愿者动机对关系质量和志愿者续留意愿的显著预测效果再一次验证了助残社会组织在招募志愿者过程中志愿者动机的重要性，建议组织重点考察志愿者动机。第三，研究结果显示，助残志愿者的价值表达动机在各类动机中最为突出，建议组织加强对价值理念的宣传。这一方面回应了助残志愿者普遍对价值表达动机的看重，也有利于招募和续留高家庭年收入水平的志愿者。第四，研究结果显示，志愿者的家庭年收入对预测志愿者续留意愿有显著作用，符合志愿者消费动机的理论，但家庭年收入高的志愿者并不占多数，符合 Monga 的发现①。助残社会组织在组织活动时应考虑志愿者不同的收入水平。助残社会组织在活动安排上，一方面要设置适合不同收入水平的志愿者参与的项目，另一方面也要继续加强对组织价值理念的宣传，吸引更多家庭年收入高的志愿者持续地为组织服务。此外，助残社会组织应考虑当地的社会经济文化背景对志愿服务参与的影响。未来，建议更新现有的抽样方式，扩大样本量，并进一步完善模型。与第一个研究阶段类似，也可以验证现有研究工具的多样性，或更新现有研究工具，或结合定性的研究方法，如探究志愿者的服务体验。

① M. Monga, "Measuring Motivation to Volunteer for Special Events," *Event Management*10, 1 (2006), p. 47-61.

第七章　社交媒体环境下助残社会组织形象构建研究

助残社会组织如何在社交媒体环境下进行形象构建？在残障人士及其亲属以及一般社会公众的视野下，助残社会组织的形象如何？本章围绕社交媒体在助残社会组织形象构建中的作用和路径展开研究，通过文献研究、问卷调查和个案访谈，在界定相关概念的基础上，对助残社会组织形象构建中社交媒体的运用现状、社交媒体与助残社会组织的内在联系、助残社会组织利用社交媒体构建形象中存在的问题做了归纳和分析，认为助残社会组织在运用社交媒体构建形象方面存在不足和缺陷，助残社会组织未完全发挥社交媒体在其形象构建中应有的作用。结合相关理论，进一步探讨了助残社会组织形象构建中社交媒体的运用策略。

第一节　引言

就现有文献来看，国内外学术界对于社交媒体和组织形象构建均有较深入的研究，但在社交媒体与助残社会组织形象构建的关系方面鲜有研究，现将国内外部分相关成果进行梳理，主要从三个方面展开陈述：对社交媒体互动模式的研究；对助残社会组织形象构建的研究；对社交媒体与助残社会组织形象构建关系的研究。现将已有研究情况陈述如下。

一　社交媒体互动模式的研究

有学者对社交媒体互动模式进行了深入探究，并在其后得到学者的广泛引用和参考：基于网络互动的复杂性，Beale 最早将网络互动模式归纳为搜索模式、浏览模式和监控模式三种；① 有学者根据网络社会中个体间互动行为的差异性，将网络互动模式划分为获取模式（即获取资源，谋求浅层利益的互动行为）、关系模式（网民通过提供自我知识信息或回答疑问，以期满足互动对象的信息需求，建立良好的社会关系）、娱乐模式（以聊天、问候、询问背景等方式满足自身社会需求，通常这种需求不是迫切的，并保持为与对方的表面社会交往关系）和转换模式（互动双方都以满足对方利益需求为前提，寻求建立并维持长期的交往关系）等四种模式。② 就国内来说，由于社交媒体在现实生活中的重要性愈发凸显，学术界也开始持续关注社交媒体。宋笛认为缘于其独有的传播特质，社交媒体同时拥有“媒体属性”与“社会属性”两个方面的属性，随着互联网技术的不断发展，社交媒体社会属性的作用和功能日益凸显。③ 熊澄宇、张铮进一步围绕社交媒体的社会属性进行探讨，认为其主要体现在物质、精神、心理三个层次上。④ 在网络技术发展的助推下，社交媒体由原有的虚拟网络社会交往中的“弱关系（陌生人）”向社交媒体用户手机通讯录中的“强关系（熟人）”转变，利用网络技术实现了社会交往中现实社会与虚拟社会的全新社交媒体融合。⑤

二　助残社会组织形象构建的研究

关于组织形象的研究，可追溯至20世纪初的公关学者艾维·李发表的《公共关系活动的原则宣言》，他提出“讲真话”的基本原则，主张组织应该准确无误地向公众提供信息，一个组织要获得良好信誉和形象就必须讲真话；如果真实情况的披露会给组织形象带来不利影响，组织就应该根据公众的反应和评价来调整其策略。20世纪90年代，格鲁尼格等指出，“大

① R. Beale, “Improving Internet Interaction: From Theory to Practice,” *Journal of the Association for Information Science and Technology*6, 57 (2006), p. 829-833.

② K. Barnes, R. C. Marateo, S. P. Ferris, “Teaching and Learning with the Net Generation,” *Innovate: Journal of Online Education* 4, 3 (2007).

③ 宋笛：《社会化媒体的信息流研究——以sina微博为例》，硕士学位论文，山东师范大学，2013。

④ 熊澄宇、张铮：《在线社交网络的社会属性》，《新闻大学》2012年第3期。

⑤ 王欢、祝阳：《人际沟通视阈下的微信传播解读》，《现代情报》2013年第7期。

多数的情景下，塑造形象这一概念，意味着一种简单而直接的观念，即良好的宣传可使人们对一个组织有好的看法”。[①] Faircloth 探讨了社会组织的品牌价值对资源提供者（志愿者和捐助者）的影响，认为社会组织可以通过品牌价值来影响志愿者和捐助者的支持决策，品牌价值首次适用于社会组织并成为至关重要的资源。[②] 有学者发现社会组织的员工超越传统观点来利用“群众力量”这种独特的营销元素，主张在社会组织中进行公众倾向定位和差异化营销，这样做给社会组织的管理带来了真正挑战。[③] 斯坦福大学的市场营销学教授通过研究发现，在公众对非营利品牌的感知中，有两个维度起到了关键作用：温暖和能力。[④] 三个实验的结果表明，公众认为非营利组织比营利组织更热情，但能力较差，且消费者更不愿意购买非营利组织制造的产品。由此，非营利组织可以通过暗示的方法来增强公众对其能力的感知，这样做的话，公众在不同产品（营利组织的产品和非营利组织的产品）间购买意愿的差异就会消失。在组织形象基础理论的研究中，有学者认为公共关系所树立的“组织形象”是个整体性概念，是由产品形象（对企业而言）、服务形象、组织成员的素质形象、组织成员的社会形象、组织环境形象等方面的形象综合而成的整体形象，任何方面的形象欠佳都会影响组织良好形象的构建。[⑤] 袁传荣和宋林飞对公共关系的基本原理和基本原则做出了归纳，并提出了公关实务中的组织形象构建策略。[⑥] 陈晓春是较早对非营利组织营销这一领域进行系统化研究的学者，他在 2003 年出版的《非营利组织营销学》[⑦] 一书中，对“NPOIS”（非营

① 〔美〕詹姆斯·格鲁尼格等：《卓越公共关系与传播管理》，卫五名等译，北京大学出版社，2008，第 25~26 页。

② J. B. Faircloth, “Factors Influencing Nonprofit Resource Provider Support Decisions: Applying the Brand Equity Concept to Nonprofits,” Journal of Marketing Theory & Practice 3, 13 (2005), p. 1-15.

③ R. A. Gilbert, A. P. Meyer, M. D. Vaughan, “The Use of Market Information in Bank Supervision: Interest Rates on Large Time Deposits,” (2001).

④ J. Aaker, K. D. Vohs, C. Mogilner, “Nonprof its are Seen as Warm and For-profits as Competent: Firm Stereotypes Matter,” *Journal of Consumer Research* 2, 37 (2010), p. 224-237.

⑤ 许斌：《组织形象及其建树》，《上海大学学报》（社会科学版）1991 年第 1 期。

⑥ 袁传荣、宋林飞主编《公共关系学新论——组织形象管理》，南京大学出版社，1990。

⑦ 陈晓春主编《非营利组织营销学》，湖南人民出版社，2003。

利组织形象识别系统）的内涵、功能及运作机制进行了探讨，这也是非营利组织形象构建的核心和关键。有学者提出，在管理利益相关者关系的过程中，应坚持品牌导向，这样做对社会组织的发展有五个方面的作用：社会公众间的信任重构；与其他竞争者间的差异化识别；政府部门间的“去行政化”；员工忠诚度的提升；客户的品牌忠诚度提升。[①] 而在如何促进组织的品牌识别方面，有研究者认为可以从形象个性化、产品差异化和服务差异化三个方面来设定组织表现差异，表现差异可以带来公众对社会组织形象识别能力的提高。[②] 左敏从公众感知的特征出发，围绕公众感知和非营利组织的品牌形象之间的互动关系进行了探讨，并提出非营利组织提升公众对其品牌感知度和品牌忠诚度的策略，即通过管理关系利益，在设计品牌形象和品牌体验时，利用由公众聚合形成的品牌社群，与公众进行有倾向性的沟通与互动，从而保证信息传递的效率，使公众形成品牌忠诚。[③]

三　社交媒体与助残社会组织形象构建关系的研究

有学者研究表明，社会组织在大多数情况下通过社交媒体进行单向通信，且社会组织使用各种社交媒体的目的有所不同，Twitter 主要用于提供感谢或表达认可，Facebook 主要用于征求反馈并与其他利益相关者进行双向沟通，使用 YouTube 则主要是通过权威人物来传达信息。[④] 相关学者在进一步深入对信息层次的双重分析中，通过内容分析观察了先前认定的非营利组织的社交媒体交往互动和理念倡导信息的流行率。[⑤]

由于国内学者对社交媒体的相关研究起步晚，所以目前在社交媒体与社会组织形象构建的关系这一领域的研究成果较少，主要集中在社交媒体

---

① 张冉：《品牌导向在我国非营利组织中的价值及构建》，《社会科学辑刊》2013 年第 4 期。

② 毕垣：《非营利组织品牌营销现状、问题与对策的研究——以南昌市 H 协会为例》，硕士学位论文，江西财经大学，2016。

③ 左敏：《我国非营利组织品牌构建初探——基于公众感知与品牌形象互动的视域》，《湖北经济学院学报》（人文社会科学版）2016 年第 4 期。

④ G. A. Auger, “Fostering Democracy through Social Media: Evaluating Diametrically Opposed Nonprofit Advocacy Organizations' Use of Facebook, Twitter, and YouTube,” *Public Relations Review* 4, 39 (2013), p. 369-376.

⑤ C. Guo, G. D. Saxton, “Tweeting Social Change: How Social Media are Changing Nonprofit Advocacy,” *Nonprofit and Voluntary Sector Quarterly* 1, 43 (2014), p. 57-79.

的社会功能对于组织发展的影响方面。姚果飞、张金桥认为社交媒体改变了社会组织传统的交流、沟通方式，打造了一种新的沉浸式学习环境，并使得组织成员可以提高协同合作的效率。① 有学者对环保社会组织利用社交媒体参与社会治理进行了研究，认为社交媒体可以作为社会组织参与政府环境决策的工具，其关键在于组织、制度、人员与技术如何实现有机结合，挖掘社交媒体的潜力。②

从已有文献分析来看，专家学者从不同的角度探讨了社交媒体的信息互动模式或者与之相关的社会功能，取得了一些较为显著的成绩。但也能清晰地发现，现有社会组织尤其是助残社会组织利用社交媒体构建形象的研究成果并不多，鲜有基于社交媒体的提升助残社会组织形象构建的可行性策略和有效措施，因此对于该问题的探讨有待进一步深入。

在正式的研究开始之前，本章对"社交媒体环境下的助残社会组织形象构建"进行界定，社交媒体环境下的助残社会组织形象构建即助残社会组织通过各种社交媒体与公众进行沟通，不断调节组织结构和行为以适应公众预期，并利用组织的相关信息引导公众行为和舆论，推动公众改善对助残社会组织的认知，提高对助残社会组织的认可度和信任度。组织的总体特征和能力表现是助残社会组织形象构建的基础，社交媒体是助残社会组织形象构建的手段，公众印象、态度、行为和舆论则是测度助残社会组织表现的指标，在组织形象构建过程中起着决定性作用。以上几个方面之间的联系十分紧密，如果助残社会组织能够尊重公众意见和偏好，根据公众反馈来调整其结构和行为，就会使公众产生或增加对其的好感。此外，如果科学引导公众行为和舆论，合理利用组织相关信息加深公众对助残社会组织的认知，还能够塑造一个良好的组织形象，进而将组织的声誉、荣誉等内化为组织内部人的行动价值，从而激发内部的活力与潜力。反之，就会影响公众对助残社会组织的认同，减弱助残社会组织吸纳社会资源的能力，影响助残社会组织的进一步发展。

---

① 姚果飞、张金桥：《社交媒体对自发性体育社会组织发展的影响研究》，《湖北体育科技》2016年第1期。

② 胡新丽：《环保社会组织利用社交媒体参与政府治理的应用研究》，《电子政务》2014年第2期。

第二节　当前助残社会组织的媒介形象

中国助残社会组织肇始于 20 世纪 80 年代，诞生于改革开放的历史机遇期和残联的广泛建立时期。早期的助残社会组织致力于唤醒广大残疾人自发、自觉表达需求的意识，残疾人群体开始由被动接受服务到主动寻求服务。总而言之，早期的助残社会组织对推动残疾人事业发展、宣传人道主义精神起到了十分重要的作用。

一　专项调研过程与方法

2017 年 4~6 月，课题组以“助残社会组织的社交媒体形象感知”为主题，对 23 家助残社会组织工作人员和公众进行了问卷调查，共发放问卷 200 份，回收有效问卷 180 份，问卷有效率为 90%。抽样调查采取匹配调查和被访者驱动抽样的方法，根据成立时间、发展规模、服务内容等选定 23 家助残社会组织，对每家组织的 1~2 名工作人员、2~4 名接受服务对象及其家属进行调查，并对参与调查的每个接受服务对象及其家属的 2~5 名非服务相关方朋友进行调查。

调查采用网络问卷的形式，通过调查该群体对助残社会组织形象的了解程度、认同感、参与度等，来窥探助残社会组织基于社交媒体构建形象的全貌；同时对深圳、东莞、广州、汕头等地的 11 家助残社会组织进行实地调查和深度访谈。

二　公众视野下的助残社会组织形象

首先是对残障人士及其近亲属和一般社会公众的调查，主要包括他们对社交媒体的基本使用情况、对助残社会组织的态度、对社交媒体中助残社会组织总体表现评价等内容的调查。其中，在受访对象使用社交媒体过程中发现助残社会组织相关动态信息频率的问题上，有 21.43%的调查对象表示经常碰到，相比于调查对象中残障人士及其近亲属的占比（28.57%）较低（见图 7-1）。该项数据表明，就整体而言，助残社会组织在社交媒体中的现有信息没能完全覆盖核心目标公众。

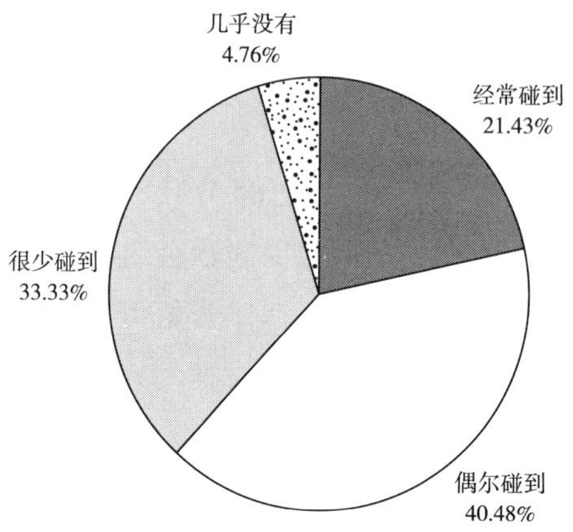

图 7-1 助残社会组织媒介形象的曝光频率

而进一步的调查结果显示，对于“助残社会组织的动态信息发现途径”，“微信朋友圈”的占比最高，达到 85.71%；其次为“QQ”（47.62%）、“微博”（19.05%）和“贴吧/论坛”（9.52%）。有一些调查对象反映，在“公司”或“社交新闻网站”上，也有助残社会组织的动态信息，但这只占整体的 9.52%，总体偏少（见图 7-2）。在“通过社交媒体关注助残社会组织动态”的频率上，“每天都会”的占 16.67%，“每周会有几次”的占比较大，达到了 19.05%，更多的受访对象选择的是偶尔关注（45.24%）。

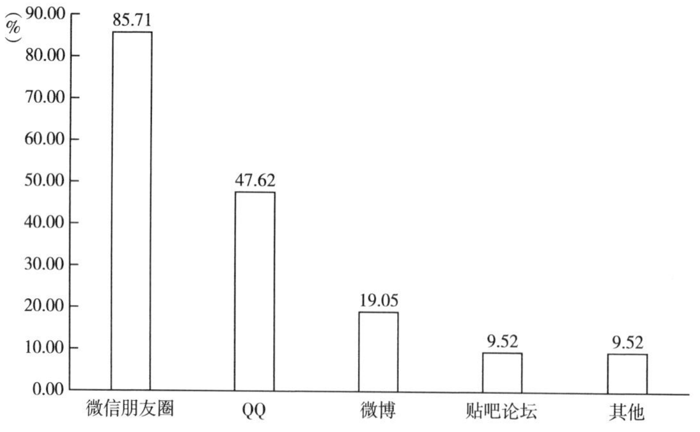

图 7-2 助残社会组织的动态信息发现途径分布情况

在调查对象的态度评价中，有 76.19%的调查对象表示，“如果对某个助残社会组织提供的服务比较满意”，愿意选择通过社交媒体表达自己的赞美。在涉及“社交媒体中助残社会组织的正面信息比例”的调查时，同样有 76.19%的调查对象认为，社交媒体中，助残社会组织的正面信息要占多数或绝大多数；另有 19.05%的调查对象认为社交媒体中关于助残社会组织的正面信息和负面信息差不多，没有调查对象认为助残社会组织的负面信息要多于正面信息（见图 7-3）。

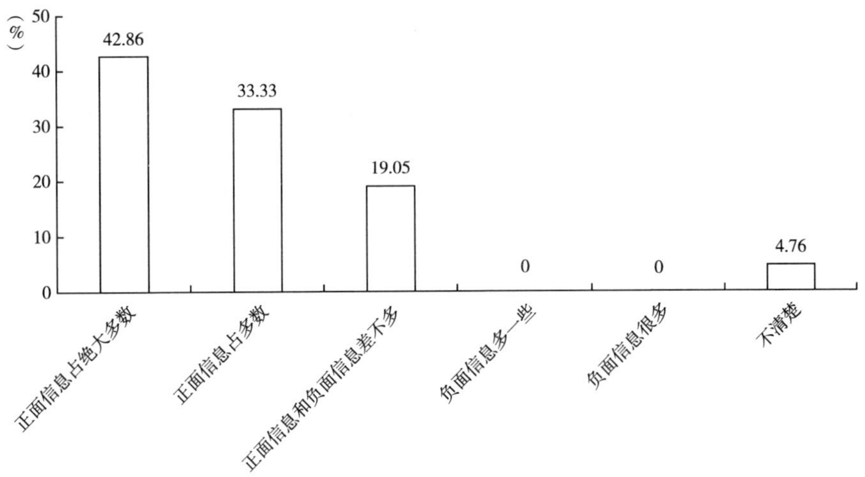

图 7-3　社交媒体中助残社会组织的正面信息比例

在调查“公众对助残社会组织利用社交媒体塑造出的组织形象的信任程度”时，11.19%的调查对象表示“完全信任”，另有半数的调查对象（50%）选择了“比较信任”。仅有少部分调查对象对助残社会组织在社交媒体中的形象真实度持负面看法，“不太信任”的仅有 9.52%，参与调查的公众中没有人“不信任”助残社会组织利用社交媒体塑造出的组织形象（见图 7-4）。

其次，在针对助残社会组织员工的问卷调查中，关于“助残社会组织利用社交媒体主要从事的活动类型”上，位居前三的分别是“公布机构开展活动情况”（88.24%）、“宣传展示机构形象”（64.71%）和“招募员工、志愿者”（58.82%）。排在其后的“与残障人士及其家属沟通和政策

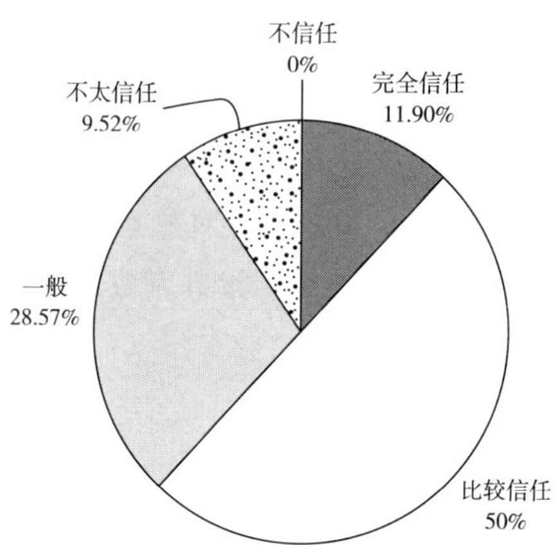

图 7-4　公众对助残社会组织利用社交媒体塑造出的组织形象的信任程度

宣传、理念倡导”也在助残社会组织社交媒体活动中占有相当大的比例，均为 52.94%；助残社会组织利用社交媒体进行募捐也占有不小的比例（29.41%）（见图 7-5）。

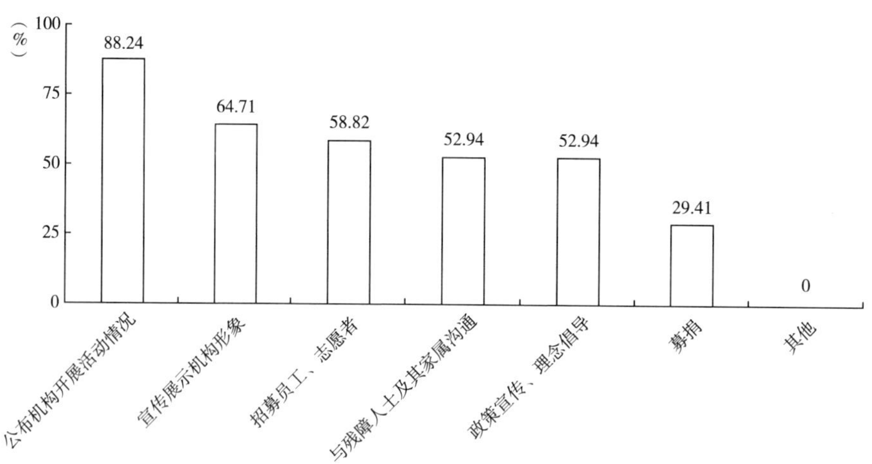

图 7-5　助残社会组织利用社交媒体主要从事的活动类型

关于“助残社会组织利用社交媒体进行组织形象构建过程中面临的主要问题”，有 41.18%的调查对象表示“没有时间精力来运营社交媒体”；23.53%的调查对象表示“组织缺乏社交媒体运营技术，只能简单推送消息以及组织规模小，对组织形象构建需求度不高”；有 11.76%的调查对象认为面临的主要困难在于“目标群体（残障群体）在社交媒体中信息接受度不高”。鉴于以上原因，47.06%和 41.18%的调查对象认为所在助残社会组织在后续组织形象塑造中，对社交媒体的投入力度会“大大加大”和“稍微加大”，仅有 11.76%的调查对象认为助残社会组织会保持现有状态（见图 7-6）。

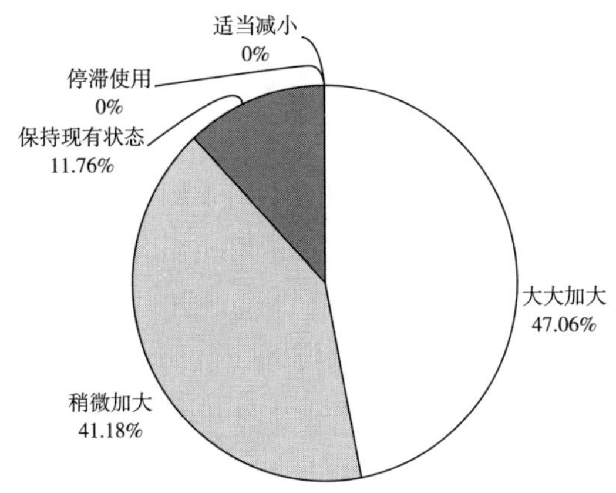

图 7-6　助残社会组织在后续对社交媒体的投入力度

通过问卷调查发现，无论是社会公众还是助残社会组织，都普遍认为社交媒体在帮助助残社会组织提升知名度和美誉度等方面有直接而明显的作用。

在实现扩散效果、完善组织内部管理机制、提升公信力等方面也有相应的间接成效。且因助残社会组织给社会公众带来良好社会印象，即高尚的精神等，社会公众普遍对助残社会组织在社交媒体中的形象持正面看法。总体来说，相较于企业等商业性组织，助残社会组织属于利用社交媒体塑造组织形象、实现组织目标的“后来者”，更鲜有来自学术界和业界的关注。但在社交媒体时代下，越来越多的助残社会组织开始后发超越，不断进行积极的探索和尝试，并取得了一定成果。随着助残社会组织与社交媒体的交融式发展，倡导型助残社会组织越来越成为社交媒体中的活跃力量，发挥着群体聚合、意见领袖的强大作用，有些倡导型助残社会组织的发起者、负责人也通过在社交媒体中塑造形象，成为残障群体的利益代言人和发声者。

一加一残障工作网络（以下简称“一加一”）创办于2006年，成立之初是一个普通的残疾人自助组织，后经明确定位和长期发展，逐步转型成长为中国残障行业知名的支持性机构。“一加一”作为倡导先锋，注重为残障群体利益发声，坚持以“培育残障人才、助力残障行业、支持残障公益”为使命，致力于推动中国残障人才和机构的可持续发展，成为中国残障事业转型期的培育者、支持者和领军者。2017年除夕夜，“一加一”机构合伙人蔡聪（蔡聪，视力障碍，毕业于长春大学特殊教育学院，现从事残障理念倡导工作）凭借在《奇葩大会》中7分钟的简短演讲征服了高晓松、蔡康永等，随后其精彩的演讲也在朋友圈中被广泛传播分享，蔡聪一夜之间火遍了大江南北。当他出现在平均观看量达3000万次的网络互动节目《奇葩大会》上，说出“世界上不应该有‘残疾人’”后，“一加一”和《有人》杂志也随之被公众所熟知、认可。

“一加一”的传播案例，是倡导型助残社会组织运用社交媒体构建组织形象的成功典范，代表了国内助残社会组织在社交媒体时代的尝试和努力，也反映了助残社会组织的社交媒体运用能力不断提升、效果不断显现。但整体来看，助残社会组织对社交媒体的运用还处于前期摸索阶段，经验相对匮乏，整体水平有待进一步提升。

第三节　助残社会组织媒介形象的定位及问题

为顺应快速兴起的社交媒体潮流，助残社会组织开始主动尝试应用微博、微信等社交媒体平台，优化传统的公共关系战略布局，致力于以社交媒体赋能助残社会组织形象塑造和提升。相对于传统路径，助残社会组织利用社交媒体进行组织形象构建有其独特的优势。依托于人际社交关系的社交媒体，细分、聚合的网络社群互动率高，互动形式多样，基于社交媒体的形象构建既能降低成本，又能提高效率。助残社会组织可利用微信、微博等社交媒体平台，对目标公众进行针对性的公关宣传，从而构建积极、正面的形象。此外，随着互联网和大数据技术的兴起和发展，利用多维数据对社交媒体平台的参与公众进行行为偏好分析，可以为助残社会组织在形象构建过程中提供有价值的传播策略。

一　社交媒体在助残社会组织形象构建中的角色定位

在社交媒体的信息海洋中，助残社会组织可以基于其独立法人的地位来注册认证官方账号，展示组织动态并与公众交流互动，进而塑造组织形象。这种基于社交媒体传播特性的新型组织形象构建模式，是对旧有的依托传统媒体构建形象之路的创新和突破，具有重要的实践价值和理论优势。

（一）社交媒体是助残社会组织形象的传播者

社交媒体中存在与乡土人情社会中的“差序格局”类似的网络社会结构。人们针对共同的兴趣或话题，往往倾向于自发组合，形成一个个具有明显特征标签的网络社群。在网络社群中，参与者以共同话题为纽带进行充分的交流互动，依托网络社群建立起紧密的社会关系。人们可以通过集聚网络社群，形成内部认同，社群内部的每一个用户的信息都可以随时被同社群其他用户转发评论，信息传播速度与质量均超乎过往。并且相对于传统大众传播路径，助残社会组织甄别目标公众的宣传成本也大大降低。残障人士基于自身的生理特点，相对于在现实社会中来说，他们在网络社交中更加积极活跃，并踊跃参与和自身有关的网络社群（如残障自助组织社群、残障交流社群等），助残社会组织在利用社交媒体进行形象构建的过程中，可以依托这种网络社群进行有效的传播。一般来说，这种残障网络社群，也经历了从线下到线上的转变。这种基于社交媒体的网络社群，往往在线下残友交流活动或者助残社会组织业务探讨时初步活跃，而后经过各个群组成员的“拉人”，将分散在各个社会阶层、不同社交关系网中的人，联结成一个高度聚合的残障网络社区。由于目标公众的聚合度较高，助残社会组织的形象构建效率得到提高，成本也相应降低。因而在相关网络社群中举办助残社会组织的公关策划活动，展示组织能力，强调本组织区别于其他组织的特征，进而塑造积极正面组织形象的做法变得卓有成效。

（二）社交媒体是助残社会组织形象的维护者

社交媒体的受众不仅是信息的接受者，也是信息的制造者和传播过程的参与者。社交媒体的优势在于让助残社会组织与公众处在一个平等的层面上，让信息在媒体和公众之间双向流动。比如，助残社会组织可以讲故事，公众可以参与评论或向其他用户转发分享，也可以利用官方认证的身份与其他用户“对话”，在回应和互动中塑造形象。如果有与助残社会组织相关的社会热点信息，则很容易迅速提升本组织的曝光度和知名度，在短时间内吸引大量用户参与到基于社交媒体的助残社会组织形象构建中。而助残社会组织必须适时调整其结构和行为，引导公众舆论，利用其所掌握的信息改变公众对其的看法，这样才能推动其形象趋向正面。

对于一个助残社会组织而言，塑造良好的形象并非易事，维护形象则更为困难。组织形象作为一个组织发展的软实力，十分脆弱，很容易遭到破坏。在社交媒体情景下，助残社会组织形象也面临固有的冲击，如误解、沟通不当带来的声誉贬损或信任缺失。这就对助残社会组织的社交媒体运用能力提出了更高要求，助残社会组织应熟练运用社交媒体技术，在良好沟通的基础上消除误解，使组织形象朝好的方向发展。因此，在组织形象出现危机的敏感时期，社交媒体就扮演了助残社会组织形象维护者的角色。

二　助残社会组织形象构建存在的主要问题

调研团队通过对 23 家助残社会组织的负责人进行半结构化的深度访谈，对助残社会组织利用社交媒体进行形象构建的现状、路径和机制有了初步把握。根据对助残社会组织负责人的个案访谈，当前助残社会组织在利用社交媒体进行组织形象构建方面主要存在以下几个方面的问题。

（一）助残社会组织对于社交媒体与自身形象内在的关联性认识不足

社交媒体作为社会交往的媒介，给助残社会组织提供了一个与公众进行交流互动的空间和平台，公众会把自己的问题和困惑通过社交媒体求助于助残社会组织，并期待自己的问题得到有效解决；助残社会组织也会积极利用社交媒体，宣传价值理念，提升服务能力，与公众进行持续互动，以此获得社会认可，构建正面的形象。但在实际运作过程中，助残社会组织往往对社交媒体与助残社会组织形象内在的关联性认识不足，不能将组织的内在精神与社交媒体中的外显事物相统一，无法利用社交媒体表现自身的特色和与竞争对手的差异性。在访谈中，佛山市星宇社会工作服务中心负责人表示“对助残社会组织发展的建议吧，因为现在很多人都会用上一个新媒体，新媒体的一个很大的用处，传播快，受众也会容易接收信息，能够解决社会组织发展中的一些问题，如资金问题”，但担心基于社交媒体的信用体系被不法分子破坏，“我们曾经有一个生病的残疾朋友，大病募捐，用这个平台，三天十六万元，这个信息平台不公益化的话，会有一些不法分子把这个信用体系破坏”。①

助残社会组织在基于社交媒体的组织形象设计策略上，并没有建构、展示组织的高尚精神追求，也没有在理性共识之上拉近与公众之间的心理距离，唤起公众的情感共鸣。单纯把社交媒体作为解决问题的工具，对其与助残社会组织形象内在关联性的认识不足，就无法将助残社会组织理念和形象向目标公众进行有效灌输和展现，改变公众对组织的看法。

（二）助残社会组织对社交媒体的重要性认识不足

虽然基于社交媒体环境下助残社会组织形象塑造的公关活动已经被很多人接受，但仍然有一部分助残社会组织工作人员对社交媒体之于助残社会组织形象塑造的重要性和必要性认识不足。在社交媒体的形象构建作用上，有 83.72%的调查对象认为“与传统媒体相比，助残社会组织通过社交媒体塑造形象，更容易赢得公众的信任和支持”，其他 16.28%的调查对象则表示不赞同此观点。

在关于社交媒体对所在助残社会组织的作用和影响上，所有调查对象都认同“使用社交媒体后，所在组织与社会公众的联系沟通更加紧密”；也有相当部分的调查对象认同社交媒体能够使“组织的知名度得到提升”（47.06%）、“与其他组织联系更加紧密、实现互动和资源共享”（47.06%）

---

① 2017 年 3 月 26 日对佛山市星宇社会工作服务中心组织的访谈材料。

和“有利于获取政策动态、提出政策建议、进行监督等”(41.18%)。在“社交媒体对于所在组织形象构建的有效程度”评价上，认为“非常有效”和“比较有效”的调查对象占多数（52.94%），也有相当部分（47.06%）的调查对象认为社交媒体在组织形象构建中的效用一般。

在“是否关注所在组织之外的其他助残社会组织在社交媒体上的动态信息”问题上，绝大多数（88.24%）助残社会组织员工都选择了“经常”，少部分（11.76%）助残社会组织员工表示“偶尔”(见图 7-7)。该项数据反映出助残社会组织员工能够利用社交媒体关注其他同类型组织的发展动态，并寻求潜在的学习借鉴机会。

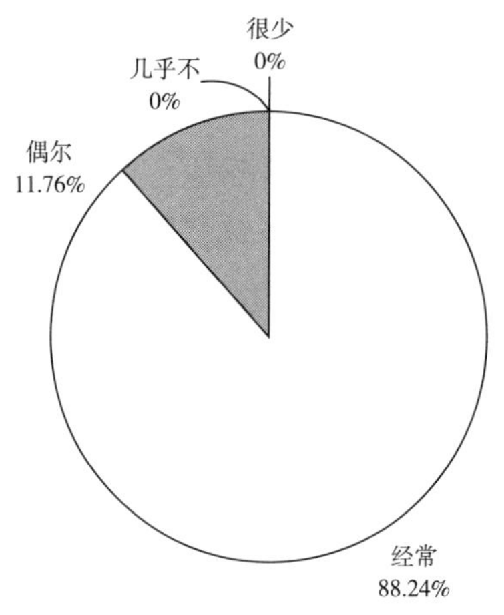

图 7-7 助残社会组织媒介形象下的同业参与度感知

但在与助残社会组织负责人的深度访谈中，课题组发现助残社会组织对于社交媒体在形象构建中的作用认知停留在浅层次上，即能认识到社交媒体在助残社会组织形象构建中的重要性，但在如何发挥其重要性作用方面的认知有所欠缺。部分助残社会组织对社交媒体环境下的形象塑造过于简单化，相当一部分助残社会组织员工在利用社交媒体塑造组织形象的过程中“雷声大、雨点小”，缺乏执行力和后劲，这使得具体实施效果大打折扣。

在对东莞市虎门启迪星自闭症康复训练中心的访谈中，课题组了解到该组织建有自己的网站和 QQ 群，但其用途主要是发布新闻动态、通知家长等，在社交媒体方面的投入也仅仅停留在“让大家知道有这么一个机构，没有想到更多了”。①

从该维度看，助残社会组织对社交媒体的使用经历了一个典型的“开始容易、发展乏力”的过程。部分助残社会组织将使用社交媒体简化为“建立QQ群”或“使用官方微博、微信公众号”，使QQ群、官方微博、微信公众号成为其信息发布站，忽视了社交媒体的社交和互动属性，让用户不免对其在此类社交媒体中的相关信息感到倦怠，有时甚至会对其形象产生负面作用。

（三）助残社会组织对于自身形象的特征把握不够深入

组织形象源于组织表现，是由具体评价构成的总体评价，公众是组织形象的评价者。组织形象的构成要素包括了组织的总体特征与风格、组织形象定位、知名度和美誉度等，其中，组织的总体特征与风格是最能让公众接受，并与其他组织相区别的要素内容。组织形象具有客观性、多维性和稳定性的特征，只有准确把握组织的特征，进行组织形象定位，才能设计运作恰适的公关策略，促进组织形象构建。

根据前面的问卷调查可以发现，作为助残社会组织形象定位的客体公众，残障人士及其近亲属和一般社会成员认为社交媒体中的助残社会组织正面信息更为普遍（76.21%），对助残社会组织整体持友善态度。但作为助残社会组织形象定位的主体，助残社会组织工作人员普遍（76.47%）认为，没有助残社会组织充分利用社交媒体构建了良好的形象，认为社交媒体对所在组织的形象构建比较有效的略高于半数（52.94%）。助残社会组织形象定位在主体与客体感知之间的差异，反映出助残社会组织对其自身形象的特征把握存在不足，既没有根据自身形象的客体定位准确把握自身形象特征，调整在公众心目中的形象表现，也没有在主体定位上将自身的声誉、荣誉等内化为内部员工的动力。

---

① 2017年3月18日对东莞市虎门启迪星自闭症康复训练中心的访谈材料。

（四）助残社会组织运用社交媒体的能力有待提升

人才匮乏是助残社会组织发展普遍存在的问题，其中，社交媒体人才匮乏问题更为突出。社交媒体对助残社会组织而言是一个新生事物，而相应的人才培养需要一定的周期。助残社会组织中负责具体社交媒体运营的人员，大多为一线服务者，基本不具备相关的经验和技能，也没有足够的精力去精细化运营社交媒体。通过调查可以发现，“没有时间精力来运营社交媒体”、“缺乏社交媒体运营技术”和“组织规模小”是许多助残社会组织在运用社交媒体进行组织形象构建时面临的主要问题。

问卷调查中针对“助残社会组织使用社交媒体发布信息的频率”的调查数据显示，多数调查对象所在组织能够较为频繁地使用社交媒体发布信息，其中“每天一次”的占 29.41%，“每周几次”的占 35.29%，有 29.41%的组织为“每个月几次”，频率较低，也存在 5.88%的组织完全没有使用社交媒体发布信息的情况（见图 7-8）。

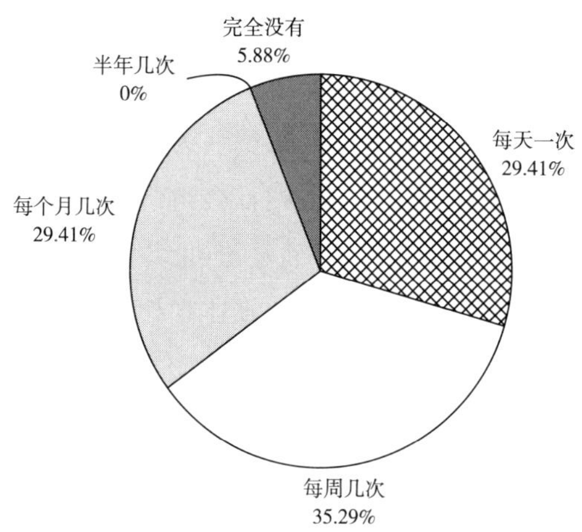

图 7-8　助残社会组织使用社交媒体发布信息的频率

在“助残社会组织使用社交媒体进行形象构建和传播的效用”上，有 47.06%的调查对象认为“社交媒体对所在组织的形象构建和传播的效用一般”（见图 7-9）。上述调查数据可以反映出部分助残社会组织使用社交媒体塑造形象的能力有待提高。

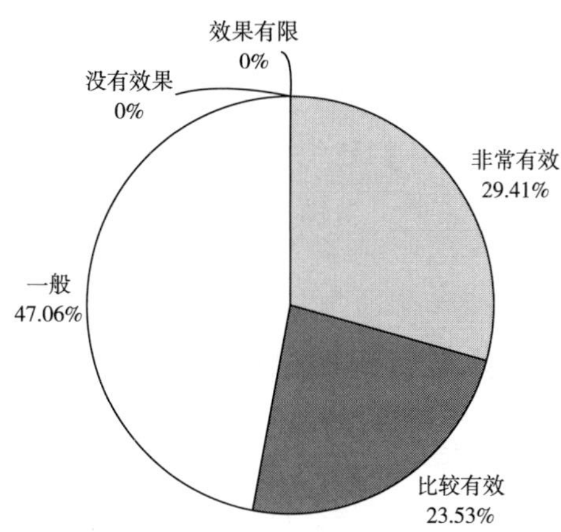

图 7-9　助残社会组织使用社交媒体进行形象构建和传播的效用

在社交媒体运营方面，64.71%的调查对象所在助残社会组织都有专职人员负责，29.41%的调查对象所在助残社会组织没有专职人员负责，而是由不固定的员工或志愿者负责，5.88%的助残社会组织采用其他方式进行社交媒体运营。

在对至灵培训学校的个案访谈中，课题组了解到该组织是在特殊儿童教育行业内有着多年从业经验和良好口碑的机构，也很重视社交媒体在组织发展中的作用，但反映在实际操作过程中“有时候是有点麻烦的，平时因为我们老师要上课，家长也要工作”。[①] 从侧面反映出部分助残社会组织在社交媒体应用方面的准备不足，能够认识到社交媒体对于提升组织能力、塑造良好组织形象的重要作用，但受制于传统公关策略模式，对社交媒体中组织形象塑造的特点及规律认识不清，运用社交媒体的能力不强，既缺乏基于社交媒体的有效公关策略支持，也没有发挥社交媒体在组织形象构建中的强大作用。

---

① 2017 年 3 月 19 日对广州越秀区至灵培训学校的访谈材料。

第四节　小结

综合上述对社交媒体发展现状、特征、发展趋势等方面的探索，以及对助残社会组织利用社交媒体构建组织形象的现状进行深入剖析，结合组织形象的构成要素和运作策略，对助残社会组织形象构建中社交媒体运用的可行性策略进行探讨。

一　把准社交媒体与组织形象构建的内在逻辑

助残社会组织应充分认识社交媒体的社会属性，重视社交媒体在组织形象构建中的重要作用，不能以传统眼光来看待社交媒体。尤其要加强对社交媒体与组织形象构建的内在关联性的认识，主要在于如何促进组织内在精神与在社交媒体中塑造的组织形象的统一，即如何展示组织的高尚精神追求，在理性共识之上引起公众的情感共鸣。具体分为以下两个方面。

第一，寻找自身发展需求与组织形象表现的契合点。倡导型助残社会组织可以利用服务能力和工作经验，基于社交媒体进行积极活跃的理念倡导和价值传递；实务型助残社会组织则可以在基于社交媒体的形象构建过程中，强调自身的实务操作和技能推广。根据组织不同的需求，表现不同的特色，争取引起公众的情感共鸣，拉近与公众的心理距离，最终改变公众对组织的看法，争取公众对组织的支持。

第二，组织形象必须言之有物，因此助残社会组织要重视社交媒体与传统大众媒体的结合，实现基于多种媒体的立体式打造。传统媒体可以为助残社会组织获得更多的美誉度和信任感，社交媒体对助残社会组织所获得的公众第一印象有重要作用。助残社会组织应主动与目标公众进行沟通和互动，获得反馈，并提升构建正面组织形象的能力。

二　利用自身特色和优势进行组织形象塑造

由于社交媒体场景中，助残社会组织和公众关系的角色定位变化，助残社会组织的理念文化可以不再单独依靠组织去宣传，通过目标公众内部的互动来构建正面的组织形象成为可能。因此，要想保证组织形象塑造的整体效率，准确把握组织形象特征，就要对组织形象进行定位，整合社交媒体资源，发挥社交媒体“增量”的作用。

明确助残社会组织形象塑造的目标公众，即消费者公众（残障人士及其家属）、社区公众（一般社会成员、公益基金会）、媒介公众和政府公众等，对助残社会组织利用社交媒体进行形象构建的效率提升起关键作用。在利用社交媒体制定公关策略时，根据组织定位，把握不同目标公众的需求，依托社交媒体展现组织的特色、与对手的差异性和与目标公众的互补性，这样才能顺利将组织理念灌输给目标公众，从而构建起基于社交媒体的正面组织形象。一方面，社交媒体目标受众的信息获取成本低，因此有着更多的信息选择和使用空间；另一方面，由于社交媒体的去权威化，目标公众有更强烈的参与意识，愿意参与到所认同的助残社会组织的媒体信息生产和传播中。因此，自身形象特征是否能准确把握，直接关系到目标受众是否认同或归属，也关系到助残社会组织利用社交媒体构建组织形象的成效。

三　善用社交媒体平台进行组织形象构建

社交媒体的快速发展，为助残社会组织形象构建提供了更多选择，要使公关策略更有成效，就要更加讲究形象构建的针对性和策略性。助残社会组织应从精准传播和立体传播两个方面出发，提升自身的社交媒体运用能力。

第一，精准传播是指助残社会组织基于社交媒体中的网络社群，快速识别、锁定目标受众，提升和增强组织形象传播的效率和精准性。在网络社群中，目标受众已经进行了自发聚合，形象构建的成本也相对较低，形象传递也更有针对性。

第二，立体传播是指助残社会组织可利用社交媒体的连通性特征，组合运用多种社交媒体形式，互相引用和融合。因为助残社会组织面对的目标公众有其特殊性（以残障人士为主），依托单一社交媒体构建组织形象的效果有限，立体传播则可以打破局限，增强传播的有效性和提升组织形象构建的效率。

综上所述，社交媒体在助残社会组织形象构建中具有重要的作用，但在实践过程中由于多重原因，助残社会组织并未完全发挥其作用。本章从理论和实践两个方面对社交媒体在助残社会组织形象构建中的优势价值及问题进行了深入阐述，对当前我国助残社会组织利用社交媒体构建正面组织形象提出了可行性策略，并为深入开展相关研究提供了补充材料。

本章提出了助残社会组织形象构建中的社交媒体运用策略：首先，助残社会组织应加强社交媒体对组织形象构建作用的认识，重视社交媒体在构建组织形象中的重要作用；其次，助残社会组织要提升社交媒体运用能力，投入更多的精力和人力，提高社交媒体的运营效率；再次，助残社会组织要准确定位组织形象，把握组织形象特征，针对不同的社会公众采取不同的公关策略；最后，助残社会组织要加强对社交媒体与组织形象构建内在关联性的认识，寻找自身发展需求与组织形象表现的契合点，拉近与公众之间的心理距离，并且通过与传统媒体的结合来整合组织形象，在争取公众第一印象的基础上塑造正面的组织形象。

在未来，社交媒体将逐步建立和巩固其社会主流媒体形式的地位，成为社会中最主要的信息发布场所和传播平台，助残社会组织如何运用社交媒体促进自身发展的理论研究和实践将会继续走向深入。

第八章　社交媒体赋能助残社会组织的个案研究

20 世纪 70 年代以来，社会学、政治学等许多学科广泛运用社会资本理论来解释经济增长和社会发展。布尔迪厄认为所谓社会资本就是实际的或潜在的资源的集合体，这些资源是同对某些持久的网络的占有密不可分的。这一网络是大家共同熟悉的，得到公认的，而且是一种体制化的网络，这一网络是同某团体的会员制相联系的，它从集体性拥有资本的角度为每个会员提供支持，提供为每个会员赢得声望的凭证，并认为经济资本、文化资本和社会资本之间可以相互转换。① 科尔曼指出："蕴含某些行动者利益的事件，部分或全部处于其他行动者的控制之下。行动者为了实现自身利益，相互进行各种交换……其结果，形成了持续存在的社会关系。这些社会关系不仅被视为社会结构的组成部分，而且是一种社会资源。"② 在林南看来，资源是"在一个社会或群体中，经过某些程序而被群体认为是有价值的东西，这些东西的占有会增加占有者的生存机遇"，包含个人资源和社会资源。其中，个人资源是指个人拥有的、能够被个人控制的财富、设备、禀赋、体质、知识、地位等资源。社会资源是指嵌入个人社会网络中的资源，如权力、财富、声誉等。这种资源存在于人际关系中，只有通过与他人互动才可获得。社会资源的利用是个体实现其目标的有效途径，而个人资源在很大程度上影响着个人可获得的社会资源。在此基础上，林南提出了社会资本理论，强调了社会结构的嵌入和人的主观能

---

① 包亚明主编《文化资本与社会炼金术——布尔迪厄访谈录》，包亚明译，上海人民出版社，1997。

② 〔美〕詹姆斯·S. 科尔曼：《社会理论的基础》（上、下），邓方译，社会科学文献出版社，1999。

动性在社会资本获取中的重要作用。①

综上来看，组织所拥有的发展资本多以关系网络的形式存在，并受社会整体结构的影响，而不同属性、不同来源的资本之间并不存在绝对的界限，可以在一定的条件下相互转换和促进提升。结合赋能的定义和相关理论可知，激发助残社会组织权能的本质在于依托其存在和发展的社会环境，利用关系网络、工具手段等，优化存量资本结构、寻找并转化资本增量。社交媒体作为一种信息技术发展成果，既可以成为社会组织自身的内部资源，又能激发并增强社会组织建立、维系和拓展社会网络的能力，促进社会资本提升，从而可以为社会组织发展注入新的力量。“大米和小米”以其社交媒体平台和受其影响的人为核心，建立了一个相对完整的社交网络。以这个案例研究为例，研究各个对象如何通过社交媒体应用程序在其行为中获取和使用嵌入该社交网络中的资源，可以揭示各要素间如何相互影响，并为助残社会组织能力建设提供启示。

第一节　案例介绍

一　“大米和小米”概况

“大米和小米”是中国专业的自闭症谱系儿童服务平台。原媒体人“大米”，因其孩子被误诊为自闭症而关注这一群体，发起四叶草家长组织从事科普倡导活动，并于 2014 年 9 月创立“大米和小米”微信公众号。2016 年 5 月，“大米和小米”独家报道辽宁某男童在广州番禺一家训练机构因拉练训练而暴亡的事件，这个事件引起了社会广泛讨论，自此“大米和小米”成为中国发育障碍领域有较大影响力的社交媒体平台。2017 年 2 月，“大米和小米”首发推送“16 岁自闭症少年走失，在异地某托养中心死亡”事件，推动了全国民政托养中心的整改以及公安系统和全国救助寻亲系统的互通。“大米和小米”微信公众号在微信、今日头条、网易、搜

① 〔美〕林南：《社会资本——关于社会结构与行动的理论》，张磊译，上海人民出版社，2005，第 233 页。

狐等聚集了数十万名粉丝，累计推送了1700余篇原创文章，惠及了许许多多中小城市有特殊需要的家庭。该公众号创立至今，已推送了数千篇有关专业知识、康复指导、行业服务等的原创文章，推动了自闭症谱系障碍人群的早期干预、融合教育、支持性就业、社会保障等环境与制度水平、社会包容度的提升，努力促进公共政策的完善和普罗大众对自闭症群体的关注。

2016年9月，"大米和小米"试水线下儿童康复机构。目前，"大米和小米"已在深圳、上海、广州、北京、郑州开设了9家儿童干预中心，在深圳和宁波与3家幼儿园合作开展了学前教育融合支持项目，并在北京设立了一个儿童发育行为研究所，每年为上千名孤独症谱系等发育迟缓儿童提供服务，组织以提供康复指导、融合教育支持、家长线上课程咨询及科普等一体化服务为特色，"大米和小米"已成为中国领先的自闭症谱系儿童服务平台。"大米和小米"成立以来，已积累了800多万条中国自闭症孩子的病理和社会学数据，自主培养特殊教育专业人才600余名，被谱系家长、特殊教育康复老师、ASD相关医生、国内外相关专家关注，成为这一领域链接各方的信息集聚和资源对接渠道中心。

二　"大米和小米"的成长轨迹

（一）创始人"大米"的感召

社会企业家创造了社会企业，并通过其掌控的资源来不断努力寻求发展的机会。查尔斯·里德比特在《社会企业家的崛起》一书中指出"社会企业家有紧迫感、决心、雄心和领导天赋，驱动社会企业家的动力不是利润或股票价值，而是使命感"。[①] 社会企业家以实现社会使命为目标，减少为慈善而慈善的需求，鼓励居民承担自我改善生活的责任，以合作的方式共创双赢。所以说，社会企业家对社会企业的发展起到了重要作用，这是社会企业与传统社会组织的不同之处。

---

① 〔英〕查尔斯·里德比特：《社会企业家的崛起》，李凡等译，环球协力社，2006，第17页。

"大米和小米"的创始人"大米"是某报首席记者，因多年前女儿被误诊为自闭症，渐渐与关注自闭症等心智障碍患者和家庭的事业走到了一起。"大米和小米"是一个面向发育迟缓、孤独症谱系障碍等心智障碍儿童及其家长的公众平台。"大米"在"中残联调研残疾人服务机构座谈会"上说过这样一段话：

> 我也是从一个家长走过来，跟在座的一样，也许我们都属于5%的有信念有理想有使命感的人，但是我们在做事情的时候，如果以自己的标准去希望和要求95%的人像我们这样废寝忘食，所有人一起靠奉献来达到我们的目标，一定会失败的。检测我们能否成功，能否打动和呼吁更多的人，或者说怎么把他们拉到我们这个圈子里面，更好地为我们服务，最重要的就是要遵循市场的规律和能够形成一个有激励、有效率的制度。

简单而坚毅的话语，表达了"大米"创办"大米和小米"的初心和追求的目标。

（二）依托社交媒体进行市场推广和品牌建设

2014年9月，"大米和小米"诞生，自创立至今推送了数千篇有关专业知识、康复指导、行业服务等的高质量原创文章，推动了孤独症谱系障碍人群的早期干预、融合教育等方面的进步，并努力促进公共政策的完善和普罗大众对自闭症群体的关注。"大米和小米"公众号已成为我国孤独症及广泛性发育障碍领域具有影响力的平台。目前，"大米和小米"已建立了以微信公众号平台为主阵地，以知乎、头条、喜马拉雅、微博、抖音、B站、小红书等为主流内容渠道，以图文、音频、视频等不同形式实时推送内容的传播矩阵，累计覆盖超过30万名受众。

在逐渐了解到越来越多的行业现状以及国外情况后，"大米"认为，仅仅靠社交媒体，无法更直接地满足那些想要获得帮助的粉丝群体的需求。如今"大米和小米"的线上业务不仅包括从科学和社会两个维度，向社会传播自闭症的知识，还包括媒体和课程两个部分。线上课程主要由自闭症专家讲解推出，内容包括自闭症书籍、自闭症儿童训练方法讲解等，目前，“大米和小米”在腾讯课堂推出的课程累计购买人数达 1 万人次，定价在 40~80 元/小时。

（三）建立线下康复训练机构

在“大米和小米”成立之前，2011 年，一些自闭症儿童的家长组建了深圳市四叶草自闭症家长支持中心（以下简称“四叶草”），并在深圳市民政局注册为民非社会组织（NGO）。四叶草成立以来，其队伍不断发展壮大，遍布全国，成员目前有 8000 余人。四叶草也通过组织实体和线上讲座、线下活动、筹款活动等，为大量自闭症儿童家长提供了切实的帮助。四叶草成为自闭症儿童家长的一个“精神家园”。在四叶草，“大米”认识了来自全国各地的自闭症儿童家长，了解到了大量自闭症谱系儿童家庭的现况。随着接触的自闭症儿童家庭越来越多，“大米”越来越感到，如果局限于媒体人和科普作者的身份，只负责从科学和社会两个维度，向中国人启蒙自闭症的知识，还远远不够，四叶草也不能从根本上改变自闭症家庭面临的现状。

对于自闭症儿童来说，早期的科学干预是他们最大限度趋近于普通儿童群体，融入社会，获得自理能力的唯一途径。目前学术界公认的自闭症儿童干预黄金期，是在 3 岁之前，最迟不能超过 6 岁。所以每耽搁一天，自闭症儿童的人生便凶险艰难一分。与之对立的是，国内自闭症机构资源匮乏，自闭症儿童很难得到有效干预。中国注册的 1000 多家康复机构，大都由家长创办，无论是专业程度还是服务水平都参差不齐，且没有规模化运营的野心，大量自闭症儿童的康复训练需求仍然无法得到满足。

“大米”认为，只有加大投入，才能提高质量，才能提供高水平的服务，如果仍然以过去的眼光看待越来越多的自闭症儿童问题，将难以促进整个行业的发展。2017 年 4 月，“大米”离开了一手创办的 NGO 四叶草，“不是因为不爱它，而是为了它更好的发展，我选择了彻底放手。因为我有了更重要的任务，就是做社会企业‘大米和小米’，直接通过服务和政策倡导，改变这群人的命运”。“大米”把自闭症干预行业看得很通透，认为商业的方式是最为合适的，一是受众人群庞大，二是人们天然地接受医疗付费模式。“大米”指出：

> 并非任何一个领域的公益都适合用商业的方式去做，但是自闭症干预领域很适合，我没有见过一家自闭症干预机构倒闭，哪怕是最差的那家。

2016年9月，“大米”开始把“大米和小米”的服务从线上延伸到线下。很快，“大米和小米”的第一家康复训练机构在深圳龙岗区开业。2017年7月，“大米和小米”的第二家线下疗育基地也在深圳开业。2018年初，“大米和小米”在上海建立了训练机构，2018年夏天，广州的一些自闭症儿童在当地体验到了“大米和小米”的干预训练服务。目前，“大米和小米”的业务主要分为线上和线下两个部分，线上部分包括媒体业务和线上课程，主要发挥市场推广和品牌建设的作用，线下疗育基地则是“大米和小米”收入的主要来源。

（四）贯穿始终的组织凝聚力建构

从情感识别的角度来看，“大米和小米”的成员都是出于对自闭症儿童的关爱和关怀，并希望通过早期干预为自闭症儿童提供服务，对这一事业充满热情。由于这种强有力的情感支持，他们可以团结起来，致力于自闭症和发育障碍的康复治疗。在身份方面，“大米和小米”的成员来自不同地区：

> 像这样的海外一流名牌大学，尤其是美国名牌大学特殊教育系的硕士以上的员工，在“大米和小米”有10名以上，在内地和香港工作的行为分析师一共是50名，其中30名在香港，20名在内地，在“大米和小米”长期合作工作的应用行为分析师包括我们全职的就超过10名。我们还有好几名台湾籍员工——包括职能治疗师和语言治疗师。

“大米和小米”的员工中不仅有特殊教育专业的毕业生，也有患者家长，这些员工拿着并不算高的报酬，却心甘情愿留在这里。因为他们执着和致力于自闭症和发育障碍的康复治疗工作，他们将自己定位为康复教育者，并对此身份具有强烈的认同感。正是这种身份认同使得成员更加热情，由此进一步促进了“大米和小米”的发展。在目标识别方面，团队成员有一个共同目标，即为自闭症和发育障碍患者的康复、治疗和教育贡献自己的力量。在这一共同目标的指导下，团队成员开展了许多线上和线下活动，以鼓励和动员周围的人参加，并为自闭症儿童的干预和组织发展做出了更大的贡献。明确的目标将团队成员紧密联系在一起，并引起了更多人对自闭症儿童的关注。

2016 年 3 月，包括“大米”自己在内，“大米和小米”仅有两个人，现在，机构人员已扩张到 400 人以上。每当机构有新人加入，“大米”必定亲自上阵做公司价值观培训。“大米”会告诉新员工两件事情：第一，你选择的这个行业是有价值的，是值得投入的；第二，你选择的这家机构做的是这个行业最有价值的事情。“大米”说，“不要求他有多崇高的精神，只要求他做到专业”。“大米和小米”开始逐渐形成凝聚效应，很多热心于自闭症干预服务的人士踊跃加入“大米和小米”。除了加入“大米和小米”的成员，许多自闭症儿童的家长也从公众号创立时期直至今日一直关注着“大米和小米”。在运营公众号的第一个月，“大米”问粉丝该如何让公众号延续下去，结果一下子收到了粉丝的两万多元打赏，其中最大的一笔打赏是 1000 元，来自一名东北自闭症儿童家长，那名家长给“大米”留了言：“无论如何，请‘大米’把这件功德无量的事情做下去。”自闭症儿童家长的广泛关注、团队成员的一致愿景，由于有着共同的理念，团队成员之间的凝聚力明显增强，这促使他们更加热心和致力于推动“大米和小米”的发展。

三　“大米和小米”的典型特征

（一）阶段化的筹资策略

“大米和小米”在其发展的不同阶段采取了差异化的筹资策略。具体分为以下两个时期。

初创期，“大米和小米”依赖于家长群体互助募资。“大米和小米”在初创期获取的外部投资较少。在此期间，许多社会企业的营业利润模型尚未建立或已经建立但尚未发挥功效，组织运作所需的资金主要依赖于自闭症儿童家长的筹集。例如，“大米和小米”之前投入用于组织发展的2000万元几乎都来自自闭症儿童家长的筹集。社会企业以实现社会公益为目的，为社会弱势群体提供就业机会以及技能培训等各类专项服务。这就决定了其投资和资金产出的经济效益低于商业企业，从而导致了社会企业的投融资渠道和主体不多，在初创期无法获得其用于发展的必要的财务支持。尽管在中国有许多投资者或投资机构对社会企业投资感兴趣，但针对社会企业的成功投资案例很少。大多数投资者对社会企业缺乏清晰、深入的了解，特别是对中国还处于起步阶段且风投指数较高的社会企业。对于社会企业来说，社会效益的实现周期更长，难以量化，所以大部分社会企业在起步阶段不容易获得普通投资者的青睐。

成长期，“大米和小米”主要依靠市场化外部融资。对于经历初创期迈入成长期的“大米和小米”，在筹集资金方面，“大米和小米”坚持市场化道路与实现社会公益并行，主要依靠融资的方式，为组织的发展建设奠定了良好的物质基础。“大米和小米”在成长期一直专注于提升产品服务的质量，将社会效益在短时期内量化，注重社会效益与经济效益的并行提升。在后期实际的运营过程中，“大米和小米”一直不缺乏外部投资，除了自闭症儿童家长和支持者，也有源源不断的投资机构要求投资。除此之外，“大米和小米”同很多公益筹款平台进行了长期的合作，这使得其在筹集资金方面更加的便捷和迅速。“大米和小米”凭借其优质的服务和创造性的理念，在2018年4月，获得达晨创投4000万元投资。达晨创投执行合伙人、总裁透露过选择“大米和小米”的原因：“从商业的角度，儿童自闭症干预训练行业是一个刚性而空白的市场，达晨之所以投资于‘大米和小米’，看重的是企业家的情怀和企业所能解决的社会问题。”而在由元生创投领投的融资中，“大米和小米”完成了1亿元人民币的B轮融资。

（二）政社关系清晰

大多助残社会组织处于体制外，相较于体制内的官方组织，助残社会组织缺少政府背景，总体上，从政府获得的资源也较少。例如，在疫情的严重冲击下，"大米和小米"的各个校区都受到了不同程度的影响，但"大米和小米"也未向政府各职能部门或残联伸手获取帮助或资源，主要依赖自身资源和能力得以继续发展并开展助残服务。这从另一个角度说明，"大米和小米"对政府资源依赖较少，政社关系清晰减少了助残社会组织对政府的依赖。"大米和小米"作为社会企业，在社交媒体环境下，政府减少了对其发展的干预，组织形式较为灵活，受限较少。由于缺少政府背景的助残社会组织大多生长于社会之中，因此有着良好的群众基础，与公众联系紧密。在政府干预较少的环境下，助残社会组织能够迅速地进行社会动员和组织能力建设。"大米和小米"就是在这样的背景下迅速发展起来的，组织的独立性和自主性大大增强。

（三）极力打造核心竞争力

近年来，学术界越来越倾向于使用"核心竞争力"这一概念来评估社会组织的运营水平。核心竞争力的概念最初是由美国管理学专家 Hamel 和 Prader 提出的。它是指可以为客户带来特殊利益的独特技能和技术类型。无论是社会企业还是社会组织，核心竞争力实际上是其内部所专有的技能。这些知识和技能不仅体现在核心技术方面，还体现在员工的知识和技能以及创新能力上。

"大米和小米"的研发能力是其一大优势，其应用的 RICE 体系，是其自主研发的集自主知识产权的评估、康复和培训于一体的自闭症干预康复体系；RICE 社交阶梯评估系统，是基于超千万条项目数据，结合人工智能技术，针对中国儿童社交特点研发而成的，是我国较早针对自闭症儿童的核心障碍——社交障碍研发的评估系统。"自闭症儿童的社交阶梯"，这是 RICE 体系的基本理念，是"大米"创办"大米和小米"的初心，也是"大米和小米"的品牌传播核心。

"大米和小米"不仅专注于研发，其自身优良的管理运作制度和造血能力在业界也属翘楚。在疫情防控期间，"大米和小米"各个校区都受到了不同程度的影响，为了应对困难与危机，在疫情发生的第一时间，"大米和小米"研发中心在整合线下资源的同时努力研发线上家长课程，在

2020 年 3 月中旬正式推出 RICE 云学堂线上产品，通过家长的线上学习达到居家干预的效果。针对此次疫情，“大米和小米”因势利导积极进行组织能力提升，针对其现有教师团队人员做了专业的线上培训工作，旨在为全面线下复课打好专业基础，同时组织所有教职人员学习疫情知识，在微信公众号上发表多篇关于疫情防控期间自闭症专家及业内的专业文章，并配合深圳市残联做好学员的档案建立工作，确保能服务好每一个有自闭症儿童的家庭。

影响我国社会组织核心竞争力形成的因素主要有：有待提升的社会组织的创新意识和实际管理水平、亟须提高的技术创新能力和产品差异化水平。在创新意识方面，我国绝大部分的社会组织缺乏管理经验，较难适应现在充满竞争的大市场环境。此外，在开发或生产产品的过程中，社会组织也有与营利性企业类似的产品，最后被迫走上价格竞争之路。“大米和小米”与其他社会组织不同的是，其更专注于产品的研发和自身造血能力的提升，力争采用更专业、科学的方法来为自闭症儿童提供更好的服务。创始人“大米”指出：

> 未来的“大米和小米”将是一个向自闭症儿童及其家庭提供干预康复解决方案的服务平台，线上平台、大数据算法、机器学习、智能硬件，与线下干预康复、融合教育相结合的综合服务提供商。我们希望能够通过我们的产品和服务，共同提高我国早期干预康复水平，以及推动相应的政策和福利朝着更好的方向发展。

第二节 “大米和小米”赋能机制研究

一 以社交媒体为激发权能平台

“大米和小米”在进行组织能力建设的过程中，使用了以微信为主的社交媒体平台，致力于提高助残社会组织的组织建设能力和资源获取能力。助残社会组织运用社交媒体工具进行组织能力建设的重要目的在于宣传组织的公益理念，获得社会公众的认可和信任。2016 年 5 月，“大米和小米”独家报道辽宁某男童在广州番禺一家训练机构因拉练训练而暴亡的事件，这引起了社会广泛讨论，自此“大米和小米”成为中国发育障碍领域有较大影响力的社交媒体平台。2017 年 2 月，“大米和小米”首发推送“16 岁自闭症少年走失，在异地某托养中心死亡”事件，推动了全国民政托养中心的整改以及公安系统和全国救助寻亲系统的互通。“大米和小米”公众号对于助残服务领域的两次“重大曝光”，大大提升了其社会的公信力和扩大了其在社交媒体领域的影响力。“大米和小米”通过线上的宣传与交流，使得投资人、社会各界等多方认同了其组织价值理念，吸引了更多的人参与其中。

（一）运用社交媒体提升业内公信力

在争取媒体支持和关注方面，“大米和小米”主要从社交媒体入手，对社交媒体采用一种强关系的策略。“大米和小米”发起于微信公众号平台，主要开展自闭症知识科普和价值倡导活动。“大米和小米”公众号对助残服务领域不良现象的两次“重大曝光”，极大地提升了其社会的公信力和扩大了其在社交媒体领域的影响力。公众号创立至今，在微信、今日头条、网易、搜狐等聚集了数十万名粉丝，累计推送了 1700 余篇原创文章，惠及了许许多多中小城市有特殊需要的家庭。创始人“大米”说过这样一段话：

> 专业记者的素养和长期的信念，给我带来的影响是到血液里的。我对消息中包含的非常规或前瞻性事物非常敏感，而且我似乎总是能够在复杂线索中快速找到核心要素。我基本上每周都会发表一两个调查报道。只不过大部分都定向在了心智障碍群体这个特殊社群关心的领域，每次的影响力都很大，比如中国最好的几个残障领域的家长组织联盟都纷纷把策划工作外包给了我们。虽然报酬不高，但这让我感到骄傲。因为“大米和小米”在这一领域的优势太明显了，而且我们深受读者的信赖，所以我们在这一领域绝对拥有权威和发言权。我们的采访总是得到该领域多数人的支持，因此我们经常可

以找到最猛的料。建立“大米和小米”原本只是为了分享我自己的育儿经验，但经过两年半时间，它具有今天的影响力，远超出了包括我在内的每个人的期望。

由此可见，“大米和小米”之所以能取得今天的成绩，获得社会各界的广泛关注，与创始人“大米”身上的媒体人素质和依托社交媒体所开展的工作是密不可分的。

（二）整合社交媒体资源推广线下活动

就“大米和小米”而言，它始于社交媒体，依托于社交媒体。“大米和小米”公众号经常更新组织的动态，其许多活动信息都是通过网络平台发布的，通过整合互联网资源，有效地传播组织的信息，“大米和小米”公众号由此产生了广泛的社会影响。在后期，“大米和小米”推出的线上干预课程使自闭症儿童家长无须前往线下儿童干预中心就可以学习自闭症的相关知识，缩短了时间和空间上的距离。

“大米和小米”活动分为线上教学、评估、宣传等活动和线下公益慈善活动。基于社交媒体的线上活动更容易取得成功，并且线上虚拟社交网络关系也会沿用并最终扩展到现实生活中来。对于自闭症儿童而言，其更需要手把手、面对面的线下示范教育。“大米和小米”始终坚持从用户的需求出发，调整线上业务的定位，将线上和线下结合起来。运用微信公众号、微博等受众面较大的网络工具，“大米和小米”动员更多的自闭症儿童家长、爱心人士来参与其线下课程与活动。社交媒体的运用，拉近了“大米和小米”与公众的距离，社会大众能够在日常生活中关注自己感兴趣的话题与自闭症相关的活动，并且非常便捷地就能报名参与。由此可见，社交媒体的运用为“大米和小米”的线下活动的开展及社会动员提供了一条更加开放的渠道。

二　线上、线下双管齐下，善于撬动社会资源

“大米和小米”在获取资源时，不局限于线下动员，借助社交媒体数字信息化技术，在线上环境实现倡导、动员、执行等目标。线上、线下的

共同作用为助残社会组织提供了更多的资源获取渠道，组织由此可以实现对线下现实资源和线上网络资源的聚集。针对线下现实资源的获取，助残社会组织通过举办宣讲会、论坛等各种宣传活动，充分利用组织成员及志愿者的人际关系；在获取网络资源时，社交媒体技术是其主要依托，通过微信公众号、微博等社交媒体工具，宣传公益信息，传播公益理念，普及自闭症知识，数字化工具的使用吸引了大量自闭症儿童家长、网民参与其中，摆脱了时间、空间和地域的限制，提升了资源的获取效率。例如，“大米和小米”媒体业务的收入，来源于自闭症儿童家长联盟的宣传策划费用，包括守望心智障碍者家长组织联盟、全国心智障碍者家长组织联盟，以及广州市扬爱特殊孩子家长俱乐部等，这些机构把宣传和策划业务交给“大米和小米”，并每年向其支付大约 10 万元的费用。线上、线下双管齐下，高效率地整合了现实资源和网络资源，促进了“大米和小米”的发展壮大。

三　采取网络化组织结构模式，即时联动多元主体

“大米和小米”在组织建设过程中充分与社交媒体普及的大环境进行互动，大胆尝试将互联网信息技术运用于组织建设中，由此形成了网络化的组织结构。在此结构下，组织成为信息的发送接收中心，信息则通过网络流向各个节点。在部分助残社会组织中，信息发送接收中心由组织的若干核心人物组成，组织以外的企业、政府相关机构、志愿者及基金会等组织和个人成为信息传输的节点。这类网络化组织与韦伯的分部—分层、集权—统一的层级制组织相对应。在成长过程中，“大米和小米”基于组织成员的共同愿景，利用组织公益所带来的感召力驱动组织内外成员、团体行动，组织对网络工具的充分使用不仅使组织成员的沟通渠道得到扩展，信息传输时间得到缩短，信息失真度得到降低，而且双向的组织成员沟通有利于减少层级压迫，实现平等沟通，更好地将各方智慧聚集起来以形成优质的策略，由此提高了组织的社会动员效率和能力。

四　利用社交媒体红利，优化组织管理策略

科学的组织管理策略是组织可持续发展的必要前提。首先，组织的决

策者需要具备果断的决策能力。决策是管理的核心，只有快速而高效地做出决策，其他工作才能正常完成，犹豫不决很容易导致组织错过发展良机。自成立以来，“大米和小米”从一个社交媒体微信公众号起步，组织起了一支优秀的团队，发展成为国内领先的自闭症康复机构，这充分体现了创始人“大米”在社交媒体环境下进行市场化探索的前瞻性和决策能力。其次，要具备较强的执行能力。一方面，组织成员要能够以最快的速度将组织决策落实到位；另一方面，就组织本身来说，较强的执行能力有利于组织实现资源使用的高效率。从“大米和小米”的组织成员个人来看，由于成员对组织的理念较为认同，具有强烈的社会责任感，对组织有着强烈的归属感，因而在开展活动时，能够全身心地投入其中，以最快的速度完成自己的工作。此外，从“大米和小米”的组织架构来看，组织成员的分工明确具体，因而在开展活动时能够各司其职。在社交媒体环境下，成员之间信息传递迅速，沟通交流便捷，因而，“大米和小米”能够迅速地执行方案，更好更快地开展其线上、线下的各项工作。

第三节　小结

助残社会组织是实现社会治理的重要力量，在帮助社会弱势群体，解决社会问题和矛盾方面发挥着不可替代的作用。但是，在经济社会快速发展的今天，助残社会组织在成长发展过程中面临许许多多的问题。传统社会组织由于对外部环境（政府、社会资源等）过度依赖以及自身造血能力不强（单一融资渠道和资源依赖）而更容易陷入发展困境。这些问题都严重阻碍了助残社会组织的蓬勃发展。

在如今经济转型的背景下，助残社会组织要抓住机会，走市场化的道路，为发展谋求出路。市场化的运作能够为助残社会组织带来经济效益，有效地缓解组织发展过程中所面临的资金匮乏的问题，尤其是对于体制外的助残社会组织，其缺少政府的支持，没有完备的社会关系网络，通过与市场接轨，可以募集资金，实现可持续发展。当然，与市场接轨并不意味着助残社会组织要抛却其自身的公益目标，以营利为目的，而是要求助残社会组织在坚守自身公益目标的基础上，把通过市场化方式筹集的资源用到公益活动中去，以服务于组织目标的实现。市场化运作是助残社会组织发展的重要保障，助残社会组织只要把握好“度”，就可以运用各种市场化的手段，更好地进行组织能力建设，为自身的发展创造良机。

鉴于以上，社会企业的出现为助残社会组织解决发展中存在的问题提供了思路。创新式业务运营为公众提供公共服务的方式能够带来良好的社会效益和经济效益，这使得社会企业成为许多助残社会组织转型的选择。助残社会组织“社会企业化”突出体现了市场机制和非市场机制的有机结合。它改变了依靠捐赠和政府补贴的社会组织的传统运作模式，创造性地运用商业模式解决社会问题，并能使组织实现自给自足和促进公益事业长足发展。除了打破组织资金的瓶颈束缚外，助残社会组织在满足社会公共服务需求、提高组织建设能力等各方面也显示出独特的功能优势。

提升助残社会组织能力需要社会、社会组织、政府多方共同采取积极有效的行动，而且需要注重塑造社会创新精神及增强组织成员对组织的认同感，不断创新和拓宽资源渠道，减少组织对外部资源的依赖。需要指出的是，并不是所有的助残社会组织都适合社会企业化模式，因为社会企业有一定的适用范围，并且某些公共服务的提供和社会问题的解决仍然需要依靠传统社会组织的慈善模式。

第九章 主要结论与对策建议

在政府、市场和社会的三维框架中，社会组织始终处在一个相对靠后的位置。从 2015 年的课题立项到 2020 年的课题结项，跨越了 5 个年头，其间，国家关于助残社会组织的政策也经历了一个由扶持培育到规范管理的转型，助残社会组织作为专业性组织，在满足残障人士及其家庭多元化、个性化需求方面起到了至关重要的作用。为应对各级政府、各级残联关于助残社会组织相关政策的变迁，课题组先后开展了 4 次较大规模的调研，在对定性资料和定量调查数据分析的基础上，得出以下主要结论，并就社交媒体环境下，助残社会组织的赋能路径和策略进行了探讨。

第一节 主要结论

助残社会组织是进行社会治理和社会管理的重要力量，在帮助社会弱势群体、解决社会问题与矛盾等方面发挥着不可替代的作用。但助残社会组织在发展过程中也会面临各种问题，传统社会组织对外部环境（政府、社会资源等）过度依赖以及自身造血能力不强（单一融资渠道和资源依赖），导致其发展较易陷入困境，严重阻碍了助残社会组织的发展。

为了全面把准研究问题、把准助残社会组织政策变迁及变迁轨迹，本研究持续了 5 年时间，在研究方法上，综合运用了文献研究、个案分析、深度访谈、问卷调查等方法，先后开展了 4 次较大规模的调研，得出了以下几点主要结论。

一 助残社会组织治理的规范性和有效性亟待增强

与营利性组织相比，助残社会组织的治理主体更加多元，除了要满足资源提供者与组织参与者的要求，还要满足以残疾人及其亲友为核心的广大社会公众的要求，但所有者缺位问题突出：第一，在治理结构上，由于助残社会组织的理事会、监事会的充分履职受限于环境与制度，经营层在组织的经营决策和实际运作中较为重要，因此存在内部人控制的风险；第二，在监督控制上，为了解决上述问题，多数助残社会组织通过建立正式的财务监督制度来避免管理者私利现象的出现。

与企业不同，由于非营利的特性，助残社会组织的出资人与捐赠人并不自动占据组织内结构性位置，即助残社会组织并不存在一个“所有者”的空间，换言之，助残社会组织天生就适用利益相关者理论。作为公民社会的重要支柱，助残社会组织应该在未来的社会中发挥更加突出的作用，这将对其治理水平提出更高的要求。

从委托代理的视角来看，会员是理事会等决策机构产生和具备合法性的基础，自然也是监督其行为、评价其工作的主体。但从经验层面来看，许多助残社会组织并不直接将其服务对象从形式上纳入其组织框架中，比如，助残社会组织往往通过提供公共服务或承接政府购买服务的方式服务于残疾人。这类助残社会组织产生和运行的核心常常是一小部分具备经济资本、社会资本和人力资本的社会精英构成的创始团队，这类组织尽管设置了理事会，但理事会并不直接对其服务对象负责。

调查结果表明，大多数助残社会组织的理事会会议频率并不高，有75.2%的理事会半年及以上开一次会议，甚至有5.9%的理事会2年及以上才组织一次会议。研究还发现，尽管活跃的理事会可以在助残社会组织运行中发挥重要作用，但多数助残社会组织的理事会活跃程度较低，这极大地制约了理事会所能发挥的效能。助残社会组织的经营层成员能够以其异质的社会资本为组织吸引社会精英，同时能在获得外界资源、提高组织运作能力方面发挥作用。

助残社会组织理事会的会议频率与理事会的决策作用呈正相关关系，与经营层的决策作用呈负相关关系。同时，理事会决策与经营层决策之间呈负相关关系，这说明两种决策模式具有替代性。鉴于此前分析发现，大多数助残社会组织的理事会会议间隔超过6个月，可以推断出，在助残社会组织中经营层在实际决策中发挥了更大的作用，说明助残社会组织的规范性有待增强。

多数助残社会组织采取了相关措施以增强组织财务的透明性和可靠性，包括设置专职财务人员、定期自审财务情况、外审财务报表以及公开财务状况等，其中设置专职财务人员与外审财务报表的比例较高。

总之，助残社会组织治理的规范性和有效性仍有待增强，这既需要制度的顶层设计，也需要利益相关方特别是社会公众的积极参与。

二　助残社会组织社交媒体运用能力较弱

依据社交媒体平台的特性差异，可将其分为两大类——社会媒体平台与社交沟通平台。社会媒体平台与社交沟通平台在组织的运营过程中分别承担了不同的功能，功能需求以及作用路径上的差异导致了助残社会组织在社交媒体运用上的差异。助残社会组织对微信、QQ 等社交沟通平台的使用率较高，调查结果显示，每日都会使用 QQ 群、微信群的助残社会组织分别达到 68.9%、84.5%。但是，29.7%的助残社会组织没有微博，24.5%的助残社会组织没有官方网站，10.5%的助残社会组织没有公众号，75.3%的助残社会组织不使用人人、豆瓣等社交软件。

助残社会组织主要将微博、微信公众号等社会媒体平台用于组织宣传、招募工作，由于该类活动时间间隔较长，因此助残社会组织对该类媒体平台的使用率相对较低；助残社会组织主要将微信群、QQ 群等社交沟通平台用于活动推广与社交互动等日常操作中，因此对社交沟通平台的使用率相对较高。

助残社会组织对线上、线下沟通方式的采用是相辅相成的，线上沟通主要出于关系的拓展、建立及维护等目的，而线下操作主要是为了关系维护及功能实现，线上沟通作为线下操作的前期准备及中后期辅助，最终目的仍旧落在组织目标的实现上。我们对助残社会组织运用社交媒体的影响因素进行了回归分析，得出以下几点结论。

第一，助残社会组织是否使用社交媒体与是否为残障者服务关联度不高，而与是否为残障者家属服务显著相关。

第二，为青年群体提供服务的助残社会组织对社交媒体的使用率更高。

第三，规模越大的助残社会组织越倾向于使用社交媒体。

第四，在服务内容与社交媒体运用的相关性方面，提供托养、社会倡导、慈善捐赠等服务的助残社会组织对社交媒体的使用率更高。

第五，获取社会捐赠与助残社会组织社交媒体运用呈正相关关系。

第六，董事会规模越大，董事会成员中有社交媒体工作背景的助残社会组织越倾向于使用社交媒体。

受到以下因素的制约，助残社会组织社交媒体运营水平较低。

第一，专职社交媒体运营人员的缺失。由于缺乏资金和专职社交媒体工作人员，诸多助残社会组织主要依赖非全日制的志愿者进行社交媒体运营。

第二，负责媒体工作或对外工作的助残社会组织的工作人员缺乏社交媒体技能，缺乏领导能力，从而影响社交媒体的有效性。这和美国学者Campbell、Lambright 和 Wells 的发现一致，即许多美国公众和非营利组织不使用或不愿使用社交媒体，因为他们对社交媒体的视野有限。

第三，助残社会组织负责人对社交媒体认识上的偏差。有的助残社会组织负责人不支持使用社交媒体，也不了解使用社交媒体所带来的价值和利益。例如，在 2020 年的补充调研中，不少助残社会组织负责人竟然不知道“99 公益日”，更谈不上利用腾讯“99 公益日”社交媒体平台为组织生存和发展获取资源。

第四，服务对象残障人士及其家长不会使用社交媒体或担心隐私泄露，这是导致助残社会组织“放不开手脚”运用社交媒体的现实因素。

三　助残社会组织的公共关系模式有待优化

从合作治理理论的视角来看，助残社会组织与政府的合作是一种平等、开放、互惠的关系。通过对助残社会组织与政府关系现状的摸底调查数据分析，得出以下几点结论。

第一，在多数助残社会组织看来，政社关系较好。52.68%的助残社会组织认为自身与政府关系好或者非常好，其中，有 15 家助残社会组织认为自身与政府关系非常好，有 103 家助残社会组织认为自身与政府关系好；41.52%的助残社会组织表示自身与政府关系一般；有 13 家助残社会组织认为自身与政府关系差，所占比例为5.8%。

第二，助残社会组织在日常运营中拥有较强的自主性。由数据分析可知，各助残社会组织在日常运营中的自主性强。其中，分别有58家助残社会组织和143家助残社会组织在日常运营中决策自主性为非常自主和比较自主。

第三，政府支持助残社会组织的内容有待丰富，力度有待加大。调查数据显示，未获得过政府各项支持（场地、资金、人员、信息、宣传）的助残社会组织均占58%以上。

第四，多数助残社会组织对残疾人政策和社会组织政策了解程度较高。其中，49.6%的助残社会组织对残疾人政策比较了解，50.0%的助残社会组织对社会组织政策比较了解。

第五，就政策倡导而言，助残社会组织向政府及残联提建议的频率较高。有30家助残社会组织经常向政府及残联提建议，有137家助残社会组织有时会向政府及残联提建议。同时，数据分析表明，在给政府及残联提的建议中，总体上被采纳的程度很低。提的建议中仅有1.4%会被全部采纳，有14.0%会被大部分采纳，有17.9%会被半数采纳，有66.7%会被政府及残联小部分采纳。

第六，助残社会组织与残联的关系密切程度高于其同民政部门以及卫生、教育部门的关系密切程度。50家助残社会组织与残联的关系非常密切，103家助残社会组织与残联的关系比较密切，助残社会组织与残联的关系密切程度为68%。

第七，助残社会组织与政府关系是一种双向关系，政府通过扶持培育、项目合作的方式与助残社会组织建立关系，助残社会组织则采用政策参与的方式与政府建立关系。从合作治理的角度来看，助残社会组织与政府之间还存在关系有待优化、合作方式匮乏、合作内容粗放等问题。之所以产生这些问题，一方面是受到助残社会组织身份合法性、管理结构、员工素质、目标使命、政策参与能力的影响，另一方面是受到政府的扶持力度和与政府联系紧密度的影响。

第八，社交媒体对助残社会组织与政府合作关系尚没有产生显著影响。在社交媒体环境下，助残社会组织与政府合作的沟通方式、交流方式发生了改变，越来越多的助残社会组织开始尝试使用社交媒体提高与政府合作的效率。从注意力理论来看，助残社会组织使用社交媒体可以获得更多的公众注意力和政府注意力，这在一定程度上可以让助残社会组织与政府有更多合作的可能，让政府更加了解助残社会组织的能力与专业性。但是，本研究显示，助残社会组织使用 QQ 群、微博、微信群、微信公众号以及 App 客户端对于与政府合作的关系并没有显著影响。这从侧面反映了助残社会组织使用社交媒体的能力还不够强，无法形成对于与政府合作的正向影响。

四　社交媒体正在促进残障权利的倡导

综合对近些年残障社群在以微博、微信为代表的社交媒体环境中所进行的残障权利倡导的观察以及对典型个案的分析，可以发现社交媒体为残障社群提供了更大的进行主体叙事的空间。残障人士得以从传统媒体环境中被凝视的客体逐步转向叙事的主体，参与到残障资讯的生产和残障人士形象的构建过程中。以微博、微信为代表的社交媒体平台为残障社群链接了更多元的倡导资源，提供了重要的在公共平台上的话语实践的机会，也在一定程度上影响了残障权利倡导的模式。

第一，社交媒体对残障权利倡导最为显著的影响在于残障人士可以在多元的社交媒体上获得自主发声的机会和空间，从而从被动的、被叙述的客体转向叙事的主体。

第二，残障社群社交媒体能力在“自娱自乐”中提升，从理论学习能力、议题企划能力，到逻辑能力、表达能力、写作能力，再到公关能力、游说能力，以及更为基础的图文设计、排版、传播等工作技能。

第三，在公共议题讨论中进行残障权利倡导。社交媒体环境整体多元、开放，残障社群自身也具备了一定的优势，在这个阶段，残障社群得以打破之前“自娱自乐”的局面，以更积极和主动的姿态在公共议题中进行残障权利倡导。

五　助残社会组织尚未有效激活志愿服务资源

“来了就是深圳人、来了就做志愿者”，深圳是“志愿者之城”。据此，课题组于 2019 年 4~6 月，以深圳为调查点，开展了助残社会组织志愿者管理的专项调研，选取了组织承诺和满意度作为衡量关系质量的指标，满意度是志愿者持续为助残社会组织服务的重要因素。研究表明，虽然深圳率先在全国建立了志愿者之城，在志愿服务管理方面有很多先进经验，但对于深圳的助残社会组织而言，其志愿者管理水平比较低，尤其在入岗介绍、督导、培训与支持等管理环节的措施较少。

第一，专职志愿管理人员的缺失。55.3%的助残社会组织没有专职的志愿者管理人员，15.8%的助残社会组织兼任志愿者管理人员的为组织负责人，特别是还有 14.5% 的助残社会组织表示没有负责志愿者管理的人员。

第二，助残社会组织较少采取专业化的志愿者管理措施。其中，负责人认为助残社会组织的入岗介绍、督导和培训与支持措施采取频率较低，规划和认可措施采取频率最高。

第三，大部分助残社会组织在志愿者管理工作中使用社交媒体和科技手段的频率较低。调查结果表明，在志愿管理工作中，接近 60%的助残社会组织表示“从不”使用专业的志愿者管理软件、微信小程序、微信公众号、官方微博、官方网站等社交媒体平台。

第四，在志愿者的构成上比较多元，但对志愿者的注册情况缺乏关注。志愿者的来源多为残疾人家长，其次是企业工作人员和政府部门工作人员。大部分助残社会组织负责人不了解本组织志愿者在其他单位的注册情况，已注册的志愿者大部分在共青团、义工联注册。

第五，志愿者参与面向比较单一，志愿者服务的内容较为简单，发挥志愿者专业技术类的活动较少。志愿者参与度最高的是残疾人参与的专题活动和日常陪护与协助活动。志愿者在其他类别、办公助理和专业培训与分享活动等方面的参与度较低。

第六，志愿者对助残社会组织起到了重要的人力支持作用。志愿者在提高公众对残疾人的认识度和接纳度以及丰富残疾人的社交生活方面作用最明显。

第七，助残社会组织面临缺少志愿者管理专项经费以及招募不到有合适技能的志愿者等方面的突出问题。

六 助残社会组织的形象构建工作亟须启动

从学理上看，社交媒体在助残社会组织形象构建中具有不可或缺的作用。为了深入分析和探讨助残社会组织运用社交媒体进行组织形象构建的基本状况，课题组开展了专项研究。

第一，在实践过程中基于各种原因，助残社会组织并未完全发挥社交媒体的作用。社交媒体作为一个放大式的媒体工具和社交平台，发挥其优势的同时也不能忽略对其理解不足可能带来的问题。

第二，国内外学术界在社交媒体和组织形象构建方面的研究较多，但在社交媒体与助残社会组织形象构建的关系方面的研究较少。本研究从理论和实践两个方面对社交媒体在助残社会组织形象构建方面的优势价值及问题进行了深入阐述，为当前我国助残社会组织利用社交媒体构建正面组织形象提出了可行性策略，并为深入开展相关研究提供了补充材料。

第三，在未来，社交媒体将逐步建立和巩固其社会主流媒体形式的地位，成为社会上最主要的信息传播平台，助残社会组织如何运用社交媒体促进自身发展的理论研究和实践将会继续走向深入。

七 社交媒体和社会企业化是赋能助残社会组织的重要方式

基于助残社会组织社交媒体能力整体不强的现实，课题组选取了“大米和小米”为个案，力图解读助残社会组织激活社会资源和增权赋能的可行路径。

第一，助残社会组织发起人和负责人的社会网络资本是其赋能的重要基础。作为《南方都市报》的首席记者的“大米”，基于社会责任和担当，组织了一批媒体人创立“大米和小米”微信公众号，通过对助残服务领域的各种乱象及不规范行为进行报道，吸纳了包括“南都系”在内的大量粉丝，这是媒体人主导下社交媒体监管和赋能助残社会组织的有力举措。2020年5月《中华人民共和国民法典》表决通过，因发生紧急情况，监护人暂时无法履行监护职责，被监护人的生活处于无人照料状态的，被监护人住所地的居民委员会、村民委员会或者民政部门应当为被监护人安排必要的临时生活照料人员。

第二，社会企业化运作是助残社会组织赋能的有效机制。“大米和小米”激发权能的过程和要素，表明市场化运作模式、社会企业化的经营之道是助残社会组织赋能的有效路径。在如今经济转型的背景下，助残社会组织需要抓住机会，走市场化的道路，为其发展谋求出路。市场化的运作能够给助残社会组织带来经济效益，有效地缓解助残社会组织发展过程中所面临的资金匮乏的问题，尤其是对于体制外的助残社会组织来说，其缺少政府的支持，没有较完备的社会关系网络，通过与市场接轨，可以为其发展募集资金，实现可持续发展。当然，与市场接轨并不意味着助残社会组织要抛却其自身的公益目标，以营利为目的，而是要求助残社会组织在坚守自身公益目标的基础上，把通过市场化方式筹集的资源用到公益活动中去，以更好地服务于组织。市场化的运作是助残社会组织发展的重要保障，只要助残社会组织能够把握好“度”，就可以运用各种市场化的手段，更好地进行组织能力建设，为自身的发展创造良机。

鉴于以上，社会企业的出现为助残社会组织走出困境指明了方向，通过创新式商业运作的模式为公众提供公共服务的方式具有良好的社会效益和经济效益，这使得社会企业成为诸多助残社会组织转型的选择。助残社会组织社会企业化的市场经营策略，突出地体现了市场机制与非市场机制的有效结合，改变了传统社会组织依赖捐赠和政府补贴的运作模式，创造性地运用商业模式解决社会问题，实现了组织的自给自足和公益事业的可持续发展，除了打破组织资金的瓶颈外，也在满足社会公共服务需要、提升组织能力、获取社会资本等方面表现出独有的功能优势。

第三，对多元化的资源依赖是助残社会组织赋能的重要特征。提升助残社会组织的能力需要社会、社会组织、政府多方共同采取积极有效的行动，而且需要注重塑造社会创新精神及增强组织成员对组织的认同感，不断创新和拓宽资源渠道以减少组织对外部资源的依赖。需要指出的是，并不是所有的助残社会组织都适合社会企业模式，因为社会企业模式有其适用范围，部分公共服务和社会问题仍需要传统社会组织的慈善模式来提供和解决。

第四，线下社会资源和线上传播网络的互动是社交媒体赋能助残社会组织的可行路径。“大米和小米”在获取资源时，不仅仅局限于线下动员，还依托互联网技术和社交媒体实现线上动员。线上、线下双管齐下，高效率地整合了现实资源和网络资源，促进了“大米和小米”的发展壮大。

第二节　赋能助残社会组织的对策建议

残联、残疾人专门协会和助残社会机构构成了整个助残服务的三大体系。残联作为联系政府和残疾人的桥梁和纽带，在助残政策供给和残疾人服务体系建设中扮演着倡导者、供给者和引领者的角色。残疾人专门协会是在各级残联的指导下，代表本类残疾人进行利益聚合、政策倡导、诉求表达、共识凝聚的专门性组织，是残联存在的合法性基础。助残社会组织是在政府部门注册，接受残联支持、指导和资助的民间性组织。

在本研究中，我们将助残社会组织放在信息化的时代背景之下，充分考虑在社交媒体环境下，对助残社会组织的内部治理结构、社交媒体运营能力、政府合作及关系能力、残障权利倡导能力、社交媒体赋能过程、志愿服务管理能力、组织形象构建能力等方面进行了全面考量。研究表明，作为国家治理体系和治理能力的重要组成部分，助残社会组织治理体系不够完善、治理能力整体较弱，难以满足残障人士及其家庭的多元化、个性化需求，难以满足社会公众对助残社会组织的期待，难以适应社交媒体的时代快车。因此，务必在完善“党委领导、政府负责、民主协商、社会协同、公众参与、法治保障、科技支撑”的社会治理体系的进程中，把握时代机遇、把准政策红利、主动迎合信息化的呼吁，多元共治，协同赋能助残社会组织。课题组从宏观政社关系构建、政府和残联如何支撑助残社会组织赋能以及助残社会组织自我赋能等视角提出以下对策建议。

一　政府赋能助残社会组织的路径与策略

从服务供给的视角看，正是大量助残社会组织为广大残障人士及其家庭提供了多元化、个性化的“雪中送炭”式服务，才确保了社会和谐与稳定。但是，政府对于助残社会组织的支持还远远不够，具体而言，应该从以下几个方面入手为助残社会组织提供支持。

（一）在社会政策供给中应具备“残障视角”

政府作为公共政策的供给主体，在进行教育政策、住房政策、卫生健康政策等的政策供给时，应该具备“残障视角”，具体而言，要考虑我国还有8500多万名残疾人的客观现实，考虑到各类残疾人基本服务需求的满足要依赖家庭，依靠各类助残社会组织，对于残障人士而言，助残社会组织是仅次于家庭的重要组织。因此，政府政策起草者、决策者应该多一个必要的视角。

（二）加大对助残社会组织的培育和扶持力度

面对8500多万名残疾人及其家庭的多元化、个性化需求，仅仅依靠政府和市场主体显然是不现实的。因此，对于助残社会组织而言，其在数量上还远远不够，民政部门应该在全面评估残障人士及其家庭需求的基础上予以注册，予以培育，与此同时，加强规范管理，引导和支持助残社会组织建立行业自律。

政府通过资源分配来扶持和培育助残社会组织是双方开展合作的重要方式。但是，就当前的实际而言，政府对助残社会组织的扶持和培育力度还比较小，资源分配不足，必须加大扶持力度，从而促进助残社会组织和政府在治理能力上互补。一方面，政府应该加强对助残社会组织的直接扶持，还应该在政策、资金、场地、人员、信息、宣传等方面加大扶持力度。另一方面，政府应该加强间接扶持，政府可以在税收、监管、评估等方面对助残社会组织的培育和发展加大扶持力度。

（三）构建政府和助残社会组织的平等合作关系

政府要正确认识与助残社会组织的关系模式，增强与助残社会组织平等合作的意识，采取政府购买服务、资助和奖励等方式支持助残社会组织的发展。助残社会组织普遍存在资源不足的问题，各级各类政府部门可以采取政府购买服务、资助和奖励等方式，满足残障人士及其家庭的迫切需求。政府还可以加大与助残社会组织进行项目合作的力度。当前，政府主要通过购买公共服务的方式，与助残社会组织开展项目合作，事实上，这种合作是由政府出资，由助残社会组织提供服务的方式。政府应当继续加大购买残疾人公共服务的力度，同时探索与助残社会组织合作的方式，例如，探索实施招投标、委托第三方评估等市场化和社会化的合作方式，确保双方项目合作的公开透明、程序规范。政府必须增强合作意识，而不是一味地与助残社会组织争权，也并非片面地对助残社会组织进行“管理”和“控制”。虽然助残社会组织与政府存在竞争关系，但是合作始终是一个可以替代对抗的选择。

（四）出台促进政策，鼓励企业和社会力量支持助残社会组织

政府借助相关政策工具，改变助残社会组织对政府资源的“单边依赖”状况。课题组研究发现，当前助残社会组织的资金主要来源于政府，要改变助残社会组织对政府资源的“单边依赖”状况，增强助残社会组织的自主性和独立性，政府必须出台相关政策，鼓励助残企业、爱心机构和社会力量支持助残社会组织。

（五）充分履行好政府残疾人工作委员会的职能

在残疾人工作委员会的领导下，创建政府相关职能部门和助残社会组织有效对接的体制机制。政府要增强服务意识。所谓善治，就是使公共利益最大化的社会治理，其本质是国家与公民对公共生活的合作治理。[①] 在这种实现“善治”的过程中，政府与助残社会组织的合作，不能片面地采取“管理”和“控制”的方式，而应该增强服务意识，改进与助残社会组织合作的方式。例如，在提升场地、设备、技术等硬件服务水平的同时，应该努力营造志愿文化氛围、提升互助精神等“软服务”水平。

二　残联赋能助残社会组织的路径与策略

党的十八大以来，党中央高度重视群团改革工作，《中共中央关于加强和改进党的群团工作的意见》明确了群团组织改革的“强三性、去四化”目标，即加强政治性、先进性、群众性，去除机关化、行政化、贵族

① 何增科：《公民社会与民主治理》，中央编译局出版社，2007，第106~107页。

化、娱乐化。残联作为人民团体，其职能定位从“半官半民”到“亦官亦民”，官民二重性的组织定位赋予各级残联机构特别的使命和担当。对于助残社会组织而言，残联是他们的“家”，因此，在助残社会组织能力提升和赋能过程中，残联至关重要。具体而言主要有以下几个方面。

（一）优化残联的理事会结构，让各类助残社会组织负责人代表进入残联的理事会

全面推进理事会领导班子的“专兼挂”模式的建立，吸纳残障人士、助残社会组织、专家学者等兼任残联的副理事长、理事。把人才、资源和智慧聚集于残联理事会，增强理事会的代表性和社会辐射力。

（二）残联定期组织助残社会组织负责人的联席会议

借助政府残疾人工作委员会办公室的资源优势，一方面将政府相关政策即时传递给助残社会组织，另一方面有效吸纳各类助残社会组织在政策供给方面的意见和建议。

（三）把准助残社会组织的“痛点”和“难点”，以激发权能为视角，充分发挥残联赋能助残社会组织的作用

每年定期开展相关摸底调研工作，把准助残社会组织生存和发展过程中的主要问题和诉求。

（四）基于社交媒体的时代呼吁，开办助残社会组织专项的“社交媒体能力和技巧提升班”

研究表明，虽然我们已经步入了一个“人人微信”的全新社交媒体时代，但是助残社会组织负责人在如何利用社交媒体平台为助残社会组织赋能这个问题上，认识还不到位，多数助残社会组织负责人认为，社交媒体仅仅是锦上添花的事，更重要的是，这些助残社会组织负责人的社交媒体能力非常有限，他们甚至不知道如何利用社交媒体进行资源获取、内部治理、组织形象构建，而这些正是社交媒体时代的基本常识。

（五）运用社交媒体平台和线下资源，残联主导成立“助残社会组织共享联盟”

课题组研究发现，助残社会组织负责人是一批拥有社会责任感的热心人士，也是爱心人士，但是助残社会组织的同行之间交流很少，抱团取暖的意识和能力均比较差。因此，作为助残社会组织的“婆家”，残联应分别创建助残社会组织共享联盟，为助残社会组织赋能构建社会支持网。

（六）加强对助残社会组织治理体系建立的指导，提升助残社会组织的治理能力

研究表明，对于绝大多数助残社会组织而言，无论是其理事会的结构，还其是理事会的运作模式，均处在一个原初始的阶段。理事会对于很多助残社会组织而言更是一个摆设。残联作为业务指导单位必须优化助残社会组织的治理结构、监督其召开理事会。

（七）发挥残联的组织优势，引导狮子会创建基金会向助残社会组织开放

省级残联和市级残联要充分发挥组织优势，激活狮子会国际化优势和资源优势，引导狮子会建立助残社会组织扶持基金，调动更多社会力量参与狮子会助残事业，改革地域性的分支机构为专业机构，开辟狮子会支持专业助残社会组织的路径。

三　助残社会组织自我赋能的路径与策略

研究表明，助残社会组织治理体系和治理能力现代化水平不高，存在以下几个突出问题：一是自主性和独立性不强的问题，这和政府权力下放不够，行政干预过多有关，也和在长期和政府打交道过程中形成了自我趋附权力和对资本的路径依赖有关；二是内部治理结构不完善的问题，不少助残社会组织缺乏应有的组织制度；三是闭门造车，公开性不强，很多助残社会组织没有建立有效透明的财务公开机制，社会力量难以监管，没有公开性，公信力也就难以构建起来；四是合作意识不强，助残社会组织与

政府、企业、人民团体等机构，特别是同类社会组织缺乏应有沟通；五是运作模式过于传统，没有很好地获取社交媒体这类新型信息化红利。针对这几个突出问题，课题组从激发权能、社交媒体赋能、资源依赖等视角出发，提出以下几点意见和建议。

（一）优化助残社会组织治理结构

与企业相比，助残社会组织既缺乏法定的治理结构，又具有非营利的特性，组织的出资人与捐赠人并不自动占据组织内结构性位置，因此助残社会组织普遍缺乏有效的治理结构。为对助残社会组织的治理结构进行优化，应分别从内部治理与外部治理两个角度出发。

从内部治理的角度上来说，治理结构的优化调整涉及组织决策、执行与监督等各个环节，通过对组织理事会、监事会与经营层等进行结构调整，实现规范性与灵活性的统一。

从外部治理的角度上来说，优化组织治理结构意味着利益相关方应更多地参与到组织的治理过程中来。由于助残社会组织的社会性特征，其代表的利益相关方应突破资源提供者、行政管理者与业务合作者等传统的、具有资源或权力优势的角色，更多地对服务对象甚至更广泛的社会公众的关注加以回应。

由此，本部分提出以下建议。

第一，增强理事会成员的代表性。应提高助残社会组织理事会成员中服务对象代表的比例，将服务对象代表纳入组织的正式决策与监督的环节。

第二，增强理事会决策的有效性。提高组织理事会召开会议的频率，并设置包含服务对象代表在内的常务理事进行日常工作决策。

第三，设置专门的监督部门。应在组织的理事会之外设置专门的监督部门，监督部门的成员应以服务对象代表为主，加上法律、财务等领域的专业人士。其成员应独立于理事会成员之外，并对理事会与经营层的决策与执行活动进行监督，定期发布监督报告。

第四，提高以财务工作为核心的各项工作的透明度。具有助残社会组织具有非营利的特性，其财务活动理应向全社会进行公开，尤其是通过政府扶持、社会捐赠等活动所获得的资源，本身就具有社会性的属性。助残社会组织应定期对其财务情况进行公开，面向全社会发布财务报告，尤其应说明其理事会成员、经营层成员的薪资情况，以及与相关联组织的经济往来情况。

（二）助残社会组织要不断提升核心的专业服务能力

为残障人士提供服务是助残社会组织的核心能力，关乎助残社会组织存在的合法性问题。课题组研究表明，由于现有残障人士及其家庭服务需求很旺盛，而专业化服务的供给机构却远远不足，在这样的背景下，助残社会组织之间的能力差异很大，有的助残社会组织规模大、能力强，而有的助残社会组织规模小、能力弱。因此，各类助残社会组织务必不断增强自身的专业服务能力，为服务对象提供高质量的服务。

第一，加强员工在职继续教育和培训，不断提升员工专业素养。

第二，出台相关激励措施，鼓励一线专业技术人员参加相关的专业技术职称考试，获取相关的专业技术资格。

第三，同相关的高校建立人才培养合作机制。

（三）提升公共关系能力，获取政府支持，优化与政府的关系模式

基于“强国家、弱社会”的国家与社会关系模式，助残社会组织的产生、成长与发展从一定意义上讲都是政府塑造的结果。因此，助残社会组织的问题，必须被放到政府与社会关系的框架中予以讨论。

第一，助残社会组织要不断提升政策倡导能力。提供服务与政策倡导被视为助残社会组织的两大核心功能。助残社会组织进行政策倡导，是优化政社关系模式、改变自身地位的重要举措。

第二，助残社会组织要增强政策把握能力。助残社会组织应准确把握党委和政府关于残疾人事业发展的主要精神、方针和政策，善于抓住党委和政府的中心工作，熟悉残障领域的法律法规。善于将残障人士及其家庭的迫切需求及时反映到党委、政府和残联，在地方政府年度重点民生工程中，嵌入残障服务项目和内容。

第三，助残社会组织要增强政治敏锐性，特别是不能被纷繁复杂的政

治表象所迷惑、不在风云多变的国际形势面前迷失风向，由于服务对象具有特殊脆弱性，因此务必做好隐私和相关数据的保密工作，不要被一些不怀好意的组织所利用。

（四）提升助残社会组织使用社交媒体的能力，充分借助社交媒体平台进行增权赋能

第一，助残社会组织负责人要充分认识到社交媒体的重要价值。一方面，在信息化时代，社交媒体可以为个体和组织带来红利，另一方面，利用社交媒体可以大大节约沟通成本，构建社会网络。微信、QQ、抖音等社交媒体有助于增强助残社会组织同政府、服务对象、社会公众、相关企业、基金会、同类社会组织沟通的有效性，构建助残社会组织的社会网络与社会资本。

第二，助残社会组织一定要有专人负责社交媒体的运营。具有一定规模、条件成熟的助残社会组织应该设立专门的媒体部门并配备专职工作人员。对于规模较小、人员有限的助残社会组织而言，其应在组织办公室加挂媒体部牌子，选择有经验的办公室工作人员负责社交媒体平台的运营。

第三，助残社会组织要定期对内部员工进行社交媒体技能培训，将全体员工变为组织的主播。充分借助社交媒体时代的优势——人人都是麦克风、人人都是主播，将助残服务的特色和亮点、组织的社会需求等重要信息编排好，有计划、有组织地借助员工的微信、抖音等社交媒体平台进行传播。

第四，助残社会组织要充分利用社交媒体进行组织形象塑造和传播。助残社会组织要善于利用微信、小程序、抖音、快手等社交媒体平台，在重要的时间节点，如全国助残日、国际助残日、爱眼日、爱耳日等，善于凝练组织的核心价值理念和服务特色，有计划、有针对性地进行总结和提炼，并依据内容结构、时间长度等的不同，分别在不同的社交媒体上推送。

第五，基于目前的发展，社交媒体作为倡导平台的功能在逐步弱化，受到经济、资本、文化、社会、政治等多重因素的影响，对于残障社群而言，这些潜在的影响因素都是不可控的。因此，残障社群需要思考如何因应社交媒体作为倡导平台的脆弱性，在社交媒体的使用中更好地发挥社群自身的主动性和能动性。

第六，助残社会组织要加强同腾讯等公益筹款平台的合作，充分利用好社交媒体平台获取相关资源。借助腾讯“99 公益日”平台，广泛吸纳社会公益资源。在重要的时间节点上，助残社会组织要整合和提炼相关亮点服务项目，并将其精准地投放到助残社会组织社交媒体平台上。

第七，增强对社交媒体与组织形象内在关联性的认识，寻找自身发展需求与组织形象表现的契合点，拉近与公众的心理距离，并且通过与传统媒体的结合来整合组织形象，在公众心中塑造正面的组织形象。

（五）完善助残社会组织的社会网络，提升其社会资本

加强同支持性社会组织的沟通，建立同高校学者、研究机构进行常态化沟通的机制，主动同社会基金会合作，广泛吸纳企业基金会、公募基金会、社区基金会等方面的资源，逐步减少对政府资源的单边依赖。

助残社会组织为残障人士及其家庭的利益而发声。就某种残障政策议题向政府和残联发出有力的声音，必须走好群众路线，及时把残障群体的意见反映上来，把残障群体面临的问题发掘出来，这样才能使其利益代表功能得以发挥。

参考文献

一 中文文献

毕垣：《非营利组织品牌营销现状、问题与对策的研究——以南昌市H协会为例》，硕士学位论文，江西财经大学，2016。

〔美〕彼得·德鲁克：《非营利组织的管理》，吴振阳等译，机械工业出版社，2009。

包亚明主编《文化资本与社会炼金术——布尔迪厄访谈录》，包亚明译，上海人民出版社，1997。

〔美〕B. 盖伊·彼得斯：《政府未来的治理模式》，吴爱明、夏宏图译，中国人民大学出版社，2001。

蔡禾：《激发社会组织活力：观念、制度和能力建设》，《大社会》2015年第5期。

蔡琦海：《公益创投：培育非营利组织的新模式——以"上海社区公益创投大赛"为例》，《中国非营利评论》2011年第1期。

蔡笑瑜：《监事会特征对非营利组织财务治理的影响研究》，硕士学位论文，湖南大学，2014。

〔英〕查尔斯·里德比特：《社会企业家的崛起》，李凡等译，环球协力社，2006。

陈秋晔：《基于社会化媒体平台的公益组织营销传播研究——以"WWF世界自然基金会"为例》，《广告大观》（理论版）2019年第4期。

陈天祥：《善治之道：政府怎样与第三方组织合作》，《人民论坛·学术前沿》2013年第17期。

陈湘永、张剑文、张伟文：《我国上市公司"内部人控制"研究》，

《管理世界》2000 年第 4 期。

陈晓春主编《非营利组织营销学》，湖南人民出版社，2003。

程昔武、朱小平：《非营利组织治理结构：特征分析与框架构建》，《审计与经济研究》2008 年第 3 期。

储亚萍：《政府购买助残服务的思路创新——以合肥市的实践为例》，《理论探索》2016 年第 3 期。

〔美〕戴维·奥斯本、特德·盖布勒：《改革政府：企业家精神如何改革着公共部门》，周敦仁等译，上海译文出版社，2006。

〔英〕戴维·米勒、韦农·波格丹诺主编《布莱克维尔政治学百科全书》，邓正来译，中国政法大学出版社，1992。

邓国胜等：《民间组织评估体系：理论、方法与指标体系》，北京大学出版社，2007。

丁未：《新媒体赋权：理论建构与个案分析——以中国稀有血型群体网络自组织为例》，《开放时代》2011 年第 1 期。

范明林：《非政府组织与政府的互动关系——基于法团主义和市民社会视角的比较个案研究》，《社会学研究》2010 年第 3 期。

方莹晓、金镇：《新媒体环境下社会组织信息公开机制的研究》，《价值工程》2015 年第 2 期。

冯露晨：《社区助残志愿服务的社会工作介入研究——以襄阳市 L 社区为例》，硕士学位论文，华中师范大学，2017。

高传智：《共同体与“内卷化”悖论：新生代农民工城市融入中的社交媒体赋权》，《现代传播（中国传媒大学学报）》2018 年第 8 期。

高金金等：《2008 北京奥运会大学生志愿者志愿动机研究》，《中国健康心理学杂志》2009 年第 12 期。

高克祥、蔡庭花、丁丽丽：《甘肃省助残社会组织研究——监管与发展》，《现代经济信息》2019 年第 17 期。

高克祥、蔡庭花、张雪莲：《甘肃省助残社会组织研究：现状与困境》，《智库时代》2018 年第 34 期。

高晓琳：《社交媒体筹款的特点及激励因素分析——以腾讯公益基金会为例》，《太原城市职业技术学院学报》2016 年第 12 期。

葛亮：《精英依赖——一个社会服务型社会组织的运行逻辑》，《浙江工商大学学报》2017 年第 2 期。

宫严慧：《公益基金会组织治理与内部控制关系研究》，《财会月刊》2016 年第 18 期。

《关于印发〈政府购买残疾人服务试点工作实施方案〉的通知［残联厅发（2014）47 号］》，阳光鹿童康复中心网站，2014 年 9 月 9 日，http：//www. deerkids. com/2014/0909/2144. shtml。

《关于做好政府购买残疾人服务试点工作的意见》，阳光鹿童康复中心网站，2014 年 4 月 30 日，http：//www. deerkids. com/2014/0504/2016. shtml。

《国务院关于印发"十三五"加快残疾人小康进程规划纲要的通知》，中国政府网站，2016 年 8 月 17 日，http：//www. gov. cn/zhengce/content/2016-08/17/content_5100132. htm。

郭静：《助残志愿者志愿行为研究》，硕士学位论文，华东师范大学，2011。

郭圣莉、唐鑫、王玮：《人际信任：草根 NGO 与政府合作的核心要素研究——基于温州的实证分析》，《理论探讨》2017 年第 4 期。

《2018 年民政事业发展统计公报》，民政部网站，2019 年 8 月 15 日，http：//www. mca. gov. cn/article/sj/tjgb/。

韩珮瑶：《社交媒体时代我国网络公益传播内容的变化——以壹基金、免费午餐和腾讯公益基金会为例》，《新闻研究导刊》2018 年第 24 期。

何增科主编《公民社会与第三部门》，社会科学文献出版社，2000。

何增科：《公民社会与民主治理》，中央编译出版社，2007。

侯钧生主编《西方社会学理论教程》，南开大学出版社，2001。

〔德〕黑格尔：《法哲学原理》，范扬、张企泰译，商务印书馆，1961。

胡金萍、林丽君：《国内残疾人研究的热点主题和前沿演进——基于 CSSCI 期刊的可视化分析》，《山东社会科学》2019 年第 11 期。

胡新丽：《环保社会组织利用社交媒体参与政府治理的应用研究》，《电子政务》2014 年第 2 期。

〔英〕霍布斯：《〈利维坦〉附录》，赵雪纲译，华夏出版社，2008。

〔英〕霍布斯：《利维坦》，黎思复、黎廷弼译，商务印书馆，1985。

黄春莹、孙萍：《我国民间环保组织网络社会互动特征分析》，《兰州学刊》2016年第6期。

黄典林：《社交媒体与中国草根慈善组织的合法化传播策略——以“大爱清尘”为例》，《国际新闻界》2017年第6期。

黄荣贵、桂勇：《非政府组织的微博影响力及其影响因素——以环保非政府组织为例》，《学习与探索》2014年第7期。

黄荣贵、桂勇：《自媒体时代的数字不平等：非政府组织微博影响力是怎么形成的?》，《公共行政评论》2014年第4期。

蒋馥蔚：《一个助残社会组织的成长史——对苏州市寒香会社的实证考察》，硕士学位论文，苏州大学，2016。

蒋金富：《行政吸纳社会的实践逻辑——基于个案的描述和分析》，《天津行政学院学报》2012年第3期。

康晓光、韩恒、卢宪英：《行政吸纳社会：当代中国大陆国家与社会关系研究》，世界科技出版社，2010。

康晓光等：《NGO与政府合作策略》，社会科学文献出版社，2010。

康晓光：《转型时期的中国社团（论文节选）》，《中国青年科技》1999年第3期。

柯少愚：《助残社会组织的特性与分类指导》，《学会》2016年第9期。

〔美〕莱斯特·M. 萨拉蒙：《公共服务中的伙伴——现代福利国家中政府与非营利组织的关系》，田凯译，商务印书馆，2008。

李海洋、唐若兰：《西方政府与社会关系理论的历史演变及其启示》，《四川行政学院学报》2014年第6期。

李健、陈淑娟：《如何提升非营利组织与企业合作绩效? ——基于资源依赖与社会资本的双重视角》，《公共管理学报》2017年第2期。

李健、唐娟：《政府参与公益创投：模式、机制与政策》，《公共管理与政策评论》2014年第1期。

李羚：《成都市培育助残社会组织长效机制的研究》，《邓小平研究》2018年第1期。

李鹏、王娟：《大学生志愿助残服务常态化机制探索》，《现代特殊教育》2016 年第 20 期。

李婷：《美国现代慈善兴盛的原因及启示研究——基于文化的视角》，《理论界》2016 年第 5 期。

李维安等：《公司治理研究 40 年：脉络与展望》，《外国经济与管理》2019 年第 12 期。

李维安、郝臣编著《公司治理手册》，清华大学出版社，2015。

李筱媛：《中国慈善组织社交媒体传播策略研究》，硕士学位论文，北京外国语大学，2014。

李长文：《我国非营利组织能力建设发展的历史回顾与思考》，《宁夏社会科学》2013 年第 4 期。

廖卫民：《慈善组织提升文化影响力的微博传播策略研究》，《电影评介》2014 年第 10 期。

〔美〕林南：《社会资本——关于社会结构与行动的理论》，张磊译，上海人民出版社，2005。

林宜湘：《助残社会组织参与政府购买公共服务的路径选择——基于福建省晋江市的分析》，《福建农林大学学报》（哲学社会科学版）2016 年第 3 期。

刘彬彬：《政府向社会组织购买残疾人服务研究——以北京市为例》，硕士学位论文，北京交通大学，2016。

刘丽珑、张国清、陈菁：《非营利组织理事社会资本与组织绩效研究——来自中国基金会的经验证据》，《中国经济问题》2020 年第 2 期。

刘丽珑：《我国非营利组织内部治理有效吗——来自基金会的经验证据》，《中国经济问题》2015 年第 2 期。

刘志明、张兴杰、游艳玲：《非营利组织在线信息披露质量影响因素分析——基于中国基金会的实证研究》，《中国行政管理》2013 年第 11 期。

刘志明、游艳玲：《非营利组织微博采纳行为分析——基于中国基金会的实证分析》，《广东行政学院学报》2014 年第 3 期。

龙妮娜等：《广西大学生助残志愿服务活动现状及问题对策》，《广西青年干部学院学报》2013 年第 2 期。

陆海燕：《国外关于志愿者激励的研究及其启示》，《武汉理工大学学报》（社会科学版）2014 年第 3 期。

陆晔：《作为现代社会文化情境的“媒介真实”——试论电视传播对社会现实的建构》，《社会科学》1995 年第 2 期。

罗婧：《从团结型社会组织、行政型社会组织到治理型社会组织——1949 年以来社会组织的变迁历史》，《清华大学学报》（哲学社会科学版）2020 年第 3 期。

吕晶：《社会组织参与残疾人社会福利服务研究——以徐州市为例》，硕士学位论文，中国矿业大学，2016。

吕晓俊：《非营利组织志愿者动机的考察——基于文化价值取向的视角》，《上海交通大学学报》（哲学社会科学版）2012 年第 1 期。

〔英〕迈克尔·奥利弗、鲍勃·萨佩：《残疾人社会工作》，高巍、尹明译，中国人民大学出版社，2009。

马洪波：《初创期社工机构治理结构的瑕疵及其完善——以深圳部分社工机构为例》，《华东理工大学学报》（社会科学版）2012 年第 1 期。

〔意〕马基雅维利：《君王论》，徐继业译，光明日报出版社，1996。

马立、曹锦清：《基层社会组织生长的政策支持：基于资源依赖的视角》，《上海行政学院学报》2014 年第 6 期。

马庆钰：《“十三五”时期我国社会组织发展思路》，《中共中央党校学报》2015 年第 2 期。

马庆钰：《中国非政府组织发展与管理》，国家行政学院出版社，2007。

马迎贤：《组织间关系：资源依赖视角的研究综述》，《管理评论》2005 年第 2 期。

倪炎元：《再现的政治：解读媒介对他者负面建构的策略》，《新闻学研究》1999 年第 58 期。

潘修华：《我国社会组织的演进历程、现状与发展路径》，《党政研究》2017 年第 2 期。

乔东平等：《政府与社会组织的合作：模式、机制和策略》，华夏出版社，2015。

邱泽奇、由入文：《差异化需求、信息传递结构与资源依赖中的组织间合作》，《开放时代》2020年第2期。

宋笛：《社会化媒体的信息流研究——以sina微博为例》，硕士学位论文，山东师范大学，2013。

孙柏瑛等：《社会管理新机制》，国家行政学院出版社，2015。

孙发锋：《国内社会组织行政化研究述评》，《求实》2016年第4期。

谭建光：《中国志愿服务发展的十大趋势——兼论“十三五”规划与志愿服务新常态》，《青年探索》2016年第2期。

陶书毅：《当前我国助残社会组织发展问题及其对策探析》，《社会福利》（理论版）2017年第1期。

《腾讯2020年Q1财报：QQ每日总消息数及使用时长同比双位数增长》，腾讯科技网站，2020年5月13日，https://tech.qq.com/a/20200513/066084.htm。

田凯：《中国非营利组织理事会制度的发展与运作》，《经济社会体制比较》2009年第2期。

〔美〕托马斯·潘恩：《常识》，何实译，华夏出版社，2004。

童志锋：《互联网、社会媒体与中国民间环境运动的发展（2003—2012）》，《社会学评论》2013年第4期。

〔法〕托克维尔：《论美国的民主》，董果良译，商务印书馆，1988。

〔美〕W.理查德·斯科特，杰拉尔德·F.戴维斯：《组织理论——理性、自然与开放系统的视角》，中国人民大学出版社，高俊山译，2011。

汪锦军：《公共服务中的政府与非营利组织合作：三种模式分析》，《中国行政管理》2009年第10期。

汪锦军：《走向合作治理：政府与非营利组织合作的条件、模式和路径》，浙江大学出版社，2012。

王欢、祝阳：《人际沟通视阈下的微信传播解读》，《现代情报》2013年第7期。

王名、佟磊：《清华NGO研究的观点与展望》，《中国行政管理》2003年第3期。

王名编著《非营利组织管理概论》，中国人民大学出版社，2010。

王名：《走向公民社会——我国社会组织发展的历史及趋势》，《吉林大学社会科学报》2009年第3期。

王鹏杰：《南京市浦口区残疾人社区康复研究》，硕士学位论文，南京师范大学，2016。

王浦劬、〔美〕L. M. 萨拉蒙等：《政府向社会组织购买公共服务研究——中国与全球经验分析》，北京大学出版社，2010。

王新松：《国家法团主义：新加坡基层组织与社区治理的理论启示》，《清华大学学报》（哲学社会科学版）2015年第2期。

王秀丽等：《中国公益组织的社会化媒体使用及效果研究》，《北京航空航天大学学报》（社会科学版）2019年第6期。

王杨：《结构功能主义视角下党组织嵌入社会组织的功能实现机制——对社会组织党建的个案研究》，《社会主义研究》2017年第2期。

王莹芝：《地方政府向助残社会组织购买服务的问题及对策研究——以南京市为例》，硕士学位论文，南京工业大学，2018。

王颖、折晓叶、孙炳耀：《社会中间层——改革与中国的社团组织》，中国发展出版社，1993。

魏寿洪等：《残疾人社交媒体使用研究进展》，《残疾人研究》2018年第2期。

文献良、文峰：《人力资源管理社会学》，四川人民出版社，2008。

吴辉：《政社关系的探索与前瞻》，《中国党政干部论坛》2013年第5期。

吴建平：《理解法团主义——兼论其在中国国家与社会关系研究中的适用性》，《社会学研究》2012年第1期。

吴锦良：《政府与社会：从纵向控制到横向互动》，《浙江社会科学》2001年第4期。

武晓伟、张橦：《新媒体对社会边缘群体的组织化与赋权研究——以“女友组”为例》，《中国青年研究》2014年第3期。

奚红华：《我国非营利组织管理者的职业化研究》，《现代经济探讨》2009年第2期。

向阳、陆春萍：《法团主义：社会组织发展的合理路径》，《北华大学学报》（社会科学版）2011年第2期。

向悦：《新型助残社会组织孵化的路径探讨——以武汉市武昌区为例》，《残疾人研究》2015 年第 2 期。

《全国助残志愿者人数已达 530 万　民间组织不断壮大》，中国政府网，2010 年 7 月 7 日，http://www.gov.cn/jrzg/2010-07/07/content_1647241.htm。

熊澄宇、张铮：《在线社交网络的社会属性》，《新闻大学》2012 年第 3 期。

许斌：《组织形象及其建树》，《上海大学学报》（社会科学版）1991 年第 1 期。

〔古希腊〕亚里士多德：《政治学》，吴彭寿译，商务印书馆，1965。

颜克高：《组织特征、资源环境与理事会规模：来自我国基金会的经验证据》，《湖南大学学报》（社会科学版）2014 年第 2 期。

杨君：《政府吸纳社会：城市基层治理社会化的新视角》，《城市发展研究》2017 年第 5 期。

杨书超、刘梦琴：《助残社区社会组织培育的社工介入——基于广州 X 社工机构的行动研究》，《学会》2017 年第 8 期。

杨振婷：《上海市社会组织参与残疾人就业服务研究——以 ZLGY 组织为例》，硕士学位论文，上海师范大学，2015。

姚果飞、张金桥：《社交媒体对自发性体育社会组织发展的影响研究》，《湖北体育科技》2016 年第 1 期。

叶托：《资源依赖、关系合同与组织能力——政府购买公共服务中的社会组织发展研究》，《行政论坛》2019 年第 6 期。

易艳阳、周沛：《文化资本与助残社会组织文化建设》，《宁夏社会科学》2020 年第 1 期。

易艳阳：《场域嵌入：助残社区组织发展路径探析》，《南京大学学报》（哲学·人文科学·社会科学）2019 年第 3 期。

易艳阳：《助残社会组织内源发展动因与策略研究》，《江淮论坛》2019 年第 2 期。

于国旺：《非营利组织财务决策权配置相关问题探讨》，《财会通讯》2012 年第 32 期。

俞可平：《中国公民社会：概念、分类与制度环境》，《中国社会科学》2006 年第 1 期。

袁传荣、宋林飞主编《公共关系学新论——组织形象管理》，南京大学出版社，1990。

〔美〕约翰·克莱顿·托马斯：《公共决策中的公民参与》，孙柏瑛等译，中国人民大学出版社，2010。

〔美〕詹姆斯·格鲁尼格等：《卓越公共关系与传播管理》，卫五名等译，北京大学出版社，2008。

张潮、张雪：《组织能力、合作网络和制度环境：社区非营利组织参与社会治理的有效性研究》，《经济社会体制比较》2020 年第 2 期。

张锦华：《媒介文化、意识形态与女性：理论与实例》，台北正中书局出版社，1994。

张静：《法团主义——及其与多元主义的主要分歧》，中国社会科学出版社，1998。

张澧生：《社会组织治理研究》，北京理工大学出版社，2015。

张莉萍：《助残志愿服务督导的角色、特点及问题——以广州市“志愿在康园”志愿服务督导为例》，《中国社会工作》2017 年第 16 期。

张明：《政府、企业和非营利组织治理机制的比较分析》，《科技管理研究》2008 年第 5 期。

张冉：《品牌导向在我国非营利组织中的价值及构建》，《社会科学辑刊》2013 年第 4 期。

张珊珊：《残疾人社会支持网中的社会组织——以太仓市 H 社区为例》，硕士学位论文，安徽大学，2017。

张时飞：《海癌症自助组织研究：组员参与、社会支持和社会学习的增权效果》，硕士学位论文，香港中文大学，2001。

张帅：《资源依赖视角下公办与民办社会工作机构比较研究——以北京市 R、Y 机构为案例》，《社会工作》2017 年第 3 期。

张维迎：《所有制、治理结构及委托—代理关系——兼评崔之元和周其仁的一些观点》，《经济研究》1996 年第 9 期。

张艳伟、王文宏：《新浪微博中公益传播主体的特征研究——以国际公益组织绿色和平为例》,《新闻世界》2014 年第 2 期。

赵阿敏、曹桂全:《慈善组织微博影响力评价研究——基于 17 家全国公募基金会官方微博的实证研究》,《情报杂志》2013 年第 10 期。

赵泓、刘子莹:《新媒体环境下乡村公益组织传播策略研究——以绿盟基金会“中国美丽乡村计划”为例》,《探求》2018 年第 6 期。

赵挺:《地方残联购买服务的探索与思考——基于上海市 W 区的调研》,《科学发展》2019 年第 1 期。

赵晓芳:《社会组织活力研究:一个助残 NGO 的生命追踪》,《社会政策研究》2017 年第 2 期。

郑钦:《公益创投:政府购买公共服务的新模式——以浙江宁波为例》,《领导科学》2017 年第 32 期。

郑晓齐、宋忠伟:《我国慈善组织参与社会救助论析》,《吉林大学社会科学学报》2019 年第 4 期。

《2019 年残疾人事业发展统计公报》,中国残疾人联合会网站,2020 年 4 月 2 日,https://www.cdpf.org.cn//zwgk/zccx/tjgb/0aeb930262974effaddfc41a45ceef58.htm。

中国志愿服务网,https://chinavolunteer.mca.gov.cn/site/home。

钟智锦:《社交媒体中的公益众筹:微公益的筹款能力和信息透明研究》,《新闻与传播研究》2015 年第 8 期。

周爱萍:《媒体与非营利环保组织互动行为分析——以温州绿眼睛环保组织为例》,《今传媒》2010 年第 11 期。

周林刚、黄亮:《从无权到增权:社会服务组织成长问题探讨——以深圳 S 助残组织为个案》,《学习与实践》2012 年第 5 期。

周林刚:《激发权能理论:一个文献的综述》,《深圳大学学报》(人文社会科学版) 2005 年第 6 期。

周林刚:《社会支持与激发权能——以城市残障人福利实践为视角》,社会科学文献出版社,2009。

〔美〕詹姆斯·S. 科尔曼:《社会理论的基础》(上、下),邓方译,社会科学文献出版社,1999。

〔美〕詹姆斯·P. 盖拉特:《非营利组织管理》,邓国胜等译,中国人民大学出版社，2013。

周沛：《基于“共建共治共享”的残疾人基本公共服务探析》，《江淮论坛》2019年第2期。

周乾宪：《公益组织对社群媒体的利用及传播策略——基于对13家全国公益基金会新浪微博主页的内容分析》，《新闻爱好者》2012年第17期。

周如南、卞筱灵、陈敏仪：《传播、赋权与公信力：新媒体环境下的公益慈善组织信息公开及其效果研究》，《广州大学学报》（社会科学版）2017年第1期。

周晓虹：《西方社会学历史与体系》（第一卷　经典贡献），上海人民出版社，2002。

朱信贵、沈乐平：《监事会真正监督了吗？——一个文献综述的视角》，《财会通讯》2015年第24期。

左敏：《我国非营利组织品牌构建初探——基于公众感知与品牌形象互动的视域》，《湖北经济学院学报》（人文社会科学版）2016年第4期。

〔美〕珍妮特·V. 登哈特、罗伯特·B. 登哈特：《新公共服务：服务，而不是掌舵》，丁煌译，中国人民大学出版社，2004。

二　英文文献

J. Aaker, K. D. Vohs, C. Mogilner, “Non-profits are Seen as Warm and For-Profits as Competent: Firm Stereotypes Matter,” *Journal of Consumer Research*37, 2 (2010).

G. A. Auger, “Fostering Democracy through Social Media: Evaluating Diametrically Opposed Nonprofit Advocacy Organizations’ Use of Facebook, Twitter, and YouTube,” *Public Relations Review*39, 4 (2013).

W. E. Baker, “Market Networks and Corporate Behavior,” *American Journal of Sociology*96, 3 (1990).

H. Bang, S. Ross, T. G. Reio, “From Motivation to Organizational Commitment of Volunteers in Non-profit Sport Organizations,” *Journal of Management Development*32, 1 (2013).

K. Barnes, R. C. Marateo, S. P. Ferris, “Teaching and Learning with the

Net Generation," *Innovate: Journal of Online Education*3, 4 (2007).

J. Barney, "Firm Resources and Sustained Competitive Advantage," *Journal of Management*17, 1 (1991).

R. Beale, "Improving Internet Interaction: From Theory to Practice," *Journal of the Association for Information Science and Technology*57, 6 (2006).

P. M. Bentler, C. P. Chou, "Practical Issues in Structural Modeling," *Sociological Methods & Research*16, 1 (1987).

P. M. Bentler, "Comparative Fit Indexes in Structural Models," *Psychological Bulletin*107, 2 (1990).

J. Bidee et al., "Autonomous Motivation Stimulates Volunteers' Work Effort: a Self-determination Theory Approach to Volunteerism," *Voluntas* 24, 1 (2013).

D. E. Biegel, "Help Seeking and Receiving in Urban Ethnic Neighborhoods: Strategies for Empowerment," *Prevention in Human Service*3, 2-3 (1984).

J. T. Boire, A. Prakash, "Accountability. Org: Online Disclosures by US Nonprofits," *SSRN Electronic Journal* 2, 26 (2013).

K. E. Boulding, *Three Faces of Power* (Newbury Park, CA: Sage Publications, 1989).

M. A. Brennan, "Volunteerism and Community Development: a Comparison of Factors Shaping Volunteer Behavior in Irish and American Communities," *Journal of Volunteer Administration*23, 2 (2005).

R. L. Briones et al., "Keeping up with the Digital Age: How the American Red Cross Uses Social Media to Build Relationships," *Public Relations Review*37, 1 (2011).

R. S. Burt, "Firms, Directors and Time in the Directorate Tie Market," *Social Networks*5, 1 (1983).

M. A. Chesler, B. K. Chesney, *Self-help Groups: Empowerment Attitude and Behaviors of Disabled or Chronically Ill Persons. In Attitudes towards Persons with Disabilities* (New York: Springer, 1988).

S. Cho, "A Conceptual Model Exploring the Dynamics of Government-nonprofit Service Delivery," *Nonprofit & Voluntary Sector Quarterly*35, 3 (2006).

E. G. Clary et al., "Understanding and Assessing the Motivations of Volunteers: a functional Approach," *Journal of Personality and Social Psychology*74, 6 (1998).

D. Cormier et al., "Web-based Disclosure about Value Creation Processes: a Monitoring Perspective," *A Journal of Accounting, Finance, and Business Studies* 46, 3 (2010).

P. Corrigan, R. Lundin, *Don't Call me Nuts!: Coping with the Stigma of Mental Illness* (Recovery Press, 2001).

D. H. Coursey et al., "Psychometric Verification of Perry's Public Service Motivation Instrument: Results for Volunteer Exemplars," *Review of Public Personnel Administration*28, 1 (2008).

J. H. Craig, M. Craig, *Synergic Power: Beyond Domination and Permissiveness* (*2ded*) (Berkeley, CA: Proactive Press, 1979).

G. Cuskelly, A. Boag, "Organisational Commitment as a Predictor of Committee Member Turnover among Volunteer Sport Administrators: Results of a Time-lagged Study," *Sport Management Review*4, 1 (2001).

G. Cuskelly, N. McIntyre, A. Boag, "A Longitudinal Study of the Development of Organizational Commitment amongst Volunteer Sport Administrators," *Journal of Sport Management*12, 3 (1998).

E. W. Schwerin, *Mediation, Citizen Empowerment and Transformational Politics* (London: Westport, Connecticut, 1995).

I. Eimhjellen, D. Wollebæk, K. Strømsnes, "Associations Online: Barriers for Using Web-based Communication in Voluntary Associations," *Voluntas: International Journal of Voluntary and Nonprofit Organizations*5, 3 (2014).

J. B. Faircloth, "Factors Influencing Nonprofit Resource Provider Support Decisions: Applying the Brand Equity Concept to Nonprofits," *Journal of Marketing Theory & Practice*13, 3 (2005).

S. Fairley, P. Kellett, B. C. Green, "Volunteering Abroad: Motives for

Travel to Volunteer at the Athens Olympic Games," *Journal of Sport Management*21, 1 (2007).

S. Fairley et al., "Considering Cultural Influences in Volunteer Satisfaction and Commitment," Event Management 17, 4 (2013).

M. Ferguson, *The Aquarian Conspiracy: Personal and Social Transformation in the* 1980*s* (Los Angeles: J. P. Tarcher, 1981).

M. R. Ferreira, T. Proença, J. F. Proença, "Motivation among Hospital Volunteers: an Empirical Analysis in Portugal," International Review on Public and Nonprofit Marketing 9, 2 (2012).

V. Finkelstein, "Attitudes and Disabled People: Issues for DiscussionInter-national," *Exchange of Information in Rehabilitation*, (1980).

H. Flannery et al., 2008 Donor Centrics Internet Giving Benchmarking Analysis, Charleston, SC: Target Analytics, 2009.

B. Gidron, R. M. Kramer, L. M. Salamon, *Government and the Third Sector: Emerging Relationships in Welfare States* (New York: Jossey-Bass Inc Pub, 1992).

R. A. Gilbert, A. P. Meyer, M. D. Vaughan, "The Use of Market Information in Bank Supervision: Interest Rates on Large Time Deposits," (2001).

J. Greenberg, M. MacAulay, "NPO 2.0? Exploring the Web Presence of Environmental Nonprofit Organizations in Canada," *Global Media Journal: Canadian Edition*2, 1 (2009).

J. Gruber, E. J. Trichett, "Can We Empower Others? The Paradox of Empowerment in an Alternative Public High School," *American Journal of Community Psychology*15, (1987).

G. Güleryüz et al., "The Mediating Effect of Job Satisfaction between Emotional Intelligence and Organisational Commitment of Nurses: a Questionnaire Survey," *International Journal of Nursing Studies*45, 11 (2008).

C. Guo, G. D. Saxton, "Speaking and Being Heard: How Nonprofit Advocacy Organizations Gain Attention on Social Media," *Nonprofit and*

Voluntary Sector Quarterly 47, 1 (2018).

C. Guo, G. D. Saxton, "Tweeting Social Change: How Social Media are Changing Nonprofit Advocacy," *Nonprofit and Voluntary Sector Quarterly*43, 1 (2014).

D. Hackler, G. D. Saxton, "The Strategic Use of Information Technology by Nonprofit Organizations: Increasing Capacity and Untapped Potential," *Public Administration Review*67, 3 (2007).

M. A. Hager, J. L. Brudney, " In Search of Strategy: Universalistic, Contingent, and Configurational Adoption of Volunteer Management Practices," *Nonprofit Management and Leadership* 25, 3 (2015).

A. C. Henderson, J. E. Sowa, " Retaining Critical Human Capital: Volunteer Firefighters in the Commonwealth of Pennsylvania," *Voluntas: International Journal of Voluntary and Nonprofit Organizations*29, 1 (2018).

H. Hirayama, M. Cetingok, "Empowerment: a Social Work Approach for Asian Immigrants," *Families in Society: The Journal of Contemporary Social Services*69, 1 (1988).

P. Howard, " Can Technology Enhance Democracy? The Doubters ' Answer," *Journal of Politics*63, 3 (2001).

L. Hu, P. M. Bentler, " Cutoff Criteria for Fit Indexes in Covariance Structure Analysis: Conventional Criteria Versus New Alternatives," *Structural Equation Modeling: a Multidisciplinary Journal*6, 1 (1999).

P. T. Jaeger, *Disability and the Internet: Confronting a Digital Divide* (Lynne Rienner Publishers, 2011).

K. B. Jensen, K. K. McKeage, "Fostering Volunteer Satisfaction: Enhancing Collaboration through Structure," *The Journal of Nonprofit Education and Leadership* 5, 3 (2015).

M. L. V. Jiménez, F. C. Fuertes, M. J. S. Abad, " Differences and Similarities among Volunteers Who Drop out during the First year and Volunteers Who Continue after Eight Years," *The Spanish Journal of Psychology*13, 1 (2010).

J. A. Johnson, "Ascertaining the Validity of Individual Protocols From Web-based Personality Inventories," *Journal of Research in Personality*39, 1 (2005).

J. E. Johnson et al., "Motivation, Satisfaction, and Retention of Sport Management Student Volunteers," *Journal of Applied Sport Management, Urbana*, 9, 1 (2017).

M. Kenneth, *Empowerment: a Critical View, in Empowerment Practice in Social Work Edited by Wes Shera and M. Wells* (Canadian Scholars' Press Inc. Toronto, 1999).

N. Khamisa et al., "Work Related Stress, Burnout, Job Satisfaction and General Health of Nurses," *International Journal of Environmental Research and Public Health*12, 1 (2015).

C. H. Kieffer, "Citizen Empowerment: a Development Perspective," *Prevetion in Human Service*3, 2-3 (1984).

W. F. Lam, L. Nie, "Online or Offline? Nonprofits' Choice and Use of Social Media in Hong Kong," *International Journal of Voluntary and Nonprofit Organizations*31, 5 (2020).

W. Lippmann, *Public Opinion* (New York: Penguin Books, 1946).

K. Lovejoy, G. D. Saxton, "Information, Community, and Action: How Nonprofit Organizations Use Social Media," *Journal of Computer-Mediated Communication*17, (2012).

K. Lovejoy, R. D. Waters, G. D. Saxton, "Engaging Stakeholders through Twitter: How Nonprofit Organizations are Getting more out of 140 Characters or Less," *Public Relations Review*, (2012).

K. Lovejoy, G. D. Saxton, "Information, Community, and Action: How Nonprofit Organizations Use Social Media," *Journal of Computer-Mediated Communication*, 17 (2012).

R. May, *Power and Innocence* (New York: W. W. Norton, 1972).

B. S. McKeever, S. L. Pettjohn, "The Nonprofit Sector in Brief 2015: Public Charities, Giving, and Volunteering," 2020, https://www.urban.org/sites/default/files/publicatio n/72536/2000497-The-Nonprofit-Sector-in.

A. W. Meade, S. B. Craig, "Identifying Careless Responses in Survey Data," *Psychological Methods*17, 3 (2012).

J. P. Meyer, N. J. Allen, "A Three-component Conceptualization of Organizational Commitment," Human Resource Management Review1, 1 (1991).

V. Millette, M. Gagné, "Designing Volunteers' Tasks to Maximize Motivation, Satisfaction and Performance: The Impact of Iob Characteristics on Volunteer Engagement," *Motivation and Emotion*32, 1 (2008).

M. Monga, "Measuring Motivation to Volunteer for Special Events," *Event Management*101, (2006).

J. C. Mowen, H. Sujan, "Volunteer Behavior: a Hierarchical Model Approach for Investigating its Trait and Functional Motive Antecedents," *Journal of Consumer Psychology*15, 2 (2005).

L. K. Muthen, B. O. Muthén, *Mplus User's Guide* (*Sixth Edition*) (Los Angeles, CA: Muthén & Muthén, 1998).

S. Nah, G. D. Saxton, "Modeling the Adoption and Use of Social Media by Nonprofit Organizations," *New Media & Society*15, 2 (2013).

M. E. J. Newman, G. Reinert, "Estimating the Number of Communities in a Network," *Physical Review Letters*, (2016).

N. Ni, X. Y. Zhan, "Embedded Government Control and Nonprofit Revenue Growth," *Public Administration Review* 77, 5 (2017).

R. J. Parsons, *Empowerment for Role Alternatives for Low Income Minority Girls: a Group Work Approach Lee J A. Group Work with the Poor and Oppressed* (New York: Haworth Press, 1989).

L. C. Philip, L. Steven, *Wartick. Corporate Governance: a Review of the Literature* (Morristown: Financial Executives Research Foundation, 1988).

J. Rappaport, *Studies in Empowerment: Introduction to the Issue Swift R C, Hess R, Studies in Empowerment: Steps Toward Understanding and Action* (New York: Haworth Press, 1984).

J. Rappaport, "Terms of Empowerment/Exemplars of Prevention: toward a Theory of Community Psychology," *American Journal of Community Psychology*

15, 2 (1987).

D. M. Rousseau, "Normative Beliefs in Fund-raising Organizations: Linking Culture to Organizational Performance and Individual Responses," *Group & Organization Studies*15, 4 (1990).

J. R. Saidel, "Resource Interdependence: The Relationship between State Agencies and Non-profit Organizations," *Public Administration Review*51, 6 (1991).

T. Saksida, K. Alfes, A. Shantz, "Volunteer Role Mastery and Commitment: Can HRM Make a Difference?" *The International Journal of Human Resource Management*28, 14 (2017).

L. M. Salamon, W. Sokolowski, *Volunteering in Cross-national Perspective: Evidence from 24 Countries* (Baltimore: Johns Hopkins Center for Civil Society Studies, 2001).

G. D. Saxton, C. Guo, "Accountability Online: Understanding the Web Based Accountability Practices of Nonprofit Organizations," *Nonprofit and Voluntary Sector Quarterly* 0, 2 (2011).

G. D. Saxton, L. L. Wang, "The Social Network Effect: The Determinants of Giving through Social Media," *Nonprofit and Voluntary Sector Quarterly*43, 5 (2014).

F. Scholz, B. Yalcin, M. Priestley, "Internet Access for Disabled People: Understanding Socio-relational Factors in Europe," *Cyberpsychology: Journal of Psychosocial Research on Cyberspace*11, 1 (2017).

E. W. Schwerin, *Mediation, Citizen Empowerment and Transformational Politics* (London: Westport, Connecticut, 1995).

J. K. Seo, "Resource Dependence Patterns, Goal Change, and Social Value in Nonprofit Organizations: Does Goal Change Matter in Nonprofit Management?" *International Review of Administrative Sciences*86, 2 (2020).

T. Shakespeare, "Choices and Rights: Eugenics, Genetics and Disability Equality," *Disability & Society*13, 5 (1998).

Z. Shulin, K. Chienliang, "How Social Media are Changing Nonprofit

Advocacy: Evidence from the Crowdfunding Platform in Taiwan," *China Nonprofit Review*10, 2 (2018).

J. N. Smith, "The Social Network?: Nonprofit Constituent Engagement through Social Media," *Journal of Nonprofit & Public Sector Marketing*, (2018).

C. Stirling, S. Kilpatrick, P. Orpin, "A Psychological Contract Perspective to the Link between Non-profit Organizations' Management Practices and Volunteer Sustainability," *Human Resource Development International*, (2011).

R. Sun, H. D. Asencio, "Using Social Media to Increase Nonprofit Organizational Capacity," *International Journal of Public Administration* 42, 5 (2019).

C. Swift, G. Levin, "Empowerment: an Emerging Mental Health Technology," *Journal of Primary Precention*8, 1-2 (1987).

V. Tarigan, D. W. Ariani, "Empirical Study Relations Job Satisfaction, Organizational Commitment, and Turnover Intention," *Advances in Management and Applied Economics* 5, 2 (2015).

M. Taylor, M. L. Kent, "Building Dialogic Relationships through the World Wide Web," *Public Relations Review*24, 3 (1998).

D. Torre, *Empowerment: Structured Conceptualization and Instrument Development* (Cornell University, 1986).

C. Traeger, K. Alfes, "High-performance Human Resource Practices and Volunteer Engagement: the Role of Empowerment and Organizational Identification," *Voluntas: International Journal of Voluntary and Nonprofit Organizations*30, 5 (2019).

F. Trevisan, *Disability Rights Advocacy online: Voice, Empowerment and Global Connectivity* (Routledge, 2017).

L. R. Tucker, C. Lewis, "A Reliability Coefficient for Maximum Likelihood Factor Analysis," *Psychometrika* 38, 1 (1973).

S. S. Van et al., "How the Organizational Context Impacts Volunteers: a Differentiated Perspective on Self-determined Motivation," *Voluntas* 26, 4 (2015).

M. L. Vecina et al., "Volunteer Engagement: Does Engagement Predict the Degree of Satisfaction among New Volunteers and the Commitment of Those Who have been Active Longer?" *Applied Psychology*, (2012).

R. D. Waters et al., "Engaging Stakeholders through Social Networking: How Nonprofit Organizations are Using Facebook," *Public Relations Review* 35, 2 (2009).

D. G. Winter, *The Power Motive* (New York: The Free Press, 1973).

D. R. Young, "Alternative Models of Government-nonprofit Sector Relations: Theoretical and International Perspective," *Nonprofit and Voluntary Sector Quarterly*, 29 (2000).

J. A. Young, "Facebook, Twitter, and Blogs: The Adoption and Utilization of Social Media in Nonprofit Human Service Organizations," *Human Service Organizations: Management, Leadership & Governance* 41, 1 (2017).

G. Zappalà, T. Burrell, "What Makes a Frequent Volunteer? Predicting Volunteer Commitment in a Community Services Organisation," *Australian Journal on Volunteering* 7, 2 (2002).

M. A. Zimmerman, "Taking Aim on Empowerment Research: On the Distinction between Psychological and Individual Conception," *American Journal of Community Psychology*, 18 (1990).

附　录

附录1：助残社会组织基本运行情况调查问卷（2016年）

尊敬的先生/女士：

您好！

为了解助残社会组织的基本情况，摸清助残社会组织目前面临的主要困难，向政府有关部门建言献策，我们特开展此次调查。本次调查采取无记名形式，调查结果仅用于研究，恳请您如实填答。衷心感谢您的支持和帮助！

课题组

2016年8月

第一部分　组织基本信息（A）

A1. 贵组织所属省份：

（1）北京市　（2）天津市　（3）重庆市　（4）上海市

（5）河北省　（6）山西省　（7）辽宁省　（8）吉林省

（9）黑龙江省　（10）江苏省　（11）浙江省　（12）安徽省

（13）福建省　（14）江西省　（15）山东省　（16）河南省

（17）湖北省　（18）湖南省　（19）广东省　（20）海南省

（21）四川省　（22）贵州省　（23）云南省　（24）陕西省

（25）甘肃省　（26）青海省　（27）内蒙古自治区

（28）广西壮族自治区　（29）西藏自治区　（30）宁夏回族自治区

（31）台湾　（32）新疆维吾尔自治区　（33）香港特别行政区

（34）澳门特别行政区

A2. 贵组织的类型属于：

①民办非企业　②社会团体　③基金会　④企业　⑤其他类型

A3. 贵组织的成立时间是：______年

A4. 贵组织的创办者是：（可多选）

①残疾人　②残疾人亲友　③残联　④ 企业家　⑤离退休政府官员

⑥社会爱心人士　⑦人大或者政协代表　⑧其他

A5. 贵组织是否在有关部门正式登记注册？

①是　　②否（请跳至 A7 题）

A6. 若贵组织已经注册，注册的部门是：

①民政部门　②工商部门　③其他

A7. 若贵组织没有注册，没有注册的原因是：（可多选）

①未找到业务主管单位　②不知道如何办理注册

③组织目前的规模太小，觉得没有注册的必要

④被有权办理注册手续的有关部门拒绝

⑤缺乏资金或办公场所方面的注册条件

⑥目前规章对本组织所属类型的登记尚未作出明确规定

⑦其他

A8. 贵组织的服务对象包括：（可多选）

①残疾人　②残疾人家属　③从事残疾人服务的专业人员

④公众　⑤其他

A9. 贵组织主要为残疾人提供哪些方面的服务？（可多选）

①康复　②教育　③托养　④职业技能培训　⑤就业

⑥权益保障与法律服务　⑦文化体育　⑧价值倡导　⑨搭建互助平台

⑩心理咨询　⑪婚介服务　⑫慈善救济　⑬其他

A10. 贵组织的办公地点所在位置属于：

①市区　②县城　③镇　④乡村

A11. 贵组织的办公场所属于下列哪种情况：

①政府部门免费提供　②本组织单独拥有　③本组织租赁

④与其他组织合用　⑤个人住所兼用　⑥无固定的办公场所

⑦其他

A12. 目前贵组织的人员构成情况是：

人员类别	数量（人）
全职工作人员	
兼职工作人员	
志愿者（比较固定）	
合计	

A13. 目前贵组织工作人员的性别、年龄结构是：

单位：人

性别	不同年龄组中工作人员的数量						
	18~35 岁	36~40 岁	41~45 岁	46~50 岁	51~55 岁	56~60 岁	61 岁及以上
男性							
女性							

A14. 目前贵组织工作人员的学历背景是：

学历	未上过学	小学	初中	中职	技校	高中	专科	本科	研究生及以上
人数									

A15. 贵组织平均每月提供服务的人次大约为：________ 人/次。

其中，服务的本地户籍居民有______ 人/次，外地户籍的有________ 人/次。

A16. 贵组织活动范围属于下列哪种情况：

①跨国的，即在两个或两个以上国家的范围活动

②跨省的，即在两个或两个以上省的范围活动

③跨市的，即在两个或两个以上市的范围活动

④跨县的，即在两个或两个以上县的范围活动，但局限在一个省之内

⑤跨区的，即在两个或两个以上区的范围活动

⑥在街道及乡镇范围内活动

第二部分 组织内部结构及管理（B）

B1.

B1.1 贵组织是否已形成正式的、书面的组织章程？ ①是 ②否

B1.2 贵组织是否有明确的使命与宗旨？ ①是 ②否

B1.3 贵组织是否有明确的发展规划？ ①是 ②否

B2. 贵组织对政府有关残疾人政策的了解程度是：

①完全不了解 ②不太了解 ③一般 ④比较了解 ⑤非常了解

B3. 贵组织对政府有关民间组织政策的了解程度是：

①完全不了解 ②不太了解 ③一般 ④比较了解 ⑤非常了解

B4. 贵组织是否有理事会？

①是的，我们组织拥有自己的理事会

②没有，我们组织没有自己的理事会（跳答 B17 题）

③没有，但是我们组织采用了其他的组织治理结构，该结构是：____________

B5. 贵组织共有理事________人。

B6. 目前贵组织的理事会成员构成情况是：（可多选）

①在任政府官员 ②退休政府官员 ③企业界人士

④学术界人士（专家学者） ⑤律师、会计等专业人员

⑥组织管理层 ⑦组织职工代表 ⑧服务对象代表

⑨义工（志愿者）代表 ⑩基金会代表 ⑪其他

B7. 贵组织的理事会自成立以来共举行过________次会议。

B8. 贵组织的理事会举行会议的频率是：

①每月一次 ②半年一次 ③一年一次 ④两年一次 ⑤从未举行过

⑥其他______

B9. 贵组织在召开理事会会议时通常有多少成员参加？

①100% ②75%～99% ③50%～75% ④50%以下

B10. 贵组织召开的理事会会议是否有会议记录?

①没有　　②偶尔有　　③经常有

B11. 您认为贵组织的理事会在以下方面所起到的作用如何

B11.1 理事会对制定本组织的重要政策和发展方向:

①非常没用　②比较没用　③有用　④比较有用　⑤非常有用

B11.2 理事会在筹款方面:

①非常没用　②比较没用　③有用　④比较有用　⑤非常有用

B11.3 理事会在法律咨询方面:

①非常没用　②比较没用　③有用　④比较有用　⑤非常有用

B11.4 理事会在起草财务报告方面:

①非常没用　②比较没用　③有用　④比较有用　⑤非常有用

B11.5 贵组织的理事会还在哪些方面起到作用:

B12. 贵组织选举理事会会长的提名方式是:(可多选)

①业务指导主管部门提名　②会员联名推荐

③理事自我提名　④其他

B13. 贵组织选举理事会会长的投票方式是:

①鼓掌表决　②全体理事举手表决　③无记名投票　④其他

B14. 贵组织对理事会成员是否有培训:①有　②没有

B15. 贵组织的理事会成员每届任期______年。

B16. 贵组织的理事会会长可否连任:①可以　②不可以

B17. 贵组织是否设有监事会:①是　②否

B18. 贵组织日常决策的方式是:

①由理事会(或董事会)等正式决策机构作出

②由组织管理层人员作出

③无正式的决策机构,由全体成员协商作出

④无正式的决策机构,由组织负责人个人作出

⑤其他__________

B19. 贵组织通过什么方式招募新员工?(可多选)

①现场招聘(人才招聘会等)　②网络招聘　③广告招聘

④组织内部人员推荐　⑤猎头公司　⑥校园招聘　⑦其他

B20. 贵组织对员工是否提供培训？①是　②否

B21. 贵组织 2015 年总共为员工提供了______次培训。

B22. 贵组织对员工的培训频率是：

①每天一次　②每周一次　③每半个月一次　④每月一次

⑤每季度一次　⑥不定期培训　⑦从没有培训　⑧其他

B23. 贵组织为员工提供哪些培训：（可多选）

①岗位技能培训　②专业知识培训　③心理培训　④组织相关政策培训

⑤政府相关政策培训　⑥制定战略计划　⑦领导力培训

⑧人力资源管理培训　⑨财务管理培训　⑩法律知识培训

⑪筹款培训　⑫其他

B24. 贵组织对员工的培训由本单位内部提供还是外部（如政府）提供？（可多选）

①内部提供　②外部提供　③内部加外部提供

B25. 贵组织有多少员工有专业资格证书？请写明：____________。

B26. 贵组织的员工考核机制包括哪些：

①业绩考核　②能力考核　③态度考核　④出勤考核

⑤性格测评　⑥其他

B27. 贵组织的员工激励机制包括哪些：（可多选）

①优秀员工奖　②技术创新奖　③合理化建议奖　④荣誉激励

⑤管理创新奖　⑥团队奖　⑦特殊贡献奖

⑧物质激励（发放奖金、工资晋级等）　⑨处罚措施　⑩其他

B28. 贵组织对员工进行考核的频率如何：

①不定期　②每年一次　③每半年一次　④每季度一次

⑤每月一次　⑥每周 一次

B29. 贵组织提供给员工的福利包括哪些：（可多选）

①基本月薪　②绩效工资　③现金补贴（如餐补、交通补贴等）

④节日礼金或礼品　⑤年终奖　⑥保险　⑦带薪休假　⑧旅游

⑨培训　⑩其他

B30. 贵组织员工对薪资及福利待遇的满意度：

①不满意　②比较不满意　③中立　④比较满意　⑤很满意

B31. 贵组织在留住员工方面的困难程度如何：

①很困难　②比较困难　③一般　④不是很困难　⑤不困难

B32. 贵组织的员工流动率状况：

①非常高　②比较高　③一般　④不太高　⑤非常不高

B33. 对于助残社会组织来说，您认为员工流动率高的主要原因是：（可多选）

①薪资水平太低　②工作环境不好　③升职机会太少

④社会舆论带来的压力　⑤其他

B34. 贵组织是否为大学生提供实习机会？

①是　②否

B35. 贵组织是否为中学生提供实习机会？

①是　②否

B36. 贵组织是否招募志愿者为组织提供服务？

①是　②否

B37

B37. 1 如果有志愿者为组织提供服务，每年定期为组织提供服务的大约有______人次。

B37. 2 如果有志愿者为组织提供服务，每年不定期为组织提供服务的大约有______人次。

B38. 贵组织如何对志愿者进行管理：

①设有专职人员进行管理

②没有专职人员进行管理，组织的员工附带管理

③没有专职人员进行管理，管理阶层附带管理　④其他

B39. 贵组织是否对自己的财务状况进行审计：

①没有　②很少　③有时　④经常　⑤定期

B40. 贵组织的财务状况是否公开透明：

①没有　②很少　③有时　④经常　⑤定期

B41. 贵组织有专职财务人员吗（全日制或半日制）？①是　②否

B42. 贵组织的财务报表是否经过外部审核？①是　②否

B43. 贵组织 2015 年的收入大概有：

①50 万元以下　②51 万～100 万元　③101 万～150 万元

④151 万～200 万元　⑤201 万～250 万元　⑥251 万～300 万元

⑦301 万～350 万元　⑧351 万～400 万元　⑨401 万～450 万元

⑩451 万～500 万元　⑪500 万元以上

B44. 贵组织去年经费来源包括：(可多选)

①政府购买服务项目经费　②政府补贴　③服务收入或会费收入

④基金会的项目经费　⑤企业捐赠　⑥社会公众捐赠

⑦组织成员内部捐赠　⑧其他社会组织捐赠　⑨其他收入__________

B45. 以上您所选择的经费来源中各项所占比例约为多少？

①政府购买服务项目经费 ________%

②政府补贴__________%

③服务或会费收入 __________%

④基金会的项目经费________ %

⑤企业捐赠__________%

⑥社会公众捐赠__________%

⑦组织成员内部捐赠 ________ %

⑧其他社会组织捐赠__________ %

⑨其他收入____________%

B46. 贵组织目前的基本收支情况是：

①收入大于支出（有盈余）　②收支平衡　③收入小于支出（有亏损）

B47. 贵组织在 2015 年的收入和/或支出大致是多少？

①总收入：________（元）　②总支出：________（元）

B48. 贵组织去年的开支类别包括（可多选）：

①人工及劳务支出（包括工资、奖金、补贴及社会保障金等）

②办公费用支出（包括购买办公设备、交付场所及水电租金等）

③项目与活动费用支出　④其他支出

B49. 以上您所选择的支出中各项所占比例为：

①人工及劳务支出（包括工资、奖金、补贴及社会保障金等）____%

②办公费用支出（包括购买办公设备、交付场所及水电租金等）____%

③项目与活动费用支出______%

④其他支出______%

B50. 贵组织是否有主动向外部人员（政府、企业和社会公众等）募捐？

①是　　②否

B51. 如果有，谁来负责向外部人员（政府、企业和社会公众等）募捐？（可多选）

①理事会成员　②本组织管理人员　③专职募款人员　④志愿者

⑤其他

B52. 贵组织得到的经费支持是否属于长期及可多次延续的？

①是　　②否

第三部分　组织的外部关系（C）

C1. 贵组织举办过哪些筹款活动：（可多选）

①义卖　②网上筹款活动　③向政府提出经费申请　④向企业筹款

⑤举办捐赠者筹款宴会　⑥联络本地/海外/国际慈善家

⑦申请基金会资助　⑧慈善会　⑨慈善奖券　⑩慈善表演

⑪街头筹款活动　⑫其他

C2. 去年贵组织共举办了多少次筹款活动？______________。

C3. 以下哪些陈述与贵组织的情况吻合：（可多选）

①我们组织经常被当地政府邀请参加关于残疾人规章和政策起草、制定的活动（如听证会、咨询会等）

②我们组织和其他社会组织合作，为残疾人相关政策的制定提供建议

③我们组织和其他社会组织合作，为维护残疾人权益倡导

④我们组织和其他社会组织合作，分享服务残疾人的经验与信息

⑤我们组织做残疾人相关政策研究，提高政府和社会对残疾人的关注度

⑥我们组织做残疾人相关公益广告，提高社会民众对残疾人的关注度

C4. 贵组织的管理阶层包括以下哪些人员：（可多选）

①现任政府官员　②曾任政府官员　③现任人大代表或政协委员

④曾任人大代表或政协委员　　⑤现任大学或研究机构学者

⑥曾任大学或研究机构学者　⑦现任媒体工作人员

⑧曾任媒体工作人员　⑨其他

C5. 请问贵组织与下列这些政府或公共部门的联系程度是：

C5.1 贵组织在日常工作中与残联关系的密切程度是？

①非常密切　②比较密切　③一般　④不太密切　⑤非常不密切

C5.2 贵组织在日常工作中与民政部门关系的密切程度是？

①非常密切　②比较密切　③一般　④不太密切　⑤非常不密切

C5.3 贵组织在日常工作中与卫生、教育部门关系的密切程度是？

①非常密切　②比较密切　③一般　④不太密切　⑤非常不密切

C5.4 贵组织在日常工作中与共青团、妇联以及工会关系的密切程度是？

①非常密切　②比较密切　③一般　④不太密切　⑤非常不密切

C5.5 贵组织在日常工作中与慈善会、红十字会等基金会关系的密切程度是？

①非常密切　②比较密切　③一般　④不太密切　⑤非常不密切

C5.6 贵组织在日常工作中与社区居委会关系的密切程度是？

①非常密切　②比较密切　③一般　④不太密切　⑤非常不密切

C5.7 贵组织在日常工作中与其他社会组织关系的密切程度是？

①非常密切　②比较密切　③一般　④不太密切　⑤非常不密切

C6. 您认为贵组织在日常运营中的决策自主性如何？

①非常自主　②比较自主　③一般　④不太自主　⑤非常不自主

C7. 您认为政府对贵组织的支持程度如何？

①非常支持　②比较支持　③不支持不反对　④不太支持

⑤非常不支持

C8. 您认为残联对贵组织的支持程度如何？

①非常支持　②比较支持　③不支持不反对　④不太支持

⑤非常不支持

C9. 整体来说，您认为贵组织与政府的关系是：

①非常好　②好　③一般　④差　⑤非常差

C10. 整体来说，您认为贵组织与残联的关系是：

①非常好 ②好 ③一般 ④差 ⑤非常差

C11. 贵组织在哪些方面已经得到了政府的支持？(可多选)

①资金 ②场地 ③人员 ④各种优惠政策 ⑤信息

⑥宣传 ⑦没有得到政府支持 ⑧其他

C12. 贵组织在哪些方面已经得到了残联的支持？(可多选)

①资金 ②场地 ③人员 ④各种优惠政策 ⑤信息

⑥宣传 ⑦没有得到支持 ⑧其他

C13. 贵组织需要政府在哪些方面加大支持力度？(可多选)

①资金 ②提供必需的设备和物资 ③登记注册

④技术支持以及人员培训 ⑤免费或优惠场地

⑥提供相关政策信息等公开透明 ⑦增强各方面沟通渠道的畅通性

⑧规范社会组织管理体系 ⑨提升公众对社会组织的认知度 ⑩其他

C14. 贵组织是否向政府及残联提过建议？

①经常 ②有时 ③很少 ④从不

C15. 若贵组织有向政府及残联提过建议，那么这些建议被采纳的程度是？

①全部被采纳 ②大部分被采纳 ③半数被采纳

④小部分被采纳

C16. 贵组织与国内其他民间组织是否有过合作？

①经常 ②有时 ③很少 ④从不

C17. 贵组织与国外其他民间组织是否有过合作：

①经常 ②有时 ③很少 ④从不

C18. 您认为社会组织之间通过合作，可以产生哪些作用？(可多选)

①获取资金支持 ②信息共享 ③经验学习与交流 ④提升组织的能力

⑤获得价值认同，在政策倡导上相互支持 ⑥其他

C19. 在过去 12 个月中，贵组织是否与其他商业机构合办过以下活动？(可多选)

①筹款、捐款或赞助 ②从商业机构招募义工 ③合办项目

④成立/经营社会企业 ⑤其他 ⑥没有

C20. 贵组织有没有开设分机构？

①有　　　　　　②没有

C21. 贵组织有没有“捐款单位”的名册?

①有　　　　　　②没有

C22. 贵组织有没有“捐款人士”的名册?

①有　　　　　　②没有

C23. 整体来说,您认为企业对贵组织支持吗?

①非常支持　②比较支持　③中立　④不太支持　⑤非常不支持

C24. 您认为贵组织还缺乏以下哪些资源:(可多选)

①资金　　②管理型、技术型等人才　③义工志愿者

④与政府、企业以及其他社会组织合作的机会　⑤技术支持与人员培训

⑥活动场所和相关设备　⑦其他

C25. 您认为贵组织在内部治理方面存在的问题:

①组织管理结构不合理　②缺乏人才　③薪酬制度不合理　④缺乏资金

⑤缺乏相关基础设施和设备　⑥没有完善的组织章程和制度

⑦没有清晰的战略目标和计划　⑧其他

C26. 在为残疾人提供服务方面,您认为目前政府和社会组织的分工应该是:

①应该由政府承担全部工作,社会组织发挥不了作用

②应该由政府承担大部分工作,社会组织起到有益的补充作用

③应该由政府负责出台政策,规范管理,提供资金支持以及基本的公共服务,社会组织负责提供大部分具体的服务

④应该由社会组织承担大部分工作,政府应退出这一领域

⑤怎么分工都无所谓

⑥其他

C27. 您认为助残社会组织在服务的发展上能起到什么作用:(可多选)

①降低服务成本　②提高服务质量

③增强服务获得的便利性　④扩大服务覆盖面积

⑤拓展更多的资金来源渠道　⑥提高研究能力

⑦有助于转变政府职能,提供部分公共服务,减轻政府的负担

⑧增加提供服务的种类，满足残疾人的多样性服务需求

⑨没有作用　⑩其他

C28. 当前助残社会组织在提供公共服务方面的主要障碍是：（可多选）

①组织自身缺乏相应的能力（包括人力、物力、财力等）

②组织没有法律赋予的权力，缺乏权威性

③缺乏政府的支持

④缺乏社会的支持（包括企业、社会公众）

⑤其他

C29. 您认为在残疾人事业的发展方面，以下各方应当怎么做：

①助残社会组织：____________________

②政府部门：____________________

③残联：____________________

④企业：____________________

⑤社会公众：____________________

C30. 贵组织对自身的定位是：____________________

C31. 您认为助残社会组织在为残疾人提供服务方面，存在的最大问题是：____________________

第四部分　社交媒体使用状况（D）

D1. 贵组织使用 QQ 群吗？

①每天　②一周几次　③一个月几次　④半年几次　⑤完全没有

D2. 贵组织使用微博吗？

①每天　②一周几次　③一个月几次　④半年几次　⑤完全没有

D3. 贵组织使用微信（群）吗？

①每天　②一周几次　③一个月几次　④半年几次　⑤完全没有

D4. 贵组织使用微信公众号吗？

①每天　②一周几次　③一个月几次　④半年几次　⑤完全没有

D5. 贵组织使用 App 客户端吗？

①每天　②一周几次　③一个月几次　④半年几次　⑤完全没有

D6. 贵组织使用 QQ、微信、微博、App 等社交媒体主要从事哪些活

动：（可多选）

①公布组织的基本信息 ②公布组织开展的活动 ③招募志愿者

④与残疾人及其家长进行沟通 ⑤招募员工 ⑥募捐

⑦关于残疾人的政策宣传 ⑧没有使用任何社交媒体 ⑨其他

D7. 使用社交媒体之后，给贵组织带来了哪些有利影响？（限选 3 项）

①有利于获取政府政策与法律法规动态

②有利于参与政府政策制定，进行政策建议、讨论、监督

③有利于加强与其他社会组织的联系，实现资源共享，抱团取暖

④有利于学习社会组织治理的新知识、新理念

⑤有利于加强与社会公众的沟通

⑥有利于组织的宣传

⑦其他

D8. 您认为社交媒体对于协助组织的以下各项活动的有效程度是

D8.1 对于公布组织的基本信息以及开展的各种活动的有效程度是：

①非常有效 ②比较有效 ③一般 ④没大有效 ⑤非常无效

D8.2 对于家长与老师关于学生情况的信息分享的有效程度是：

①非常有效 ②比较有效 ③一般 ④没大有效 ⑤非常无效

D8.3 对于招募志愿者的有效程度：

①非常有效 ②比较有效 ③一般 ④没大有效 ⑤非常无效

D8.4 对于招募员工的有效程度：

①非常有效 ②比较有效 ③一般 ④没大有效 ⑤非常无效

D8.5 对于募款的有效程度：

①非常有效 ②比较有效 ③一般 ④没大有效 ⑤非常无效

D8.6 对于残疾人政策宣传的有效程度是：

①非常有效 ②比较有效 ③一般 ④没大有效 ⑤非常无效

D9. 贵组织对所使用的社交媒体是如何进行管理的？

①有专职人员进行管理

②没有专职人员进行管理，由相关员工附带管理

③其他情况 ④没有使用社交媒体

D10. 以下哪个陈述符合贵组织的社交媒体使用情况：

①社交媒体使用已经是我们组织运作的一个重要组成部分

②社交媒体使用在我们组织刚刚起步，是我们组织未来发展的方向

③社交媒体使用对我们组织的发展没有明显效果

④社交媒体使用需要人力和物力，不是我们组织目前的发展重点

⑤我们组织不需要使用社交媒体

D11. 请问贵组织是否设有官方网站？

①是　　②否

D12. 如果贵组织有官方网站，多久更新一次？

①每天　　②每周 2~3 次　　③每半个月一次　　④每月一次

⑤每半年一次　　⑥每年一次　　⑦从来不更新　　⑧其他

D13. 如果贵组织有官方网站，该网站最常发布哪些信息？（限选 3 项）

①组织新动态　　②政策新动态　　③残疾人及其家属日常生活知识

④通知　　⑤财务信息　　⑥其他

D14. 如果贵组织没有官方网站，最主要的原因是：

①不懂怎么使用网络　②没有上网的条件

③组织规模小，觉得不需要使用网络　④担心网络安全

⑤上网费用太高　⑥没有时间精力　⑦残疾人网上读写有困难

⑧太浪费时间　⑨其他

D15. 贵组织通过什么渠道推广组织所举办的各项活动（如节目、筹款等）？（可多选）

①社交网络（人人网等）　②微信　③微信公众号　④微博　⑤QQ

⑥大众传播媒体（报纸、电视、广播等）

⑦街头宣传、张贴广告、海报等　⑧邮寄　⑨电话信息　⑩其他

⑪从未宣传过所举办的活动

D16. 贵组织通过什么渠道与目标群体（服务群体）及公众进行沟通（可多选）？

①面对面沟通　②大众传播媒体（报纸、电视、广播等）

③社交网络　④微信　⑤微信公众号　⑥微博　⑦QQ

⑧组织的刊物及印刷产品　⑨组织举办的各项活动　⑩其他

⑪没有进行任何沟通

第五部分　自我评估（E）

E1. 与从事相同业务并有相似规模的其他社会组织相比，目前贵组织在下述领域的绩效表现

E1. 1 贵组织项目开展状况的成功程度：

①非常好　②好　③一般　④差　⑤非常差

E1. 2 贵组织对本地区正面影响程度：

①非常好　②好　③一般　④差　⑤非常差

E1. 3 贵组织财务管理状况：

①非常好　②好　③一般　④差　⑤非常差

E1. 4 贵组织与责任主体（政府）的关系：

①非常好　②好　③一般　④差　⑤非常差

E1. 5 贵组织实现相关组织目标的程度？

①非常好　②好　③一般　④差　⑤非常差

E2. 请问贵组织最重要的服务对象有______人（大致数字即可），2015 年服务的人次有______人

E3. 如果贵组织拥有会员，那么你们 2015 年召开了几次会员大会？（请填入准确的数字，没有的话就填 0）____________（次）

E4. 如果贵组织拥有会员，其中有多少是个人会员，有多少是组织会员？（没有的话就填 0）

（1）个人会员的数目________

（2）组织会员的数目________

E5. 请在下列陈述中选择最符合贵组织实际情况的答案

E5. 1 我们的项目满足了残疾人及其家属的需求：

①非常同意　②同意　③中立　④比较不同意　⑤完全不同意

E5. 2 我们组织的使命是与残疾人及其家属需求息息相关的：

①非常同意　②同意　③中立　④比较不同意　⑤完全不同意

E5. 3 我们组织的服务是为了满足残疾人及其家属的需求而特意设定的工作时间：

①非常同意 ②同意 ③中立 ④比较不同意 ⑤完全不同意

E5.4 我们组织的服务是为了满足残疾人及其家属的需求而特意设定的收费标准：

①非常同意 ②同意 ③中立 ④比较不同意 ⑤完全不同意

E5.5 我们组织的服务是为了满足残疾人及其家属的需求而特意设置的服务设施：

①非常同意 ②同意 ③中立 ④比较不同意 ⑤完全不同意

E6. 贵组织有自己的理事会吗？

①是的，我们组织拥有自己的理事会（请回答 E7、E8、E9、E10）

②没有，我们组织没有自己的理事会

E7. 贵组织理事会的理事是如何选举产生的：（可多选）

①由会员选举产生 ②由理事会选举产生

③不使用选举的方式（请简单介绍贵组织产生理事会理事的方式）：__________

E8. 贵组织的组织章程中是否有罢免理事会职务的相关规定？

①是 ②否

E9. 下列哪句话恰当地描述了贵组织理事会的运作方式？

①秘书长的影响力最大，我们组织信任和委托秘书长来对组织提出的各种议题进行决策

②理事会当中的一小部分理事影响力很大，组织治理的各种议题由这些理事决定

③秘书长和理事的影响力相当，组织治理的各种议题由秘书长和理事共同决定

④在决定组织治理的各种议题上，弃权的人数或小组较多，影响了决策

E10. 贵组织的理事会在下列领域的绩效表现

E10.1 财务监督：

①非常有效 ②比较有效 ③效果不明显 ④无效 ⑤非常无效

E10.2 满足残疾人及其家属的需求状况：

①非常有效 ②比较有效 ③效果不明显 ④无效 ⑤非常无效

E10.3 制定组织使命、政策和长期战略：

①非常有效　②比较有效　③效果不明显　④无效　⑤非常无效

E10.4 组织的推广、营销：

①非常有效　②比较有效　③效果不明显　④无效　⑤非常无效

E10.5 挑选和评估组织的高级管理人员：

①非常有效　②比较有效　③效果不明显　④无效　⑤非常无效

E10.6 确保理事会对组织高质量的领导：

①非常有效　②比较有效　③效果不明显　④无效　⑤非常无效

E11. 请在下列有关贵组织的陈述中选择一个最恰当的答案

E11.1 在重大事件上，组织的领导团队有时候会独立判断和决策，并不简单地听从多数残疾人及其家属的意见：

①非常同意　②同意　③中立　④比较不同意　⑤完全不同意

E11.2 在重大事件上，组织的领导团队一般听从多数残疾人及其家属的意见：

①非常同意　②同意　③中立　④比较不同意　⑤完全不同意

E12. 贵组织除了理事会或其他领导机构，是否还有其他的顾问咨询小组？(这种小组可能被冠以各种名称，如咨询委员会、顾问委员会等)

①是　②否　③不知道

E.13 如果我们去调研贵组织服务的残疾人及其家属，对于下列的各种陈述他们同意或不同意的程度如何

E13.1 残疾人及其家属都信任组织是他们的合法代表：

①非常同意　②同意　③中立　④比较不同意　⑤完全不同意

E13.2 组织的各种政策与残疾人及其家属的利益相符合：

①非常同意　②同意　③中立　④比较不同意　⑤完全不同意

E13.3 在当地媒体看来，我们组织可以代表残疾人的合法权益：

①非常同意　②同意　③中立　④比较不同意　⑤完全不同意

E13.4 组织开展各种项目，提供各种服务来满足服务对象的需求：

①非常同意　②同意　③中立　④比较不同意　⑤完全不同意

E13.5 组织不能及时满足残疾人及其家属的需求和期望：

①非常同意　②同意　③中立　④比较不同意　⑤完全不同意

E14. 一般来说，在组织制定主要战略决策时，以下人群的参与程度如何

E14. 1 理事会：

①完全参与　②比较多参与　③有些参与　④很少参与　⑤从不参与

E14. 2 秘书长：

①完全参与　②比较多参与　③有些参与　④很少参与　⑤从不参与

E14. 3 一般员工：

①完全参与　②比较多参与　③有些参与　④很少参与　⑤从不参与

E14. 4 志愿者：

①完全参与　②比较多参与　③有些参与　④很少参与　⑤从不参与

E14. 5 残疾人：

①完全参与　②比较多参与　③有些参与　④很少参与　⑤从不参与

E14. 6 残疾人家属：

①完全参与　②比较多参与　③有些参与　④很少参与　⑤从不参与

E15. 在下述领域中，请评估贵组织是如何沟通交流的

E15. 1 我们与组织的残疾人及其家属有充分的沟通和交流：

①完成符合　②比较符合　③有一点符合　④不符合　⑤完全不符合

E15. 2 我们向残疾人及其家属报告项目服务进展：

①完成符合　②比较符合　③有一点符合　④不符合　⑤完全不符合

E15. 3 通过调研及来自残疾人反馈的意见，来了解残疾人及其家属的需求：

①完成符合　②比较符合　③有一点符合　④不符合　⑤完全不符合

E15. 4 我们会根据服务对象的反馈意见，来设计与修改我们的服务项目：

①完成符合　②比较符合　③有一点符合　④不符合　⑤完全不符合

E15. 5 对于所有的被我们决策影响的人群，我们都与他们沟通和交流：

①完成符合　②比较符合　③有一点符合　④不符合　⑤完全不符合

E15. 6 在进行重大决策之前，我们会广泛征求相关人群的意见：

①完成符合　②比较符合　③有一点符合　④不符合　⑤完全不符合

E15. 7 在进行重大决策之前，我们会同可能持反对意见者进行沟通：

①完成符合　②比较符合　③有一点符合　④不符合　⑤完全不符合

E16. 在过去的 12 个月，关于贵组织在以下情况中的“足够程度”描述，您认可吗？

E16.1 “有足够的员工进行不同的活动”，您认同吗？

①非常认同　②比较认同　③无所谓　④ 比较不认同　⑤非常不认同

E16.2 “有足够的义工协助组织履行其职责”，您认同吗？

①非常认同　②比较认同　③无所谓　④ 比较不认同　⑤非常不认同

E16.3 “员工能获得足够的专业训练”，您认同吗？

①非常认同　②比较认同　③无所谓　④ 比较不认同　⑤非常不认同

E16.4 “有足够的资金进行不同的活动”，您认同吗？

①非常认同　②比较认同　③无所谓　④ 比较不认同　⑤非常不认同

E16.5 “有足够的场地和设施进行不同的活动”，您认同吗？

①非常认同　②比较认同　③无所谓　④ 比较不认同　⑤非常不认同

E17. 您同意以下关于贵组织在过去几年中的情况吗？

E17.1 成功完成了组织的使命：

①非常同意　②比较同意　③中立　④ 不大同意　⑤非常不同意

E17.2 组织有良好的服务素质：

①非常同意　②比较同意　③中立　④ 不大同意　⑤非常不同意

E18. “贵组织所提供的服务数量可以满足残疾人的需求”，符合事实吗？

①非常符合　②比较符合　③中立　④ 不大符合　⑤非常不符合

E19. “贵组织所提供的服务可以满足残疾人的需求”，符合事实吗？

①非常符合　②比较符合　③中立　④ 不大符合　⑤非常不符合

E20. 您认为贵组织提供的服务不能完全满足残疾人的需求的原因包括：（可多选）

①工作人员太少，只能为数量有限的残疾人提供服务

②工作人员专业技术欠缺，提供服务的质量和水平不高

③工资水平太低，无法吸引和留住人才

④缺乏专业设施和设备

⑤缺乏足够大的场地容纳需要服务的残疾人

⑥组织不为残疾人所知晓、认可和信任，造成服务能力不饱和

⑦组织提供的服务残疾人不需要或需求较少

⑧对残疾人的实际需求不了解

⑨当地政府政策或行政干预对组织产生制约

⑩其他原因____________

E21. 您对助残社会组织发展的相关建议：

____

附录2：助残社会组织媒介形象构建专项调查问卷（2017年）

尊敬的先生/女士：

您好！

为了解社交媒体时代背景下，助残社会组织利用社交媒体进行品牌形象构建的发展状况，明晰助残社会组织在形象构建中面临的困境，找出基于社交媒体的助残社会组织形象构建的可行路径，特进行本次问卷调查。本次调查采取无记名形式，调查结果仅用于研究，恳请您如实回答。衷心感谢您的理解、支持和帮助！

课题组

2017年5月

【填写说明：本问卷中的助残社会组织主要指以非营利为出发点的残障自助组织和为残障人士提供多种形式，如就业、康复等服务的社会组织】

1. 您的性别：

①男　　②女

2. 您的年龄：

①19岁及以下　②20~29岁　③30~39岁　④40~49岁

⑤50岁及以上

3. 您的学历：

①初中及以下　②高中/中专/技校　③大学（大专、本科及以上）

4. 您的角色是：

①助残社会组织工作人员（请跳至18题）

②残障人士及其家属

③其他社会成员

5. 您一般在什么时间段上网使用社交媒体？（多选题）

①8：00~12：00　②12：00~16：00　③16：00~20：00

④20：00~24：00　⑤无固定时间，想起来就上

6. 您主要使用的社交媒体平台包括：（多选题）

①微信　②微博　③豆瓣　④QQ　⑤贴吧/论坛　⑥知乎　⑦ 其他

7. 您使用社交媒体的目的是什么？（多选题）

①联系家人/老朋友/老同学

②交新朋友，拓展人脉

③了解社会热点事件

④求职应聘，了解企业招聘信息

⑤了解生活资讯

⑥寻找婚恋对象

⑦追求潮流

⑧展示个人形象

⑨学习社交技巧

⑩其他，请注明____________________

8. 您是否会通过社交媒体关注一些助残社会组织的动态？

①经常（每天）

②比较频繁（每周几次）

③偶尔（每个月几次）

④很少（半年几次）

⑤几乎不

9. 您如果对某个组织提供的服务比较满意，是否愿意通过社交媒体表达赞美？

①很愿意　②比较愿意　③一般　④不太愿意　⑤不愿意

⑥没有接受过该类组织服务

10. 您在使用社交媒体的过程中，是否碰到过一些助残社会组织的动态信息？

①经常碰到　②偶尔碰到　③很少碰到　④几乎没有碰到

11. 您是通过哪种途径发现这些助残社会组织的动态信息的？

①微信朋友圈　②微博　③贴吧/论坛　④豆瓣　⑤QQ　⑥其他

12. 您通过社交媒体了解到的这些助残社会组织相关信息中，正面信息的比例是？

①占绝大多数　②占多数　③和负面信息差不多

④负面信息多一些　⑤负面信息很多　⑥不清楚

13. 您通过社交媒体了解某个助残社会组织信息的原因是：

①对组织的发展或运营比较感兴趣

②寻求该组织提供的服务

③其他

14. 您在选择接受某类服务时，社交媒体中塑造的助残社会组织品牌形象对您采购决策（选择机构接受服务）的影响程度：

①很大　②比较大　③一般　④比较小　⑤几乎不会影响

15. 您认为是否有通过社交媒体，将品牌形象推广做的特别好的助残社会组织？

①很多　②比较多　③一般　④比较少　⑤几乎没有

16. 您对助残社会组织利用社交媒体塑造出来的组织形象信任程度是：

①完全信任　②比较信任　③一般　④不太信任　⑤不信任

17. 您认为是否存在一些利用社交媒体进行虚假宣传、夸大服务能力的助残社会组织？

①很多，占绝大多数　②比较多　③一般

④比较少　⑤很少，几乎没有

18. 您认为与其他社会组织相比，助残社会组织利用社交媒体进行形象构建的能力：

①高于其他社会组织　②一般　③低于其他社会组织　④不清楚

19. 您认为与传统媒体相比，助残社会组织通过社交媒体塑造形象，是否更容易赢得公众的信任和支持？

①是　　　②否

Z1. 贵组织使用社交媒体（指上述题目中的微信、微博、QQ、贴吧等社交媒体）的频率是：

①每天一次　②每周几次　③每月几次　④半年几次

⑤完全没有

Z2. 您会通过社交媒体，关注贵组织之外的其他助残社会组织的动态吗？

①经常　②偶尔　③很少　④从不

Z3. 贵组织是否有专人进行社交媒体的运营（信息发布和维护等）？

①是，由专职人员负责

②否，由不固定的员工或志愿者负责

③其他

Z4. 贵组织利用社交媒体主要从事哪些活动：（多选题）

①宣传组织品牌形象

②公布组织开展的活动情况

③招募员工、志愿者

④与残障人士及其家属沟通

⑤政策宣传、理念倡导

⑥募捐

⑦其他

Z5. 使用社交媒体后，给贵组织带来了哪些有利影响？（多选题）

①组织的知名度得到提升

②与社会公众的联系沟通更加紧密

③与其他社会组织的联系更加紧密，实现互动和资源共享

④有利于获取政策动态和进行政策建议、监督等

⑤其他

Z6. 您认为社交媒体对于贵组织形象构建和传播的有效程度：

①非常有效　②比较有效　③一般　④效果有限　⑤没有效果

Z7. 您认为贵组织在利用社交媒体进行形象构建传播的过程中，面临的主要问题是：

①缺乏社交媒体运营技术，只能简单地推送消息

②组织规模小，对形象构建传播需求度不高

③没有时间精力来运营社交媒体

④目标群体（残障群体）在社交媒体中信息接收度不高

⑤其他

Z8. 您认为社交媒体与传统媒体相比，在贵组织品牌形象构建中的作用：

①社交媒体远高于传统媒体

②社交媒体略高于传统媒体

③差不多

④社交媒体略低于传统媒体

⑤社交媒体远低于传统媒体

Z9. 基于上述问题，您认为贵组织在后续的品牌形象构建中，对社交媒体的投入力度会：

①大大加大　②稍微加大　③保持现有状态　④适当减小

⑤停滞使用

Z10. 您觉得有没有利用社交媒体，进行品牌形象构建传播特别好的助残社会组织？

①有；请注明 ____________　　　　②没有

附录 3：助残社会组织志愿服务管理专项调查问卷（2019 年）

尊敬的组织负责人：

您好！

为摸清助残社会组织志愿服务的基本状况，提升助残社会组织的能力，向残联和政府建言献策，我们特展开此次调查。请您根据贵组织的实际情况填写问卷，非常感谢您的支持与配合！

课题组

2019 年 6 月

第一部分：组织基本信息

A. 组织基本情况

1. 贵组织的法定名称是：_____________（填空题）

2. 贵组织所在地是：________省________市________区（县）（填空题）

3. 贵组织是否注册？

①是　　②否（请跳至第9题）

4. 贵组织属于：

①残联（公办机构和事业单位）

②民办综合型服务机构（如社工机构）

③民办专业助残机构（如自闭症康复、精神残疾服务机构）

④其他________

5. 贵组织属于哪种民办组织：

①民办非企业　②社会团体　③基金会　④企业　⑤其他________

6. 贵组织注册的级别是：

①区/县级　②市级　③省级　④国家级

7. 贵组织有没有业务主管单位？

①有；请注明________　②没有

8. 贵组织是否挂靠在其他单位名下？

①是；请注明________　②否

9. 贵组织的成立时间是________年________月（填空题）

10. 贵组织的服务对象是：（可多选）

①残疾人　②残疾人家属　③从事残疾人服务的专业人员

④公众　⑤其他________

11. 贵组织成立过程中是否得到了境外机构/个人的支持或资助？

①是；请注明________　②否

12. 贵组织的服务所针对的残疾类型是：（可多选）

①肢体残疾　②听力残疾　③视力残疾　④言语残疾

⑤智力残疾　⑥精神残疾　⑦多重残疾

13. 请您将过去这半年，贵服务机构提供以下各类服务的情况填入表格中。

单位：人次/月

服务类型	人数
康复服务（如康复医疗、功能训练、辅助器具适配、心理辅导、残疾预防和咨询）	
教育服务（如学前残疾儿童早期教育、残疾人职业教育培训、特殊教育研究和培训）	
就业服务（如职业指导、职业介绍、职业适应评估和辅助性就业）	
农村残疾人扶贫服务（如扶持农村残疾人从事种植业、手工业等生产劳动）	
托养服务（如日间照料、支持残疾人居家安养）	
无障碍建设服务（如无障碍设施建设和管理、信息和交流无障碍建设、无障碍宣传）	
文化体育服务（如开展残疾人群众性文化体育活动、建设残疾人文化艺术团体、鼓励残疾人参与残疾人题材的文化艺术创作）	
法律服务（如法律援助）	
社会倡导（如发起宣传活动以提高公众认识度）	
政策倡导（如推动政府融合教育政策实施）	
慈善捐助	
出行服务	
其他	

【注：没有请填写“0”】

14. 贵组织提供了哪些其他助残服务？____________（填空题）

【注：仅在上题中回答了“其他”者作答】

15. 除助残服务外，贵组织还提供了什么其他人群服务？（可多选）

①无其他人群　②老人　③青年　④妇女　⑤儿童

⑥特殊人群（如吸毒、刑满释放人员）

⑦其他；请注明________

16. 贵组织的受薪员工构成情况是：（请填写人数）［表格文本题］

单位：人

类别	全职员工人数	兼职或临时员工人数
目前总人数		
性别		
男		
女		
学历		
初中及以下		
高中/中专/技校		
专科		
本科		
研究生及以上		
专业		
社会工作		
社会学		
管理类（工商管理、公共管理、人力资源管理等）		
心理学类		
康复		
特殊教育		
幼儿教育		
其他		
职业资格		
社工师		
心理咨询师		
特殊教育教师		
康复治疗师		
医师		
其他		

【注：没有请填写“0”】

17. 2018 年，贵组织离职的工作人员数量为________（填空题）

18. 贵组织的办公场所属于下列哪种情况？

①有固定场所：政府部门免费提供

②有固定场所：企业或私人赞助

③有固定场所：本组织租赁；年租金为________万元

④有固定场所：本组织购买

⑤有固定场所：个人住所兼用

⑥无固定场所

⑦其他情况：________

19. 贵组织是否搬迁过办公场所？

①是；有几次？________　　②否

20. 贵组织搬迁办公场所的原因是？（可多选）

①政府部门安排　　②支付不起原址房租

③原址房东不愿续约　　④所在社区的歧视、排斥或反对

⑤场所老旧、不适用　　⑥场所交通不便

⑦购买了新的办公场所　　⑧为组织发展租赁了更好的场所

⑨因服务发生变化重新规划场所　　⑩其他；请注明________

21. 贵组织是否获得免税资格？

①是　　②否　　③不了解

22. 贵组织是否参加过社会组织评估？

①是；最近一次的评估获得的等级是？________

②否　　③不了解

23. 贵组织平均每月服务的人数约为________，人次约为________（填空题）

24. 2018 年，贵组织是否在众筹平台上进行众筹？

①是；共几次？总金额是多少？________　　②否

25. 贵组织 2018 年收入约为________万元：

服务对象个人支付________万元；

政府和残联补贴________万元；

社会捐赠资助________万元；

其他（请注明内容和金额）________

支出约为________万元：

人员工资________万元；

业务活动经费________万元；

其他（请注明内容和金额）________

【注：没有请填写“0”】

26. 贵组织的理事和监事设置情况是？［表格文本题］

类别	理事	监事
总人数		
来源		
企业家		
大学教师		
科研机构人员		
媒体人员		
退休公职人员		
其他社会组织人员		
资深特殊教育教师		
资深康复治疗师		
资深志愿者		
人大代表		
政协委员		
其他		

【注：没有请填写“0”】

27. 请注明贵组织接受了什么其他人员：____________（填空题）

【注：仅上题中对其他项回答了人员数量者回答】

28. 贵组织的理事、监事在2018年开会次数是？____________（填空题）

29. 请根据您对贵组织的了解打分（1为最低；5为最高）［矩阵量表题］

类别	1	2	3	4	5
微信、微博等社交媒体的运用能力					
志愿者的组织管理能力					
专业服务能力					
获取社会资金的能力					
组织的内部管理能力					
专业团队的竞争力					
服务品牌营销能力					

30. 请给贵组织和以下相关方的联系频率打分（1—从不；5—总是）［矩阵量表题］

类别	从不	很少	有时	经常	总是
其他残疾人服务组织					
残联					
政府部门					
爱心企业					
基金会					
所在社区居委会					
所在社区居民					
服务对象家庭					

31. 请评估贵组织和相关方之间关系的满意度（1—非常不满意；5—非常满意）［矩阵量表题］

类别	非常不满意	不满意	一般	满意	非常满意
和其他残疾人服务组织的互动					
和残联的互动					
和政府部门的互动					
和爱心企业的互动					
和基金会的互动					
和所在社区居委会的互动					
和所在社区居民的互动					
和服务对象家庭的互动					

B. 党组织建设

32. 贵组织是否有党组织？

①是；独立党支部；本组织共有党员多少人？ ____________

②是；联合党支部；本组织共有党员多少人？ ____________

③否（请跳至第 38 题）

33. 贵组织的党支部开展组织生活的频率大约是？

①没有开展（请跳至第 36 题）

②一个月一次

③两个月一次

④三个月一次

⑤半年及以上一次

⑥其他；请注明____________

34. 贵组织的党组织生活的主要内容是？（可多选）

①读报纸、念文件、领导讲话

②文化娱乐活动

③讨论业务知识或培训

④志愿者服务类活动

⑤外出参观

⑥其他；请注明____________

35. 贵组织的重大决策是否通过召开党支部会议讨论决定？

①全部是

②大部分是

③少部分是

④全部不是

⑤不清楚

36. 贵组织的党支部 2018 年发展党员________名（填空题）

【注：没有请填写“0”】

C. 组织与政府关系

37. 政府与贵组织是否有合作？

①是

②否

38. 政府与贵组织是否有以下合作的形式？[矩阵量表题]

类别	是	否
购买服务		
扶持（包括支持、配套）资金		
场地支持		
人力支持		
技术支持		
为组织提供政策便利		
与残联、政府联合开展相关活动		
其他		

39. 请注明贵组织与政府合作的其他形式是什么？____________（填空题）

【注：仅上题中对“其他”项回答“是”者回答】

40. 2018 年，贵组织是否参与了政府购买服务项目评估？

①是

②否

41. 2018 年，贵组织参加过的政府购买服务项目评估情况？[表格文本题]

类别	优秀	良好	中等	合格	无法评估/暂缓评定
中期评估					
末期评估					

【注：请填写项目数；没有的请填写“0”】

42. 贵组织是否参与过政府的购买服务招标？

①是；请注明次数____________

②否

D. 媒体合作与传播

43. 2018 年，贵组织被下列大众媒体采访的次数分别是？（填空题）

电视__________次　　广播__________次

报纸__________次　　杂志__________次

44. 贵组织的下列官方账号使用频率是（1—从不；5—总是）［矩阵量表题］

类别	没有该账号	从不	很少	有时	经常	总是
微博						
微信公众号						
网易						
今日头条						
豆瓣						
知乎						
官方网站						

【注：没有相关账号的请选择“没有该账号”】

45. 请根据贵组织的官方账号运营状况填空：［矩阵文本题］

微博用户量________人；

微信公众号阅读量________人；

官方网站访问次数________次；

其他________

【注：没有相关账号的请填写“0”】

46. 请注明贵组织其他媒体平台的官方账号及其运营状况__________（填空题）

【注：仅上题中填写了“其他”项相关信息者回答】

第二部分：志愿服务状况和能力

47. 贵组织有无专职的志愿者管理人员（如志愿者协调员）？

①有；几人？__________（请跳至第50题）

②无

48. 主要由谁负责志愿者的管理工作？（可多选）

①组织负责人　②人力资源管理专员　③核心志愿者

④其他人员__________　⑤没有负责志愿者管理的人员　⑥不了解

49. 贵组织采取以下志愿者管理措施的频率是（1—从不；5—总是）：［矩阵量表题］

类别	从不	很少	有时	经常	总是
在活动前给志愿者描述具体的角色和工作内容					
登记志愿者的个人能力、资格和经验信息					
在志愿者中培养骨干和接班人					
使用不同方式（如网络广告、现场宣讲）招募志愿者					
根据志愿者的能力、经验和兴趣匹配具体的任务					
创建岗位以适应志愿者的个人需求					
积极使用有效的策略，招募不同背景的志愿者					
核实志愿者的专业资格认证（如急救员证）					
根据志愿者的个人能力和服务经验进行考察					
为志愿者组织上岗介绍会					
签订志愿服务协议					
提供志愿服务培训					
在活动中为志愿者进行协调，解决一些矛盾					
对志愿者进行一对一的督导					
对志愿者进行团体督导					
监督志愿者的服务绩效					
为志愿者的服务绩效提供反馈意见					
口头感谢志愿者的努力					
书面感谢志愿者的努力					
公开嘉奖志愿者的努力					
内部定期召开志愿者表彰会					
报销志愿者因志愿服务产生的“自掏腰包”的费用					
为志愿者购买人身意外伤害保险					
为志愿者组织社交活动					
为志愿者链接资源（如推荐正式工作、扩展行业人脉、介绍业务关系等）					

50. 贵组织在志愿者管理工作（如志愿者招募、培训和绩效评估）中

借助以下科技手段或社交媒体技术的频率是（1—从不；5—总是）：[矩阵量表题]

类别	从不	很少	有时	经常	总是
专业志愿者管理软件（如灵析、i 志愿等）					
微信小程序（如爱拓邦公益地图、小水滴行动等）					
本组织的微信公众号					
本组织的助残志愿者微信或 QQ 群					
社会或高校的志愿者微信或 QQ 群					
本组织的官方微博					
本组织的官方网站					

51. 请评估志愿者为贵组织（残疾人）带来的积极作用（0—没有；2—很大）：[矩阵量表题]

类别	没有	较小	很大
节约了开支			
补充了服务人手，为专职人员节约了时间			
为服务对象提供了细致的照顾			
获得了专业技能的支持（如法律、医疗、计算机等）			
使组织的服务更多样			
丰富了残疾人的社交生活			
提高了组织的公众支持度，加强了和社区的联系			
提高了公众对残疾人的认识度和接纳度			
其他			

52. 请注明志愿者为贵组织带来了什么其他积极作用：__________（填空题）

【注：仅上题中对“其他”选项选择较小和很大者回答】

53. 请评估贵组织志愿者管理工作中所遇到问题的严重程度（0—没有问题；2—问题很大）：[矩阵量表题]

类别	没有问题	有点问题	问题很大
缺乏有效管理志愿者的方案			
缺乏管理志愿者的人手或时间			
招募不到足够的志愿者			
招募不到有合适技能的志愿者			
志愿者缺勤或人员不稳定			
志愿者工作习惯不良或工作质量低			
缺少志愿者管理专项经费			
志愿者到服务点交通不便			
志愿者人身伤害和财产损失			
志愿者的情绪管理			
其他			

54. 请注明贵组织志愿者管理工作中所遇到的其他问题：________（填空题）

【注：仅上题中对“其他”选项选择有点问题和问题很大者回答】

55. 请评估贵组织的志愿者关系（1—关系不好；5—关系很好）：［矩阵量表题］

类别	不好	不太好	无所谓好不好	较好	很好
（1）志愿者与服务对象的关系					
（2）志愿者和组织员工的关系					
（3）志愿者之间的关系					

56. 贵组织现有志愿者人数约为________人，其中登记在册________人（填空题）

57. 过去一年，贵组织新增的志愿者人数为________，流失的志愿者人数为________（填空题）

【注：若人数数据不可得，请估计所占现有登记在册志愿者总人数的百分比】

58. 贵组织登记在册的志愿者是否也在其他单位注册？（可多选）

①是；民政局　②是；精神文明办　③是；共青团、义工联

④是；残联　⑤是；其他社会组织　⑥否　⑦不了解

⑧其他；请注明________

59. 贵组织的志愿者来源是：（可多选）

①在校大学生　②在校中学生　③残疾人家长

④退休人员　⑤企业工作人员　⑥政府部门工作人员

⑦其他；请注明________

60. 在以下活动中，贵组织志愿者参与的频率是（1—从不；5—总是）：[矩阵量表题]

类别	从不	很少	有时	经常	总是
残疾人参与的专题活动（如手工、绘画、体育和歌舞小组）					
日常陪护和协助（如协助外出、卫生清洁）					
获取资金的活动（如举办义卖会、99 公益等筹资活动）					
扩大社会影响力的活动（如撰写宣传稿件、协助拍摄短片）					
办公助理的活动（如翻译、网站建设、设备维护）					
专业培训或分享的活动（如分享康复、特殊教育、法律专业知识）					
其他					

61. 请注明贵组织使用了志愿者的其他活动：________（填空题）

【注：仅上题中对“其他”选项选择很少至总是者回答】

62. 总的来说，志愿者对贵组织的重要程度是（0 为最低，100 为最高）________（填空题）

63. 请估计最近 3 个月以来，贵组织共举办了________场活动，其中志愿者参与的活动是________场，实际参与服务的志愿者人次是________（填空题）

64. 请根据志愿者在贵组织服务的状况，给他们打分________（0 为

最低，100 为最高）

第三部分：组织负责人个人信息

65. 您的学历是：

①未上过学　②小学　③初中　④中职　⑤普通高中　⑥专科

⑦非全日制本科（夜大、电大、函授等）　⑧全日制本科

⑨硕士研究生　⑩博士研究生

66. 您的专业背景是：

①社会工作　②社会学

③管理类（工商管理、公共管理、人力资源管理等）

④心理学类　⑤康复　⑥教育类（如特殊教育、幼教等）

⑦其他；请注明________

67. 您的政治面貌是：

①中共党员　②共青团员　③群众　④其他；请注明________

68. 创办贵组织时您的职业是：________（填空题）

69. 您目前在贵组织担任职务的情况是？

①全职；职务名称是________

②兼职；职务名称是________

③没有担任职务

70. 您从事本领域的工作年限：

①1 年以下　②1～3 年　③3～5 年　④5～10 年　⑤10 年以上

71. 您属于：（可多选）

①非残疾人　②残疾人　③残疾人亲属

④其他；请注明________

72. 您接受过他人的捐赠（如钱、物）吗？

①是；请注明________　②否

73. 您的宗教信仰是？

①佛教　②基督教　③天主教　④伊斯兰教

⑤其他；请注明________

⑥无宗教信仰

74. 您对贵组织的志愿者管理有何其他意见或建议？请简述。（简答题）

75. 您认为制约国内助残社会组织发展的主要因素是什么？（可多选）

①人才数量少　②人员专业水平不高　③缺乏资金

④欠缺场地　⑤政策支持不足　⑥行业数据不清

⑦组织间缺乏交流　⑧社会歧视

⑨其他；请注明________

76. 当前残疾人服务组织发展过程中存在什么问题？您有何建议？（简答题）

谢谢您参与我们的调查。希望您能告诉我们您的联系方式，以便将来我们还能再联系到您。我们会严格遵守科学研究的伦理及中国有关法律的规定，对您提供的所有信息保密。除了本研究目的，不向任何单位和个人泄露，谢谢您的理解。

77. 您的姓名和联系方式是：

姓名________________　手机________________

微信________________　邮箱________________

78. 如果我们希望与您保持长期联系的话，请问最好的方式是什么？

①拨打手机

②发信息

③发微信

④发 Email

⑤其他；请注明________________

附录 4：疫情下助残社会组织生存状况专项调查提纲（2020 年）

尊敬的助残社会组织负责人：

您好！

我们正在开展疫情下助残社会组织的生存与发展状况调研，请您根据贵组织的基本情况，抽空回答以下几个问题，您的宝贵意见是我们向政府建言献策的重要依据，谢谢您的支持！

一　组织信息

贵组织名称________________服务对象________________

主要服务内容________________

疫情前服务人数（次）_________　疫情后服务人数（次）_________

全职工作人员__________兼职（含志愿者）工作人员__________

二　访问提纲

1. 疫情下贵组织曾遇到了哪些主要问题？你们是怎样应对的？

2. 疫情下，贵组织从政府各职能部门或残联获取了哪些帮助或资源，这对于疫情期间的组织存续发展是否有帮助。

3. 疫情下贵组织针对残障朋友及其家庭提供了哪些线上服务？线上服务效果如何？存在哪些障碍？请尽可能提供相关详细资料。

4. 疫情后，贵组织在能力重建方面（如治理结构优化、资源获取、服务水平提升、对外公关关系等）有哪些具体思路与对策？

5. 贵组织在微信、App、QQ 等社交媒体方面的运用状况如何？有专人负责吗？社交媒体给贵组织带来了哪些便利或效果？在组织能力建设中应该如何利用好社交媒体？是否需要有关部门专门开展社交媒体方面的培训？

6. 贵组织利用腾讯“99 公益日”社会组织平台进行募捐吗？取得了哪些主要成绩？如何评价互联网公益对助残社会组织的作用？

7. 在贵组织看来，“十四五”期间，政府和残联应该出台哪些支持性政策以支持助残社会组织的能力建设？

跋

这是一部具有填补国内研究空白价值的学术专著。该研究的学术带头人常年耕耘在残疾人事业这个相对冷门的研究领域，这需要足够的爱心和富有韧性的学术勇气，在当下尤其显得难能可贵。该著作运用连续多年的问卷调查数据描述了我国助残社会组织的发展状况、治理结构、治理能力以及社交媒体中的形象塑造问题；通过扎实的田野调查和参与观察，生动地展现了一个成功的助残社会组织是如何成长的案例，并引发我们深入地思考：助残社会组织应该如何处理与国家、市场和社会的关系，找到独立且可持续的发展道路。

一个国家的残疾人生存发展水平，公众对残疾人的认知与态度，助残社会组织的发展，社交媒体中残疾人的形象，政府对残疾人的福利政策，都是衡量一个社会文明发展水平的重要尺度。完善残疾人社会保障制度和关爱服务体系，促进残疾人事业全面发展的现代化是中国式现代化的重要体现。今年是康复国际成立一百周年，康复国际百年庆典刚刚在中国北京举办，该著作的出版很好地向世界讲述了一个中国故事。

蔡禾

著名社会学家、中山大学教授

2023 年 5 月 22 日

后　记

从事残障研究二十余年，本人非常欣喜地看到越来越多优秀学者加盟到残障研究领域，如今，残障研究正在从学术的边缘走向学术的中心。这些年，以改善残疾人福祉为导向，沿着“个体—组织—制度”的基本研究路径，本人组织开展了一系列残障理论与政策研究工作。本书基于社交媒体环境，从“组织—环境”的视角出发，重点探究助残社会组织的赋能机制。

特别感谢北京大学何增科教授、中山大学蔡禾教授、南开大学关信平教授和朱健刚教授、美国宾夕法尼亚大学郭超教授、亚利桑那州立大学王丽丽教授，在本课题研究的关键环节所给予的高层建瓴的指导，正是由于你们的悉心指导与鼓励，本研究少走了很多弯路。非常感谢长期深耕残障服务一线的曹军先生、解岩先生、蔡聪先生、熊红霞女士、张武娟女士、彭一峰先生、张凤琼女士、姜英爽女士，谢谢你们总是不厌其烦地为本课题的调研工作提供的大力支持。

此外，本研究的顺利推进始终离不开各级残联领导的大力支持，尤其要感谢中国残联党组成员、副主席程凯先生，中国残联研究室郭春宁主任、厉才茂副主任，广东省残联理事长张永安先生、维权部郭伟主任，深圳市残联理事长董秀女士、原理事长侯伊莎女士、综合服务中心副主任何义林先生，衷心感谢你们对残障研究的高度重视。

当然，我还必须感谢的是研究团队的小伙伴们，大家积极克服各种困难，圆满完成了各章节的写作任务：第一章导论（周林刚、邓支青），第二章（周林刚、丁佳义恒）、第三章（周林刚、洪程兼）、第四章（陈永海），第五章（黄裔、周林刚）、第六章（肖熠、周林刚）、第七章（张承蒙、周林刚）、第八章（冷美卿、周林刚）、第九章（周林刚），感谢你们的辛勤付出与对残障研究的执著与专注。

最后，我要向社会科学文献出版社专业且敬业的周丽老师和徐崇阳老师致以崇高的敬意，感谢你们为本书出版工作所提供的专业帮助！

周林刚

2023 年 7 月 8 日

图书在版编目（CIP）数据

社交媒体环境下助残社会组织赋能机制研究 / 周林刚等著. -- 北京：社会科学文献出版社，2023.8

ISBN 978-7-5228-2070-5

Ⅰ.①社… Ⅱ.①周… Ⅲ.①传播媒介-影响-残疾人-社会服务-研究-中国 Ⅳ.①D669.69

中国国家版本馆 CIP 数据核字（2023）第 126641 号

社交媒体环境下助残社会组织赋能机制研究

著　　者 / 周林刚 等

出 版 人 / 冀祥德
组稿编辑 / 周　丽
责任编辑 / 徐崇阳
文稿编辑 / 王希文
责任印制 / 王京美

出　　版 / 社会科学文献出版社·城市和绿色发展分社（010）59367143
地址：北京市北三环中路甲 29 号院华龙大厦　邮编：100029
网址：www.ssap.com.cn
发　　行 / 社会科学文献出版社（010）59367028
印　　装 / 三河市龙林印务有限公司

规　　格 / 开　本：787mm×1092mm　1/16
印　张：20.75　字　数：326 千字
版　　次 / 2023 年 8 月第 1 版　2023 年 8 月第 1 次印刷
书　　号 / ISBN 978-7-5228-2070-5
定　　价 / 88.00 元

读者服务电话：4008918866